MARKETING DU TOURISME

2ᵉ édition

Gérard Tocquer
Michel Zins
avec la collaboration de
Jean-Marie Hazebroucq

MARKETING DU TOURISME

2e édition

gaëtan morin éditeur
EUROPE

G
155
A1
T62
1999

Gaëtan Morin Éditeur ltée
171, bd de Mortagne, Boucherville (Québec), Canada, J4B 6G4
Tél. : (450) 449-2369

Mise en page : Pao Bocage

© Gaëtan Morin Éditeur, 3ᵉ trimestre 1999.
   Première réimpression 2001

ISBN : 2-910749-22-3

Table des matières

Préface XI

Avant-propos XIII

CHAPITRE 1   LE MARKETING TOURISTIQUE 1

Le concept marketing 2
   La philosophie marketing 2
   L'orientation production 3
   L'orientation commerciale 3
   Le marketing touristique 3

Le marketing mix 4
   La politique de produit 5
   La politique de prix 5
   La politique de distribution 6
   La politique de communication 6

L'environnement marketing 6
   Le système marketing central 8
   L'environnement public 9
   Le macro-environnement 11

La stratégie marketing 13
   Le processus de l'élaboration de la stratégie marketing 14
   La stratégie marketing et les autres fonctions du management 14

Les spécificités du marketing de services 17

Conclusion 19

CHAPITRE 2   L'ANALYSE GLOBALE DE LA DEMANDE 21

L'analyse du marché 22
   Le marché 22
   Le concept de l'évolution du marché 23
   Les principaux concepts de la mesure de la demande 24
   Les méthodes de prévision de la demande 26

La segmentation du marché 33
   Définition 34
   Les avantages de la segmentation 36
   Les conditions d'une segmentation efficace 36
   Les différentes approches de segmentation du marché 37

La segmentation du marché tourisme-loisirs 40
   Les critères géographiques 40
   Les critères socio-démographiques 41
   Les critères liés à la personnalité du vacancier 43
   Les styles de vie 45
   Plusieurs style de tourisme 49
   Différents socio-styles, différents comportements 52
   L'attitude 52
   Le comportement 55

La segmentation du marché-affaires 57
   Le marché des congrès d'entreprises 58
   Le marché des associations 61

Conclusion 65

CHAPITRE 3   LE COMPORTEMENT INDIVIDUEL DU TOURISTE 67

Les facteurs externes 69
   Les facteurs socio-économiques 69
   Les facteurs politiques 69
   Les facteurs légaux 69
   Les facteurs culturels 70

Les facteurs personnels 70
   La personnalité 70
   Les styles de vie 71

Les facteurs psychosociologiques 71
   Les groupes de référence 71
   La famille 72

Les facteurs psychologiques 74
   Les besoins 75
   Les motivations 77
   La perception 77
   L'apprentissage 86
   L'attitude 87

Les modèles de comportement du consommateur 89
   Définition et utilité des modèles 89
   Le modèle de ENGEL, KOLLAT et BLACKWELL 90

Conclusion 108

CHAPITRE 4   LA RECHERCHE MARKETING 109

Définition 110
   Les recherches exploratoires 111
   Les recherches descriptives 111
   Les recherches causales 112

Les applications de la recherche marketing 112
   Les recherches liées au marché 112
   Les recherches liées à la politique du produit 113
   Les recherches liées à la politique de consommation 113

L'élaboration du projet de recherche 115
   La définition du problème 115
   L'identification des sources d'informations 123
   Le plan d'enquête 126
   La codification et le traitement des données 148

Conclusion 149

CHAPITRE 5   LA STRATÉGIE DU PRODUIT 151

Le concept du produit 152

Définition 152
Les spécificités du produit touristique 153
Les éléments de base du produit touristique 157
Le mix du produit 160
Le produit comme ensemble de bénéfices 160
L'éventail des produits touristiques 161
Le concept de cycle de vie du produit 166

La gestion du produit touristique 170
Définition 170
Le produit comme variable stratégique 170
Les décisions relatives aux produits 172

Le développement de nouveaux produits 178
La recherche d'idées de produits 178
Le filtrage des idées 179
Le test du concept 179
L'analyse commerciale 180
Le développement du produit 180
Le test du marché 181
Le processus d'adoption 182
Le processus de diffusion 183

Conclusion 184

**CHAPITRE 6   L'ACCESSIBILITÉ ET LA DISTRIBUTION DES PRODUITS
TOURISTIQUES** 187

La gestion de l'accessibilité 188
L'information 188
Le système de réservation et de vente 189
Le transport 189
L'hébergement 189
Les infrastructures locales 190
Les conditions climatiques 190

La stratégie de distribution des produits touristiques 191
Les différents canaux de distribution 191
Les différents intermédiaires dans l'industrie touristique 194
Le rôle des différents intermédiaires 197

Conclusion 203

CHAPITRE 7   LA STRATÉGIE DE COMMUNICATION 205

Les objectifs de communication 206

Le graphisme de marque 211

La publicité media 211
Les étapes d'un plan de publicité 215
Le rôle de la publicité à l'intérieur de la stratégie marketing 216
La détermination du budget publicitaire 217
La sélection des cibles de communication 218
La définition des objectifs publicitaires 218
La stratégie créative 218
L'élaboration du plan media 226

Les mesures d'efficacité des campagnes publicitaires 232
La sélection d'une agence de publicité 236

Les relations publiques 238
Les différences entre les relations publiques et la publicité media 238
Les différents publics de l'organisation touristique 239
L'élaboration d'un programme de relations publiques 240
Les moyens d'information des relations publiques 242

La promotion des ventes 243
Les objectifs de la promotion des ventes 244
Les outils de la promotion des ventes 244
Mieux faire connaître son produit 245
L'incitation à l'achat ou à la réservation du produit 252
Le renforcement de la fidélité envers la marque 254

Le marketing direct 256
Quels sont les avantages d'une opération de publipostage ? 257
Le marketing par téléphone 262

Le parrainage ou commandite (*sponsoring*) 269
Les fonctions du parrainage 269
Les mécanismes du parrainage 270
Les conditions de réussite du parrainage 271

Conclusion 274

CHAPITRE 8   LA PLANIFICATION STRATÉGIQUE DE MARKETING 275

Le concept de planification stratégique de marketing 276
La vision stratégique 276
Le processus de planification stratégique de marketing 278

Les avantages de la planification stratégique de marketing 279

Les éléments de la planification stratégique de marketing 279
L'analyse stratégique 279
La mission 282
Les marchés cibles 283
Les objectifs globaux et les objectifs de marketing 283
La stratégie maîtresse 284
Les unités de planification stratégique 285
Le plan stratégique de marketing 286
Le plan annuel de marketing et ses composants 287

Les difficultés de la planification marketing dans le domaine du tourisme 291

Les diverses alternatives pour les organismes publics 292
La planification indicative 292
La planification incitative 292
La planification contractuelle par objectifs 293

L'intégration et l'organisation d'un département de marketing 293

Conclusion 294

Index 295

Préface

L'« OR BLEU », première industrie mondiale, titrait en première, le journal *Le Monde* du 8 juillet 1997. L'Organisation mondiale du tourisme prévoit pour l'an 2010, 1 MILLIARD de touristes. « Nous pensons que la forte croissance de l'industrie du tourisme va se poursuivre au rythme d'environ 4 % par an, au cours des deux premières décennies du XXIᵉ siècle », a déclaré Francesco Frangialli, secrétaire général de l'OMT au salon du tourisme à BERLIN, (ITB, mars 97). Le WTTC, (World Travel and Tourism Council) rappelle que le tourisme est la PLUS GRANDE INDUSTRIE DU MONDE, avec un chiffre d'affaires estimé à plus de 380 milliards de dollars, et prévoit son doublement d'ici 2006... Les recettes attendues pour 2010 seraient de l'ordre de 1 350 milliards de dollars americains, soit plus de 3,5 milliards de dollars americains dépensés chaque jour ! Avec 255 millions d'emplois directs, indirects ou induits (1996), il occupe environ 1 actif sur 9 dans le monde... Qui de plus est, le World Travel and Tourism Council, prévoit la création de 130 millions d'emplois d'ici 2006 !

La France est toujours, avec une avance importante, le 1ᵉʳ pays récepteur mondial avec 67 millions, en 1997, de visiteurs étrangers. Les prévisions de l'OMT, font état, pour la France d'un chiffre de 90 millions de visiteurs en 2010... Cet « or bleu », devient « or noir » car, le solde de la balance des paiements, premier excédent de la balance courante, couvre 80 % du déficit de l'énergie!

C'est dire le poids économique de cette industrie pour le futur, mais aussi c'est mesurer l'attrait de ce secteur par la concurrence implacable qui s'y exerce : l'importance des techniques de marketing et leur maîtrise, deviennent ainsi un facteur clé dans ce marché en pleine expansion.

Les étudiants du 3ᵉ cycle Tourisme et Aménagement, de l'Université du Littoral « Côte d'Opale », à Boulogne-sur-Mer, au cœur de la région du nord-ouest de l'Europe, sont confrontés à travers tous les projets et les enquêtes qu'ils réalisent, à ce développement mondial. C'est conscients de l'application dans le tourisme de méthodes déjà éprouvées dans d'autres secteurs, qu'ils ont tenu à fournir des données récentes susceptibles d'illustrer ces différentes techniques.

Que cette promotion 97/98 soit ici remerciée pour ses recherches, et sa collaboration au développement d'une efficacité encore plus grande dans les activités du tourisme.

Jean-Marie Hazebroucq
Directeur du 3ᵉ cycle Tourisme et Aménagement
Université du Littoral « Côte d'Opale »

Avant-propos

Le tourisme intéresse aujourd'hui la plupart des pays, des villes et même des communes. Les leaders politiques reconnaissent enfin ses bienfaits économiques.

Ce livre représente pour les auteurs un défi : mener une réflexion approfondie sur un sujet vaste et mal défini et proposer aux professionnels du tourisme une ligne de conduite dans la conception et la formulation de stratégies marketing.

Pour illustrer leur démarche, ils ont intentionnellement utilisé comme exemples de références, la plupart des partenaires du tourisme (offices de tourisme, compagnies aériennes, hôtels, tour-opérators, agences de voyages, etc.).

Dès le début de leur ouvrage, ils précisent les concepts marketing : la philosophie, le marketing mix, l'environnement marketing, la stratégie marketing, avant d'explorer plus en détails le marketing du tourisme. Contrairement à beaucoup d'organisations touristiques qui limitent leurs activités marketing à la promotion, leur intention repose sur une approche stratégique qui englobe les différents éléments du marketing mix, l'analyse du marché touristique, la segmentation du marché, l'étude du comportement du vacancier, la gestion des produits touristiques, la gestion des canaux de distribution, et la stratégie de communication.

En conclusion, les auteurs proposent les bases d'une planification marketing stratégique. Selon eux, il semble judicieux que les organisations touristiques aient une approche plus structurée dans la planification de leurs activités marketing.

Cette seconde édition de *Marketing du tourisme* a été le fruit d'une collaboration franco-québécoise puisque Gérard Tocquer et Michel Zins ont confié à Jean Marie Hazebroucq le soin d'actualiser ce qui demandait à l'être. C'est ainsi qu'ont été revues les principales données statistiques afin de rendre compte de l'environnement des années 90, de ce que sont aujourd'hui devenues la demande et l'offre touristiques et de présenter les outils marketing disponibles.

Le lecteur retrouvera dans cette édition ce qui a fait le succès de la première édition : une introduction aux concepts de base du marketing, largement illustrés par des cas, et une simplicité de la matière exposée et de la langue utilisée qui rend l'ouvrage accessible aux étudiants et aux professionnels ayant peu ou n'ayant pas de connaissances préalables dans le domaine ainsi qu'aux professionnels à la recherche de concepts précis, simples et utiles.

Gérard Tocquer
Michel Zins

Chapitre 1
Le marketing touristique

LE CONCEPT MARKETING
La philosophie marketing
L'orientation production
L'orientation commerciale
Le marketing touristique

LE MARKETING MIX
La politique de produit
La politique de prix
La politique de distribution
La politique de communication

L'ENVIRONNEMENT MARKETING
Le système marketing central
L'environnement public
Le macro-environnement

LA STRATÉGIE MARKETING
Le processus de l'élaboration de la stratégie marketing
La stratégie marketing et les autres fonctions du management

LES SPÉCIFICITÉS DU MARKETING DE SERVICES

CONCLUSION

* * *

LE CONCEPT MARKETING

Le marketing est trop souvent défini de manière restrictive. En effet, de nombreuses définitions le réduisent à de simples expressions comme :

• *c'est de la vente...*

• *c'est de la publicité...*

• *c'est l'étude de marché...*

Pour une meilleure compréhension du concept, il s'avère utile de distinguer la *philosophie* ou l'*esprit marketing*, qui s'accorde à défini le marketing en des termes généraux, de la *gestion marketing*, qui précise les activités qu'une entreprise doit mettre en œuvre si elle désire intégrer la philosophie marketing.

La philosophie marketing

On peut définir la philosophie marketing de la manière suivante :

C'est l'ensemble des activités d'une organisation destinées à satisfaire les besoins reconnus ou pressentis des consommateurs dans l'intérêt maximum commun de l'organisation et du consommateur.

Pour une entreprise avoir l'esprit marketing consiste donc à se concentrer particulièrement sur les besoins des consommateurs. Cette attitude oblige avant tout l'entreprise à définir sa mission. Quels sont les besoins qu'elle cherche à satisfaire ? Auprès de quels groupes de consommateurs ? À travers quelles ressources?

À cette fin, la mission d'Air France ou celle d'Air Canada se limite-t-elle au transport d'hommes d'affaires d'une ville à une autre ou consiste-t-elle à satisfaire l'ensemble des besoins de ces derniers lors de leurs voyages internationaux (transport : classes affaires : « l'Espace », salons privés, hébergement, location de voitures, services de renseignements économiques, etc.) ? De fait, lorsque la mission est clairement précisée, tout le personnel est informé des besoins que cherche à satisfaire l'entreprise et peut ainsi, se concentrer sur cette tâche essentielle.

Aujourd'hui encore, peu d'entreprises — tout particulièrement dans l'industrie touristique — utilisent la philosophie marketing comme élément moteur de l'activité principale même si elles sont persuadées du contraire. L'activité de ces entreprises repose sur une orientation « production », ou sur une orientation « commerciale ».

L'orientation production

C'est un style de gestion qui privilégie l'activité de production sans se soucier des besoins des consommateurs. Toute l'activité de l'entreprise est orientée vers la conception d'un produit de qualité et vers la distribution de celui-ci. Cette conception est fréquemment associée aux entreprises industrielles, mais on la retrouve également dans les entreprises touristiques. Encore de nos jours, de nombreux hôteliers ou restaurateurs sont persuadés qu'un «bon produit» se vend par lui-même.

Ces organisations, qui ont une orientation de gestion axée sur la production, développent une culture d'entreprise très forte auprès de leur personnel. Toutefois, ce dernier n'est pas attentif à l'évolution des besoins des consommateurs car, de toute manière, il est persuadé que les produits de ladite entreprise sont les meilleurs.

L'orientation commerciale

L'orientation commerciale, ou orientation vente, part du principe que les consommateurs n'achèteront pas le produit ou le service, à moins qu'ils ne soient fortement influencés par les vendeurs ou par une publicité agressive.

Dans cette orientation, la satisfaction du consommateur reste secondaire. Le postulat de départ repose sur le fait qu'un client insatisfait oublie très vite son mécontentement. L'entreprise ne cherche pas à satisfaire les besoins des consommateurs mais, par ailleurs, ceux du vendeur[1]. Elle impose son produit grâce à un effort promotionnel important. Elle ne se préoccupe pas de la fidélité de ses clients et ne privilégie que le court terme.

Le marketing touristique

La distinction entre les trois orientations, ou philosophies, de gestion nous permet de définir de manière plus opérationnelle le marketing touristique, c'est-à-dire :

Le marketing touristique est un processus dans lequel la structure de la demande touristique est anticipée et satisfaite à travers la conception d'un produit — ou service —, la distribution physique, la fixation d'une valeur d'échange, la communication entre l'organisation et son marché, dans l'intérêt maximum de l'entreprise et des consommateurs.

---

1. LEWITT, T., « Marketing Myopia », *Harvard Business Review*, juillet-août 1960.

Cette définition indique que le marketing n'est pas uniquement «une attitude mentale», mais aussi un système d'activités bien structuré.

Lorsque la mission de l'entreprise est clairement définie, la première phase du processus marketing consiste à analyser et à anticiper la structure de la demande. Ainsi, à ce stade-ci du processus le responsable marketing doit:

- analyser globalement le marché et l'environnement ;
- identifier à l'intérieur de la demande des «segments» qui correspondent à des besoins bien spécifiques des consommateurs ;
- prévoir l'évolution dans le temps de la demande globale et de chacun des segments.

Cette phase initiale du processus marketing sera abordée, de manière détaillée, dans les chapitres traitant :

- des méthodes de prévision de la demande (voir chapitre 2) ;
- de la segmentation de marché (voir chapitre 2) ;
- de l'étude du comportement du touriste (voir chapitre 3) ;
- de la recherche marketing (voir chapitre 4).

Quant à la deuxième phase du processus, elle concerne les décisions marketing que l'entreprise doit prendre pour définir son offre et satisfaire les besoins des consommateurs. Ces décisions correspondent à la combinaison de quatre éléments, soit le produit, le prix, la distribution, la communication, et constituent ce qu'on appelle le **marketing mix** (voir figure 1-1).

LE MARKETING MIX

Le succès d'une entreprise sur un marché dépend de la manière dont elle définit son marketing mix, parfois appelé programme marketing. Le tableau 1-1 donne à titre d'illustration les variables du marketing mix d'un hôtel. La définition de ce programme représente donc une tâche importante pour le gestionnaire marketing. Les décisions relatives à chaque composant du marketing mix seront examinées en détails dans les chapitres 5, 6 et 7 du présent volume.

Nous présenterons brièvement ci-dessous ces décisions, soit :

- la politique de produit ;
- la politique de prix ;
- la politique de distribution ;
- la politique de communication.

FIGURE 1-1   Le marketing mix

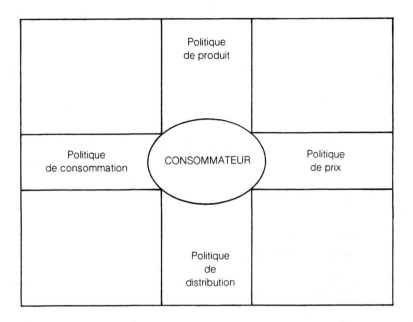

La politique de produit

Le produit touristique représente l'offre d'une organisation touristique telle qu'elle est perçue par les consommateurs sur le marché. Les décisions qui s'y rattachent sont le choix du nom de marque ; la conception du produit ; la gestion du cycle de vie du produit ; la mise au point de nouveaux produits ; et la gestion du portefeuille de produits.

La politique de prix

Les décisions ayant trait à la politique de prix concernent la fixation d'un prix qui soit, d'une part, acceptable par le consommateur et, d'autre part, assez élevé pour couvrir les charges de structure de l'entreprise.

De nombreuses organisations touristiques n'ont pas la responsabilité de décision concernant la politique de prix. C'est le cas des organismes publics chargés de promouvoir des entités géographiques. Nous ne traiterons donc pas dans un chapitre spécifique les décisions relatives à cet élément du marketing mix. Quant aux entreprises touristiques appartenant au secteur privé, elles utilisent généralement une méthode basée à la fois sur une analyse des coûts et sur une analyse de la concurrence.

La politique de distribution

En ce qui concerne les décisions relatives à la politique de distribution, elles visent à sélectionner les moyens qui permettent aux produits d'être accessibles aux consommateurs. Parmi ces moyens mentionnons :

- l'évaluation des différents intermédiaires (organisateurs de voyages, agents de voyages, etc.) ;
- la sélection de ces intermédiaires pour commercialiser le produit auprès du consommateur ;
- l'animation et la stimulation de ces intermédiaires ;
- la définition d'une politique de transport entre le lieu de résidence des consommateurs cibles et la destination ;
- la mise en place d'un système de réservation.

La politique de communication

Quant aux décisions concernant la politique de communication, elles sont destinées à informer le consommateur de l'existence du produit et à l'inciter à acheter ce produit plutôt qu'un produit concurrent. Ces désisions portent sur :

- la définition d'une cible de communication, c'est-à-dire les consommateurs que l'on veut atteindre ;
- l'élaboration des messages que l'entreprise souhaite véhiculer ;
- la sélection des moyens de communication qui permettront de véhiculer de manière efficace les messages (soit la vente, les relations publiques, la publicité media, le marketing direct, la promotion des ventes, le parrainage, le graphisme de marque).

L'ENVIRONNEMENT MARKETING

Aucune décision marketing ne peut être judicieuse sans une connaissance approfondie de l'environnement.

Ainsi :

- l'instauration d'un contrôle des changes rigide à l'intérieur d'un pays peut conduire à une décision de limiter les efforts marketing dans ce pays et de les accroître sur un autre marché ;
- une baisse des prix de la concurrence peut entraîner une réduction analogue ou une modification des caractéristiques du produit.

TABLEAU 1-1   Répartition des variables du marketing mix dans le cadre d'un hôtel en France

Politique des produit	Politique des prix	Politique de distribution	Politique de communication
Service Global = **Service de base principal** (prestation chambre-salle de bain + **Services de base dérivés** (exemple : restaurant, piscine, si ces services sont ouverts aux non-clients de l'hôtel, auquel cas ils répondent à un autre segment de clientèle) + **Services péripheriques** (ce sont tous les autres services : parking, toilettes, téléphone, bar...)	**2 éléments à prendre en compte** • les coûts • la perception du prix par le client **1. La décision du prix** **Facteurs intervenant dans la décision** • Politique globale de marketing • Volume d'activité prévu et concurrence • Réalité du marché **Choix de tarification** • Tarif global • Tarif établi en fonction des services consommés **2. Influence de la demande sur les prix** • Première méthode (la plus fréquente) tarifs haute saison, basse saison • Autre méthode : offrir un avantage supplémentaire et gratuit sur les périodes creuses	**1. Stratégie de développement** • **Développement rapide du réseau** enjeu : occuper les meilleurs emplacements (ex. : Formule 1) • **Diversifier le réseau et l'offre sous une marque unique** (ex : Novotel) • **Diversifier le réseau sous les marques différentes** (ex : hôtellerie de caractère / Relais-Château) **2. Types de réseaux** • **Réseaux de distribution spécifiques parallèles aux réseaux d'hôtels** (bureaux de vente et de commercialisation) • **Réseaux partagés** (ex : agences de voyages, moyennant commissions) • **Réseaux franchisés** (ex : Formule 1, Étape-hôtel)	**Objectif** • Attirer de nouveaux clients • Fidéliser la clientèle existante • Promouvoir les périodes creuses et les avantages qui y sont liés **Moyens de communication interne** • Plaquette (libre service-présentoir) • Signalétique / Fléchage (but : aider les clients à se repérer dans l'hôtel) • Hôtesse d'accueil **Moyens de communication externe** • Caractère architectural de la façade • Enseigne : type couleurs • Éclairage • Distribution de plaquettes • Relations publiques/salons • Bouche à oreille : les clients sont parfois les meilleurs vendeurs

L'environnement influence directement les opportunités d'affaires. Il est donc essentiel d'analyser et de comprendre ses différentes composantes.

L'environnement marketing représente l'ensemble des forces extérieures à l'entreprise qui influencent ses performances sur un marché donné. Ainsi, KOTLER et DUBOIS[2] décomposent l'environnement marketing en trois parties, soit : le **système marketing central**, c'est-à-dire l'environnement lié au secteur d'activité ; l'**environnement public** ; le **macro-environnement**.

Nous pouvons visualiser ces trois parties à partir de la figure 1-2 qui illustre l'environnement marketing d'un organisateur de voyages (tour-opérateur).

2. KOTLER, P. et B. DUBOIS, *Marketing management – analyse, planification et contrôle*, Paris, 4ᵉ édition, Publi-Union, 1982.

FIGURE 1-2   L'environnement marketing d'un organisateur de voyages

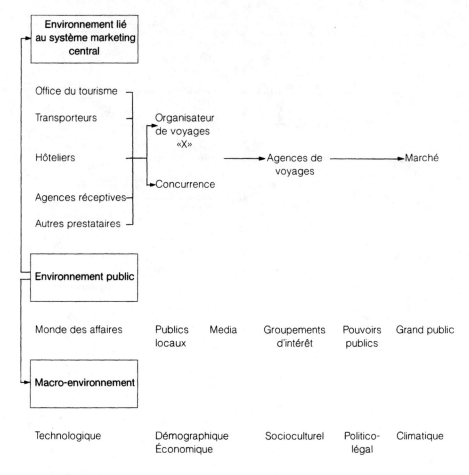

Source : KOTLER, P. et B. DUBOIS, *Marketing management*, Paris, 3ᶜ édition, Publi-Union, 1982.

Le système marketing central

L'organisateur de voyages élabore ses produits en négociant avec les hôteliers, les transporteurs ainsi qu'avec les offices nationaux du tourisme qui peuvent prendre en charge une partie du budget de promotion. Les partenaires jouent un rôle de fournisseurs auprès de l'organisateur de voyage. Il est important que ce dernier évalue les performances de chacun de ces partenaires quant à leur possibilité de satisfaire les consommateurs. De même, il doit surveiller de très près ses proches concurrents dans la mesure où certains d'entre eux cherchent à satisfaire les mêmes besoins.

De plus, l'organisateur de voyages doit sélectionner un certain nombre d'agences de voyages qui commercialiseront sa brochure. Toutes les agences de voyages ne possèdent pas les mêmes caractéristiques et n'offrent pas toutes la même potentialité de vente sur le marché. D'autre part, il doit suivre de très près l'évolution de l'attitude du consommateur envers ces intermédiaires.

L'environnement public

L'environnement public correspond à un certain nombre de groupes d'individus ou personnes morales qui peuvent influencer l'organisation touristique, soit :

- le monde des affaires ;
- les publics locaux ;
- les media ;
- les pouvoirs publics ;
- les groupements d'intérêt ;
- le grand public.

Le monde des affaires

Dans le cas où l'organisateur de voyages est constitué en société anonyme, il doit élaborer un plan de communication qui s'adresse spécifiquement au monde des affaires proprement dit (banques, agents de change, actionnaires). L'objectif de ce plan est de développer, auprès de ces différents groupes, une attitude positive. Cela est particulièrement vrai pour les chaînes hôtelières qui recherchent des investisseurs privés pour ouvrir des hôtels en contrat de gestion.

Les publics locaux

L'intérêt d'avoir auprès de la population locale une image favorable paraît évident tout particulièrement dans le cas d'un hôtel ou d'un complexe touristique. Il est donc nécessaire que certaines actions de communication soient destinées vers différents publics locaux. Par exemple, un hôtel pourra parrainer ou commanditer un événement sportif local.

Les media

Pour rejoindre efficacement le marché et ses différents partenaires, l'organisateur de voyages doit établir de bonnes relations avec les différents media (presse, radio, télévision).

En effet, les media ont une influence extrêmement importante auprès du grand public et ils peuvent, dans certains cas, nuire à la communication de l'organisation touristique auprès de ces derniers. Un des rôles que l'on attribue au service des relations publiques est de favoriser et d'entretenir de bonnes relations avec les différents media. De plus, ils ont aussi la particularité de toucher tous les groupes qui constituent l'environnement public et l'environnement lié su secteur d'activité, et ce, par le biais des individus.

Les pouvoirs publics

De nos jours, l'intervention de l'État est devenue une pratique extrêmement courante, en particulier auprès des entreprises touristiques. Pour répondre à cet interventionnisme, les hôteliers, les restaurateurs, les organisateurs de voyages et les agences de voyages constituent des syndicats professionnels.

En France, le *Syndicat national des agences de voyages* (S.N.A.V.) regroupe les organisateurs de voyages et les agences de voyages et fait prévaloir, auprès des pouvoirs publics, l'intérêt de la profession. Afin de s'adapter le plus rapidement possible à de nouvelles contraintes, l'organisateur de voyages doit prévoir les modifications que les pouvoirs publics souhaitent imposer dans la gestion des entreprises touristiques ou dans la législation du marché.

Les groupements d'intérêt

Des groupements d'intérêt représentent des associations de consommateurs ou des comités d'usagers, et ils ont un rôle de plus en plus important dans la plupart des pays (par exemple, les associations contre l'implantation d'un complexe touristique sur le lac de Sainte-Croix dans le VAR, etc.).

Dans leurs décisions marketing, les organisations touristiques doivent tenir compte de ces groupements d'intérêt, voire même, dans certains cas, les associer à leur politique. Par exemple, un organisateur de voyages peut créer un service aux consommateurs qui aura pour activité de répondre à certains problèmes rencontrés par des clients, de communiquer avec certains groupements d'intérêt et de s'assurer que les décisions prises par le producteur de voyages (par exemple, la définition de la brochure) correspondent à l'intérêt commun du consommateur et de l'entreprise.

Le grand public

L'organisateur de voyages doit s'assurer que sa perception auprès du grand public soit positive. Dans le cas contraire, il doit prendre les décisions nécessaires pour modifier cette image.

Le macro-environnement

Le macro-environnement représente pour l'entreprise une variable incontrôlable. L'entreprise ne peut pas modifier les conditions climatiques, politiques ou culturelles d'un pays. Elle ne peut que tenir compte de situations particulières et adapter ses activités marketing à ces situations. Par contre, elle peut anticiper les changements de l'environnement et répondre ainsi de manière plus efficace que la concurrence à l'évolution des besoins des consommateurs. Le responsable marketing doit bien comprendre les relations entre le macro-environnement et le marché pour s'assurer de l'efficacité des programmes marketing qu'il conçoit.

Nous allons maintenant nous attacher aux différentes dimensions qui constituent le macro-environnement, soit : l'environnement technologique ; l'environnement économique ; l'environnement socioculturel ; l'environnement politico-légal ; l'environnement géographique et climatique.

L'environnement technologique

La croissance que l'industrie touristique a connue au cours des années 60 à 80 peut s'expliquer en partie par les progrès technologiques dans le domaine du transport aérien.

Parallèlement à la déréglementation américaine, une forte concurrence internationale du transport aérien s'est développée face à laquelle l'Union européenne tente aujourd'hui de se protéger. En effet, suite à la loi de 1978, le transport aérien a connu de grands changements dans les années 89-90 (mise en place de Hubs...) qui ont fortement modifié son organisation et complexifié les tarifs.

Parallèlement au développement considérable de l'informatique dans les pays occidentaux, les méthodes de réservation ont beaucoup évolué, surtout dans le domaine de la réservation aérienne et hôtelière.

En effet, grâce à la télématique puis plus récemment avec Internet et les nouveaux outils de réservation*, le consommateur peut avoir un accès direct et en temps réel à des informations précises sur une destination et peut réserver directement son séjour sans passer par un intermédiaire.

Ces technologies ouvrent des perspectives renouvelées de commercialisation, de distribution, d'information et de promotion dans le domaine touristique.

L'environnement économique

Aucune organisation touristique ne peut ignorer les conditions économiques d'un marché, car celles-ci affectent à la fois les entreprises et les consommateurs.

---

* SIR : système informatisé de réservation, GDS : Global Distribution systems, CRO : Central Reservation office.

À titre d'exemples mentionnons : une augmentation du dollar a des conséquences désastreuses pour un organisateur de voyages (voyagiste) français qui a fixé ses prix en fonction d'un dollar trop faible ; une diminution du dollar par rapport au franc français entraîne une diminution du nombre de visiteurs américains en France ; la diminution du pouvoir d'achat des ménages provoque une modification du comportement des vacanciers ; la durée de séjour diminue et les besoins en matière d'hébergement et de restauration sont plus sélectifs.

L'environnement socioculturel

L'entreprise touristique doit aujourd'hui accorder une importance considérable à l'environnement socioculturel. Cet environnement influence qualitativement les besoins des consommateurs. Le responsable marketing doit suivre l'évolution du système des valeurs de la société. Il doit tenir compte, dans ses décisions marketing, des différences culturelles véhiculées sur les marchés internationaux. Ainsi, un organisateur de voyages présent dans des pays différents devra définir des programmes marketing spécifiques pour chacun des pays, en tenant compte des différents modes de comportement des vacanciers des pays respectifs.

Par exemple, le pourcentage de plus en plus important de femmes au sein de la population active des pays occidentaux accroît leur pouvoir de décision en matière de destination de vacances. Les conséquences marketing qui en découlent sont nombreuses :

- de manière générale, la demande touristique s'accroît et le taux de départ en vacances est plus élevé chez les femmes qui travaillent ;
- les femmes peuvent constituer un marché avec des besoins spécifiques que l'on pourra satisfaire par la conception d'un produit approprié ;
- le contenu des messages publicitaires conçus par l'entreprise devra tenir compte des caractéristiques psychologiques des femmes et de leur processus de décision.

L'environnement politico-légal

Nous avons vu précédemment que les interventions de l'État deviennent de plus en plus fréquentes auprès des entreprises touristiques. Un certain nombre de lois protègent le consommateur des pratiques frauduleuses, et ce, particulièrement dans le domaine de la publicité et des offres de promotion[3].

---

3. GREFFE, P. et F. GREFFE, *La publicité et la loi*, Paris, 5ᵉ édition, LITEC, 1983.

De plus, d'autres textes légaux réglementent les conditions de paiement et d'annulation, et précisent les responsabilités du prestataire en cas du non-respect de l'offre. Il est donc important et nécessaire pour le responsable marketing de bien connaître le contexte légal de ces décisions marketing.

La stabilité politique d'un pays est un élément important dans la politique d'un voyagiste. Les troubles politiques au Sri Lankā, de même que ceux en Tunisie en 1983, les attentats terroristes dans les capitales européennes ont eu une forte incidence sur la demande touristique de ces pays.

L'environnement démographique

Nous verrons dans les chapitres subséquents que les besoins en matière de vacances changent selon l'âge, le style de vie familiale, ou les deux.

À l'heure actuelle, on peut prévoir quelle sera en l'an 2000 la répartition de la population d'un pays selon les catégories d'âges. Ainsi, un organisateur de voyages qui cherche à satisfaire les besoins des consommateurs, appartenant à une tranche d'âge bien précise, devra suivre son évolution quantitative.

On prévoit, pour les prochaines années, un vieillissement de la population française avec un accroissement de la tranche d'âge des plus de 55 ans. Cette évolution représente une opportunité pour les professionnels du tourisme dans la mesure où les consommateurs de cette catégorie d'âge ont généralement le temps et les moyens financiers de voyager.

L'environnement géographique et climatique

Les conditions géographiques et climatiques des pays influencent évidemment le consommateur dans son choix d'une destination. Les pays qui ont des conditions climatiques difficiles durant l'hiver, comme le Canada, représentent des marchés à forts potentiels pour les Caraïbes, la Floride et le Mexique. Ces conditions peuvent également affecter l'offre touristique d'un pays. Ainsi, la mousson dans les pays de l'Extrême-Orient constitue un facteur incontrôlable.

La figure 1-3 résume les facteurs environnants qui influencent les décisions marketing de l'entreprise et le comportement du consommateur.

LA STRATÉGIE MARKETING

La stratégie marketing est le résultat d'un processus qui intègre à la fois la philosophie marketing, le marketing mix et l'environnement marketing.

FIGURE 1-3   Le macro-environnement et les décisions marketing

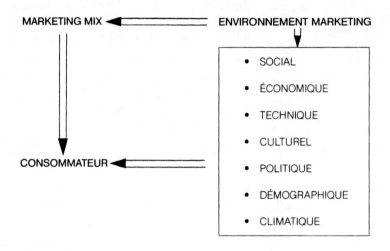

Le processus de l'élaboration de la stratégie marketing

La stratégie marketing consiste à analyser le marché et son environnement ; à identifier des problèmes et des opportunités ; à définir des objectifs marketing ; à sélectionner des marchés cibles ; à choisir un positionnement ; à définir un programme marketing (marketing mix) ; à mettre en œuvre le programme marketing ; à contrôler les résultats.

La figure 1-4 illustre les différentes étapes de l'élaboration d'une stratégie marketing. Chacune de ces étapes sera examinée dans les chapitres ultérieurs.

Le rôle du responsable marketing, dans une organisation touristique, sera de définir et de mettre en œuvre des programmes marketing destinés à satisfaire les besoins des consommateurs en matière de vacances et de loisirs, et les besoins de visiteurs qui voyagent pour des raisons d'affaires et de santé.

La stratégie marketing et les autres fonctions du management

Il est intéressant de voir, dans une entreprise à orientation marketing, quel est l'impact du marketing sur les autres activités et comment les objectifs marketing permettent d'atteindre les objectifs plus généraux de l'entreprise.

FIGURE 1-4   Les étapes de l'élaboration d'une stratégie marketing

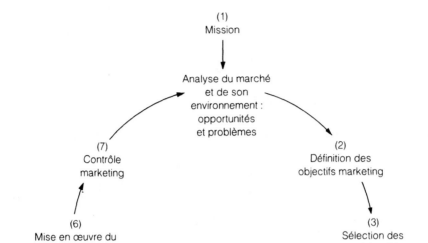

Le développement de projets touristiques

Dans l'industrie touristique, les investissements sont généralement lourds et les délais de récupération (*payback period*) longs. De nombreux échecs dans l'implantation de complexes hôteliers sont attribuables au fait qu'aucune étude marketing, permettant de quantifier la demande et de préciser ses besoins, n'a été préalablement réalisée. L'approche marketing doit permettre de minimiser le risque en insistant sur l'adéquation entre les besoins des consommateurs et le produit tel qu'il est conçu.

Les finances

Dans la plupart des opérations financières de l'entreprise, l'estimation de la demande joue un rôle important. Lorsque la demande est saisonnière, l'entreprise a des difficultés de trésorerie temporaire et paradoxalement, c'est durant cette période qu'elle se voit dans l'obligation de baisser ses prix.

FIGURE 1-5   Exemple hypothétique d'une chaîne hôtelière

Objectifs généraux de l'organisation

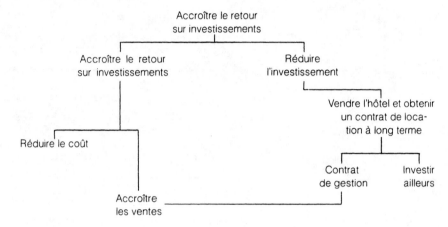

Objectifs marketing

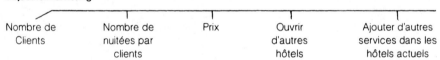

Nombre de Clients	Nombre de nuitées par clients	Prix	Ouvrir d'autres hôtels	Ajouter d'autres services dans les hôtels actuels

Stratégie marketing

Définition   Énoncé indiquant le processus par lequel l'entreprise atteindra ses objectifs de retour sur investissements par la satisfaction du marché cible.

Exemple   La société augmentera son retour sur investissements en vendant l'unité hôtelière, en signant un contrat de gestion, en utilisant les fonds obtenus pour rénover les aspects extérieurs et intérieurs de l'hôtel. Elle améliorera ainsi son image afin d'attirer une clientèle de cadres plus jeunes, qui séjourneront plus longtemps aux prix forts et qui utiliseront plus fréquemment les autres services de l'hôtel (bar, restauration, boutiques, club santé).

Marketing mix

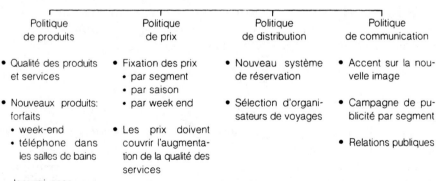

Politique de produits	Politique de prix	Politique de distribution	Politique de communication
• Qualité des produits et services	• Fixation des prix • par segment • par saison	• Nouveau système de réservation	• Accent sur la nouvelle image
• Nouveaux produits: forfaits • week-end • téléphone dans les salles de bains	• par week end • Les prix doivent couvrir l'augmentation de la qualité des services	• Sélection d'organisateurs de voyages	• Campagne de publicité par segment • Relations publiques
Jacuzzi, spas			

Le personnel

Dans une entreprise à optique marketing, le fait d'être attentif aux besoins, à la demande et à l'attitude des consommateurs a une incidence sur le nombre, sur le style et sur le moral du personnel. Dans ce genre d'entreprise, et en particulier dans le secteur du tourisme, l'ensemble du personnel devant être en contact avec la clientèle doit être recruté avec précaution et doit également être formé de manière à être sensible aux attentes des consommateurs et développer ainsi une attitude de courtoisie.

La direction générale (*top management*)

Dans l'entreprise où le marketing est une activité motrice, la direction doit bien sûr s'assurer que la philosophie marketing est appliquée dans toutes les décisions. Elle doit convaincre l'ensemble du personnel que cette orientation permet à l'entreprise d'identifier des opportunités et de gérer des affaires rentables. Mais le rôle de la direction ne s'arrête pas là. Elle doit être le meilleur vendeur de l'entreprise et doit consacrer une partie de son temps à développer ou à entretenir des contacts directs avec le client.

Le marketing et la politique générale de l'entreprise

La figure 1-5 montre comment le développement d'une stratégie marketing permet d'atteindre les objectifs généraux de l'entreprise.

LES SPÉCIFICITÉS DU MARKETING DE SERVICES

Si la démarche marketing demeure fondamentalement la même quel que soit le secteur d'activités auquel elle s'applique, les différences qui existent entre les biens et les services rendent indispensable une approche marketing spécifique au secteur du tourisme.

Le tableau 1-2 nous présente un certain nombre d'organisations selon leur type d'activités (biens ou services).

Essentiellement, la différence entre les biens et les services porte sur l'intangibilité de ces derniers. En effet, un service est dit impalpable quand il ne peut être ni vu ni appréhendé mentalement avant d'avoir été « consommé ». Par le fait même, cette intangibilité entraîne un certain nombre de conséquences dans la gestion des entreprises du tourisme :

TABLEAU 1-2   Comparaison entre des entreprises de services
et des entreprises de biens de consommation

BIENS	SERVICES
• RICARD	• CHAÎNE MÉRIDIEN
• RENAULT	• BANQUE NATIONALE DE PARIS
• KRONEMBOURG	• HERTZ
• LESIEUR	• McDONALD'S
• DIOR	• BELL CANADA
• PROCTER GAMBLE	• CLUB MÉDITERRANÉE
• ROCHE-BOBOIS	• AIR FRANCE
• COCA-COLA	• OFFICE NATIONAL DU TOURISME
• KRAFT	• LA LAURENTIENNE ASSURANCES

- Il y a simultanéité entre la production et la consommation de services. En effet, il ne peut y avoir de production de services sans qu'il y ait consommation effective.

- Un service ne peut être stocké. Ainsi, une chambre d'hôtel ou un siège d'avion qui n'a pas été vendu est définitivement perdu.

- Il est difficile d'obtenir une protection légale pour un service, ce qui accroît les risques d'imitation par la concurrence (par exemple, des organisations imitant le *Club Méditerranée*). Seul le nom de l'entreprise ou du service pourra être protégé.

- Comme le consommateur ne peut ni voir ni tester le service au préalable, le risque perçu est élevé. Le consommateur sera donc sensible aux informations données par des personnes qui auront déjà consommé ce service (diffusion de bouche à oreille).

- La forte implication du consommateur dans la production rend difficile la standardisation d'un service. Cette difficulté rend plus complexe toute activité de contrôle.

- En réalité, le client ne reçoit jamais la même prestation dans deux hôtels appartenant à la même chaîne, bien que les chaînes hôtelières consacrent beaucoup d'efforts à mettre en place des politiques qui tendent à standardiser leurs prestations de services dans chaque unité.

Il est donc primordial pour le responsable du marketing dans le secteur du tourisme de reconnaître l'importance de cette spécificité du marketing touristique et d'en tenir compte dans la mise en place de stratégies et de programmes de marketing.

CONCLUSION

Dans ce premier chapitre, nous avons tenté un bref récapitulatif du concept de marketing et de ses composantes stratégiques et opérationnelles. Le point important consiste à reconnaître que le concept de marketing recouvre à la fois une philosophie et une orientation, d'une part, et un ensemble défini et structuré d'activités, d'autre part.

Nous allons donc dans les chapitres subséquents approfondir successivement les aspects reliés à l'analyse de la demande et du marché, de même que ceux traitant de la planification des stratégies et des actions de marketing.

Chapitre 2

L'analyse globale
de la demande

L'ANALYSE DU MARCHÉ
Le marché
Le concept de l'évolution du marché
Les principaux concepts de la mesure de la demande
Les méthodes de prévision de la demande

LA SEGMENTATION DU MARCHÉ
Définition
Les avantages de la segmentation
Les conditions d'une segmentation efficace
Les différentes approches de segmentation du marché

LA SEGMENTATION DU MARCHÉ TOURISME – LOISIRS
Les critères géographiques
Les critères socio-démographiques
Les critères liés à la personnalité du vacancier
Les styles de vie
L'attitude
Le comportement

LA SEGMENTATION DU MARCHÉ AFFAIRES
Le marché des congrès d'entreprises
Le marché des associations

CONCLUSION

* * *

L'ANALYSE DU MARCHÉ

La phase initiale de toute approche marketing consiste à analyser la demande actuelle et à estimer la demande future. L'analyse de la demande permet d'identifier les opportunités marketing du marché et de formuler une stratégie marketing adaptée aux caractéristiques et à l'évolution de la demande.

Le marché

Selon l'*American Marketing Association*[1], un marché se définit par *la demande agrégée d'acheteurs effectifs ou potentiels d'un produit ou d'un service.* Dans le domaine du tourisme, cette demande est généralement mesurée en termes de visiteurs, c'est-à-dire le touriste se définit comme un visiteur ayant passé au moins une nuit dans le pays visité. L'estimation de la demande touristique d'un pays consiste à identifier le nombre de visiteurs dans un secteur géographique donné, au cours d'une période déterminée, dans des conditions spécifiques d'un environnement et en réponse à des activités marketing particulières du pays.

● **Le nombre de visiteurs**

Dans le cas des marchés de biens de consommation, le volume total de la demande peut se mesurer en nombre d'unités ou en chiffres d'affaires, alors que dans le cas du marché touristique, cette demande est identifiée en nombre de visiteurs. L'estimation de cette demande est extrêmement difficile et coûteuse. D'une part, parce qu'elle nécessite une infrastructure lourde pour recueillir les informations nécessaires à cette mesure et, d'autre part, par les problèmes méthodologiques qu'elle soulève (taille et nature de l'échantillon, choix des lieux de l'enquête, etc.).

● **Le secteur géographique donné**

Lorsque l'on souhaite estimer la demande touristique, il faut la caractériser par rapport à une zone géographique donnée. Désire-t-on intégrer la demande intérieure (résidents du pays) ou la demande internationale (résidents de certains pays étrangers) ?

---

1. AMERICAN MARKETING ASSOCIATION, *Marketing Definitions : A Glossary of Marketing Terms*, Chicago, American Marketing Association, Committee on Definitions, 1960.

● **Une période déterminée**

L'estimation de la demande doit être réalisée à l'intérieur d'une période précise. Désire-t-on une mesure de la demande de l'année précédente ou une prévision pour l'année suivante, ou même pour les trois prochaines années ?

● **L'environnement marketing**

Nous avons vu dans le chapitre 1 les différentes variables relatives à l'environnement qui influencent le marché touristique, soit économique, politique, technologique, etc. Ces conditions de l'environnement marketing doivent être précisées sous forme d'hypothèses lorsque l'on tente de prévoir la demande future.

● **Les actions marketing**

Les efforts marketing d'un pays, comme ceux relatifs à la concurrence, ont également une influence directe sur la demande touristique future de ce pays. Ces actions doivent donc être prises en considération lors de la prévision.

Le concept de l'évolution du marché

Si la taille, la nature et la structure du marché sont importantes, la dynamique du marché l'est encore plus et trop souvent, on a tendance à l'oublier. Il est nécessaire de prévoir l'évolution du marché en termes de besoins nouveaux, de changements liés à la concurrence, de l'évolution technologique et de modifications éventuelles dans les méthodes de vente.

KOTLER et TURNER[2] ont proposé, en cinq stades, une façon de voir l'évolution d'un marché :

● **La cristallisation du marché**

Avant qu'un marché émerge vraiment, il existe un marché latent qui est constitué de gens qui partagent un besoin analogue ou désirent quelque chose qui n'existe pas encore. Au moment où un produit réel est offert à ce marché latent, on parle alors de cristallisation du marché.

---

2. KOTLER, P. et R. TURNER, *Marketing management*, 4ᵉ édition canadienne, Scarborough, Ontario, Prentice-Hall Canada, 1981.

● **L'expansion**

On parle d'expansion quand la demande du marché se développe et que le nombre d'offres faites à ce marché augmente.

● **La fragmentation**

Chaque nouvelle offre faite sur le marché, dans laquelle l'entreprise tente de trouver une niche ou de se différencier par rapport à la concurrence, provoque une division du marché en segments de plus en plus particuliers aux besoins spécifiques.

● **La reconsolidation**

Lorsqu'un produit offre un nouvel avantage qui intéresse l'ensemble du marché et qui provoque un regroupement de celui-ci, on parle de reconsolidation.

● **La disparition**

La disparition est provoquée soit par la disparition du besoin, soit par l'apparition d'un nouveau concept de produit qui rejette complètement toutes les offres faites jusqu'à présent sur le marché.

Les principaux concepts de la mesure de la demande

KOTLER et DUBOIS[3] proposent de résumer les différents concepts utilisés dans la mesure de la demande et ce, de la manière suivante (voir tableau 2-1) :

Compte tenu que ces termes sont souvent ambigus, il est important d'en préciser le sens.

● **La demande du marché touristique**

Il s'agit du nombre total de visiteurs pour un secteur géographique donné, au cours d'une période précise, dans des conditions déterminées d'un environne-

---

3. KOTLER, P. et B. DUBOIS, *Marketing management — analyse, planification et contrôle.* Paris. 4ᵉ édition, Publi-Union, 1982.

TABLEAU 2-1   Concepts reliés à la mesure de la demande

	Marché	Entreprise
Demande	Demande du marché	Fonction de demande de l'entreprise
Potentiel	Potentiel du marché	Ventes potentielles de l'entreprise
Prévision	Prévision du marché	Prévision des ventes de l'entreprise

ment et en réponse à un programme marketing spécifique. Aux États-Unis, en 1990, 55,51 millions d'Américains (les prévisions pour l'an 2000 et l'an 2010 sont respectivement de 70,57 et 87,83 millions) ont effectué un voyage à l'étranger (voyageurs internationaux).[4]

• Le potentiel du marché touristique

Le potentiel du marché correspond à la limite vers laquelle tend la demande du marché, lorsque les efforts marketing du secteur touristique s'accroissent au maximum et dans des conditions précises d'un environnement. Ainsi, des conditions économiques favorables accroissent le potentiel du marché touristique.

• La prévision du marché touristique

La prévision du marché indique, pour une période future déterminée, quel sera le niveau de la demande (nombre de visiteurs) en fonction des efforts marketing des entreprises touristiques et d'un macro-environnement spécifique.

• La demande de l'entreprise ou de l'organisation touristique

C'est la part de la demande du marché prise par l'entreprise ou par l'organisation touristique. En 1994, le Canada a reçu 16 millions de visiteurs internationaux.[4]

---

4. Source : OMT.

● Les prévisions de la demande de l'entreprise ou de l'organisation
  touristique

C'est le nombre attendu de visiteurs d'une zone géographique donnée qui correspond à des efforts marketing déterminés et à des conditions supposées d'un environnement donné.

● Le potentiel de la demande de l'entreprise ou de l'organisation
  touristique

C'est la limite vers laquelle tend la demande touristique de l'entreprise lorsque ses efforts marketing s'accroissent au maximum.

Il arrive un moment où l'accroissement du budget marketing de l'organisation touristique ne s'accompagne plus d'un accroissement de la demande. Cette limite peut s'illustrer de la façon suivante (voir figure 2-1) :

FIGURE 2-1   Potentiel du marché et de la demande

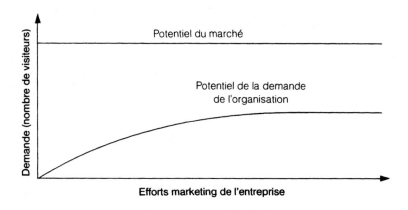

Les méthodes de prévision de la demande

La prévision de la demande touristique est une étape importante dans la démarche marketing. Elle permet à l'entreprise touristique de saisir des opportunités nouvelles ; de s'organiser face à des changements défavorables ; d'avoir une planification marketing plus efficace.

En ce qui concerne les différentes techniques de prévision disponibles, elles diffèrent dans leurs coûts, leurs horizons, leurs complexités et, bien sûr, dans leurs degrés de précision.

Dans le secteur du tourisme, les méthodes de prévision peuvent être classées en trois catégories, à savoir : les méthodes qualitatives, les méthodes de séries temporelles et les méthodes causales.

Ainsi, les lecteurs intéressés par l'utilisation de ces techniques dans le domaine du tourisme peuvent se référer à ARCHER[5].

Les méthodes qualitatives

■ *La mesure de l'intention d'achat*

Elle nécessite une étude de marché dans laquelle, à l'aide d'un échantillon, on demande à des personnes si elles ont, par exemple, l'intention de faire un voyage international à caractère touristique au cours des six prochains mois.

Avez-vous l'intention de faire un voyage international dans les six prochains mois ?

Oui ☐   Non ☐   Ne sait pas ☐

Cette mesure pose un certain nombre de problèmes quant à son application dans le domaine touristique, notamment : elle est coûteuse (vu la taille de l'échantillon nécessaire) ; peu de relations peuvent exister entre l'intention du répondant et son comportement futur.

■ *L'analyse historique*

Dans le cas d'une chaîne hôtelière, lorsqu'il y a lancement d'un nouvel hôtel, il est possible, pour définir la demande dans les premiers mois, de comparer l'évolution de la demande d'hôtels similaires récemment ouverts. Ensuite, on peut modifier cette comparaison en tenant compte des caractéristiques du marché du nouvel hôtel.

■ *La méthode Delphi*

Cette méthode est basée sur l'utilisation d'opinions d'experts. Dans une première étape, le chercheur élabore un questionnaire qui s'adresse à un

---

5. ARCHER, B., *Demand Forecasting in Tourism*, Wales, University of Wales Press, 1976.

groupe de répondants experts dans le domaine étudié et ces derniers doivent formuler leurs prévisions. Après le retour du questionnaire, les résultats sont analysés et utilisés pour reformuler un nouveau questionnaire. Les répondants ont ainsi la possibilité de modifier les réponses originales en tenant compte des réponses du groupe.

Une approche plus moderne de la technique *Delphi* consiste à ne pas utiliser un questionnaire adressé par correspondance, mais plutôt à organiser une téléconférence au cours de laquelle les groupes d'experts échangent en présence d'un « modérateur » [6].

Cette nouvelle technique de consultation d'experts permet au coordonnateur de communiquer à ceux-ci des données supplémentaires qui peuvent également être demandées directement par eux. Le processus de communication en groupe est ainsi amélioré. Une application de cette nouvelle approche est donnée par SEELY *et al.*[7].

De toute évidence, le choix des experts est d'une extrême importance lors d'une session du genre. TIANO[8] puis GODET[8] ont résumé les avantages et les inconvénients qui peuvent être formulés à l'égard de cette méthode (voir tableau 2-2).

TABLEAU 2-2   Les avantages et les inconvénients de la méthode *Delphi*

AVANTAGES	INCONVÉNIENTS
• Cette méthode permet la consultation d'un groupe d'experts plus diversifié. • Cette méthode ne crée pas d'antagonismes entre les experts qui, issus d'un même lieu (réunion de groupe), ne sont pas consultés. • Cette méthode est rapide et facilement mise en place. • Cette méthode favorise la consultation d'experts compétents. • La divergence d'opinions des experts débouche sur une opinion représentative.	• Ils sont attribuables aux relations qu'ont les experts entre eux (effet de prestige, répulsion des experts à revenir sur leurs prises de positions publiques). • L'influence des organisateurs agissant sur l'équipe d'experts (le questionnaire). • Les mécanismes de convergence de cette méthode ne reposent pas sur la recherche de la réalité. • Chaque expert est plus souvent perçu comme un critique par rapport aux autres experts.

6. LINSTONE, H.A. et M. TUROFF, *The Delphi Method : Techniques and Applications*, New York, Addison-Welsey Publishing Company, 1978.
7. SEELY, R.L., H.J. IGLAISH et D.L. EDGELL, « Utilising the Delphi Technique at International Conferences », *Travel Research Journal*, OMT, 1980.
8. GODET, M., *Manuel de prospective stratégique*, Tome 1 « Une discipline intellectuelle », Dunod, 1997, Tome 2 « l'art et la méthode », Dunod, 1997.

Les analyses de séries temporelles

La moyenne mobile, le lissage exponentiel et la projection de tendance sont trois méthodes qui reposent sur une analyse des statistiques de nuitées ou des arrivées passées, c'est-à-dire en fonction du temps. Elles n'utilisent pas de variables explicatives (voir figure 2-2).

Parmi les méthodes les plus connues et les plus utilisées dans les entreprises, on retrouve *la moyenne mobile et le lissage exponentiel*. Par contre, ces méthodes sont très peu employées dans l'industrie touristique, car leur degré de précision à moyen et long terme demeure très limité. Dans l'étude réalisée par M. GEURTS[9] les lecteurs intéressés pourront y trouver une application au domaine du tourisme.

Par ailleurs, *la projection de tendance* est une technique qui consiste à identifier l'équation mathématique d'une courbe de tendance et projeter la courbe dans le futur à partir de l'équation. L'étude réalisée par EDGELL *et al.* illustre l'utilisation de cette technique. Dans leur recherche, les auteurs modifient les prévisions formulées par l'analyse de régression grâce à l'organisation d'un comité d'experts (méthode *Delphi*)[10].

À partir d'une analyse historique des arrivées internationales sur le marché américain (1950-1975), une analyse de régression simple est réalisée ; la variable « dépendante » correspond au nombre d'arrivées et la variable « temps » est considérée comme variable indépendante.

$$Y = aX + b + E$$

Dans une régression, la variable dépendante correspond à la variable dont on cherche à expliquer la variation. Les variables indépendantes sont utilisées pour expliquer la variation de la variable dépendante.

Y = nombre d'arrivées de visiteurs internationaux

X = année

E = erreur

a, b = paramètres du modèle

Dans cet exemple, la droite de régression obtenue a un coefficient de détermination de 0,949. Ce coefficient est une mesure de la valeur prédictive de

9. GEURTS, M., « Forecasting the Hawaïan Tourist Market », *Journal of Travel Research*, vol. XXI, n°1, été 1982.
10. EDGELL, D.L., R.L. SEELY et H.J. IGLAISH, « Forecast of International Tourism to the U.S.A. ». *International Journal of Tourism Management*, vol. 1, n°2, juin 1980.

l'équation mathématique ; il mesure le rapport entre la variance expliquée et la variance totale. L'extrapolation permet une estimation du nombre d'arrivées pour les années futures.

La *projection de tendance* est une méthode simple qui a un degré de précision élevé à court terme, mais médiocre à moyen et long terme. Elle a comme principal inconvénient — comme toute analyse chronologique — de tenir pour acquis que le futur sera identique au passé. D'autre part, le choix de l'équation mathématique est fondamental. La tendance est-elle linéaire ? Y-a-t-il des fluctuations saisonnières ou cycliques ?

Certains modèles décomposent la série chronologique en quatre principales composantes :

— la *tendance* (*T*) qui résulte de l'évolution à long terme de la série ;

— le *cycle* (*C*) qui est contenu dans l'évolution sinusoïdale ;

— le *caractère saisonnier* (*S*) qui correspond à l'évolution régulière de la série au cours de l'année est illustré dans la figure 2-2 ;

— l'*erreur* (*E*) qui correspond aux mouvements aléatoires des séries temporelles.

Mentionnons que ces modèles peuvent être additifs (*T* + *C* + *S* + *E*) ou multiplicatifs (*T.C.S.* + *E*) dans la recomposition de la série chronologique.

FIGURE 2-2   Évolution saisonnière des arrivées internationales en Afrique du Sud (1994, 1995).

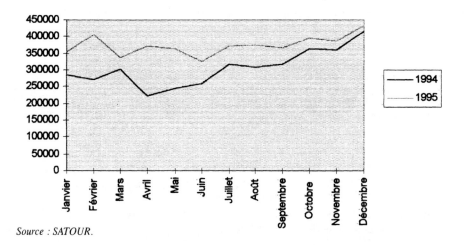

Source : SATOUR.

Les lecteurs soucieux d'en savoir davantage pourront trouver une description de ces différentes approches de l'analyse chronologique dans les articles de SALZMAN[11] et ITO[12].

Les méthodes causales

Les méthodes causales ne se limitent pas à l'utilisation de données historiques pour extrapoler le futur. Elles utilisent des facteurs qui, par hypothèse, influencent directement ou indirectement l'objet de la prévision.

■ *Les modèles économétriques*

Ces modèles se présentent sous la forme de plusieurs équations interdépendantes. Les paramètres des équations sont estimés simultanément.

Il est, en effet, rare qu'un phénomène économique puisse être caractérisé par une relation unique et simple entre variables. Très souvent, l'observateur doit recourir à une formulation beaucoup plus étoffée afin d'appréhender plus précisément la réalité qu'il cherche à comprendre. L'étude de l'équilibre sur un marché entre l'offre et la demande nécessite, par exemple, la spécification de plusieurs équations. D'une manière générale, ce type de modèle est constitué par plusieurs équations linéaires.

Une fois la représentation économétrique construite, le problème se pose pour l'analyste ou l'observateur d'estimer les paramètres affectant les variables qu'il a définies. Le support économétrique peut alors se révéler éminemment complexe et d'une lourdeur de maniement dissuasive.

■ *Les modèles de régression multiple*

Cette méthode établit une équation de la demande en utilisant la droite des moindres carrés dans laquelle la variable dépendante représente l'objet de la prévision et où les variables indépendantes sont sélectionnées à partir de l'hypothèse qu'elles influencent la variable dépendante.

Le modèle de base se représente ainsi :

$$Y = a_1X_1 + a_2X_2 + a_3X_3 + C + E$$

11. SALZMAN, L., « Time-Series Analysis », *Handbook of Marketing Research*, R. FEBER, éd., New York, McGraw-Hill, 1974.

12. ITO, R., « Trend Fitting and Other Approaches », *Handbook of Marketing Research*, R. FEBER, éd., New York, McGraw-Hill, 1974.

L'étude de FUJII et MAK[13] illustre l'utilisation de cette technique dans le domaine du tourisme. L'équation proposée par les auteurs est la suivante :

$$VPC_t = a_0 + a_1 RF_t + a_2 RPCY + a_3 VPC_{t-1} + E$$

où VPC_t = nombre estimé de visiteurs américains à Hawaï en pourcentage de la population américaine

RF_t = tarif aérien (New York - Honolulu) en dollars constants (1972)

$RPCY$ = revenu disponible par habitant en dollars constants (1972)

VPC_{t-1} = nombre de visiteurs américains à Hawaï dans la période $t-1$ selon le pourcentage de la population américaine

E = erreur aléatoire

a_1 = coefficient qui indique la variation de la variable VPC_t due à la variation d'une unité de RF_t ; les autres variables indépendantes demeurant constantes

Dans cette équation, les chercheurs tentent d'expliquer les variations du nombre d'arrivées de visiteurs américains à Hawaï comme étant le résultat des variations du tarif aérien et du revenu disponible par habitant. Les résultats de l'analyse se présentent de la manière suivante :

$$VPC_t = -25,424 - 0,11RF_t + 3,227RPCY + 0,415VPC_{t-1}$$

$$(-4,01) \quad (-0,042) \quad (4,135) \quad (2,378)$$

$$\bar{R}^2 = -991$$

Les chiffres entre parenthèses correspondent à la valeur du test et indiquent si les coefficients $(a_1) ... (a_n)$ sont significatifs.

$\bar{R}^2$ correspond au coefficient de détermination multiple (ajusté dans le cas présent) qui mesure le pourcentage de variance expliqué par le modèle. Ce coefficient est une mesure de la qualité de l'estimation.

Dans la régression multiple, la table d'analyse de variance se présente comme suit :

Source de variation	Somme des carrés	Degré de liberté	Moyenne des carrés	Test F
Régression	$SCR = \sum(\hat{Y}_j - Y)^2$	$p - 1$	$MCR = \dfrac{SCR}{p - 1}$	$\dfrac{MCR}{MCE}$
Erreur	$SCE = \sum(Y_j - \hat{Y})^2$	$n - p$		
Total	$SCT = \sum(Y_j - \bar{Y})^2$	$n - 1$	$MCE = \dfrac{SCE}{n - p}$	

13. FUJII, E.T. et J. MAK, « Forecasting Travel Demand when the Explanatory Variables are Highly Correlated ». *Journal of Travel Research*, vol. XVIII, n° 4, été 1980.

où Y = valeur réelle de la variable dépendante
     $\hat{Y}$ = valeur estimée de la variable dépendante à partir de l'équation de
         la demande
     n = nombre d'observations
     p = nombre de variables indépendantes

Le Test F mesuré par le rapport $\dfrac{MCR}{MCE}$ permet de tester l'hypothèse nulle,

c'est-à-dire :

$$a_1 = a_2 = a_3 = a_n = 0$$

et de connaître ainsi le degré de relation entre la variable dépendante et les variables indépendantes. L'utilisation de l'analyse de régression multiple en matière de prévision se fait selon trois étapes :

— l'identification des variables qui influencent directement ou indirectement la variable objet de la prévision ;
— la sélection d'un modèle mathématique (linéaire, logarithmique, etc.);
— la sélection du modèle final en fonction des différentes statistiques (coefficient de détermination multiple, test sur les coefficients, etc.).

Les lecteurs intéressés par une application des modèles de régression multiple dans le domaine de la prévision de la demande touristique pourront consulter l'étude de l'ORGANISATION MONDIALE DU TOURISME (OMT)[14].

LA SEGMENTATION DU MARCHÉ

Aucune organisation touristique ne peut avoir la même prétention de satisfaire l'ensemble des besoins sur le marché. Le responsable marketing doit, par conséquent, répondre aux questions suivantes :

• Quels sont les besoins que je cherche à satisfaire ?
• Quels sont les consommateurs qui ont ce genre de besoins ?

Les réponses à ces questions sont primordiales dans toute démarche marketing. Après l'analyse de la demande globale, la segmentation du marché permet de mieux préciser les différents besoins existant sur un marché.

---

14. ORGANISATION MONDIALE DU TOURISME, *Étude pilote sur les prévisions du tourisme*, Madrid, 1980.

Définition

Le concept de segmentation de marché a été introduit en 1956 par SMITH[15]. Dans son article, SMITH oppose les concepts de stratégie de différenciation — dans laquelle les consommateurs se plient à la volonté de l'offre — et le concept de segmentation — dans lequel on reconnaît plusieurs demandes différentes que l'on tente de satisfaire.

Ce concept de segmentation repose sur l'hétérogénéité du marché qui se caractérise par un certain nombre de sous-marchés ou segments homogènes. À l'intérieur de chaque segment, les consommateurs expriment des besoins homogènes. Par contre, les consommateurs des différents segments ont des besoins divergents (voir figure 2-3).

FIGURE 2-3   Segments de marché

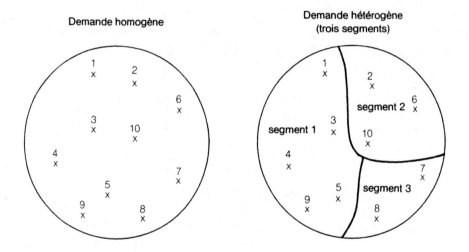

La reconnaissance de l'hétérogénéité du marché (besoins différents) est un fait fondamental dans la stratégie marketing de l'entreprise touristique. Elle signifie que cette dernière doit ajuster son offre aux exigences des consommateurs en divisant son marché en sous-segments homogènes et en adaptant son programme marketing aux caractéristiques des différents segments qu'elle cherche à satisfaire.

---

15. SMITH, W.R., « Product Differentiation and Market Segmentation as Alternative Marketing Strategy », *Journal of Marketing*, juillet 1956.

L'identification des différents segments de marché et le choix des marchés cibles auxquels elle veut s'adresser représentent pour l'entreprise deux problèmes distincts, mais essentiels de sa stratégie marketing. Dans la phase de sélection des marchés cibles, trois solutions se présentent à l'entreprise :

1) une *stratégie de marketing non différenciée* dans laquelle l'entreprise espère attirer tous les segments tout en n'ayant qu'un seul programme marketing ;

2) une *stratégie de marketing concentrée* où l'entreprise sélectionne un seul segment sur le marché et ne concentre ses efforts que sur ce segment ;

3) une *stratégie de différenciation* dans laquelle l'entreprise sélectionne plusieurs segments en adaptant ses programmes marketing à chacun des segments.

FIGURE 2-4   Diverses stratégies de marketing liées à la segmentation des marchés

Stratégie de marketing
non différenciée

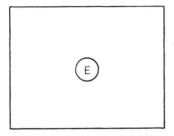

Stratégie de marketing
concentrée

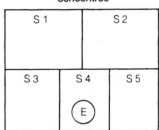

L'entreprise cherche à satisfaire l'ensemble du marché sans tenir compte de l'existence des différents segments.

L'entreprise ne cherche à satisfaire que les besoins du segment 4.

Stratégie de marketing
différenciée

Seul le segment 5 ne constitue pas un marché cible pour l'entreprise. Les autres segments sont soumis à des stratégies marketing différenciées.

Les avantages de la segmentation

La segmentation permet à l'entreprise d'avoir une meilleure définition de son marché, en identifiant les différents besoins des consommateurs, selon les segments auxquels ils appartiennent.

Elle peut ainsi :

— identifier les segments les plus rentables et ceux où la concurrence est la plus faible ;

— identifier certains besoins pas encore satisfaits chez les consommateurs et qui peuvent représenter une opportunité pour l'entreprise ;

— définir de façon plus optimale son programme marketing et donc mieux se positionner en regard des caractéristiques des marchés cibles ;

— maximiser l'efficacité de l'allocation de ses ressources marketing et contrôler plus efficacement les performances de ses activités marketing sur chacun des segments.

Les conditions d'une segmentation efficace

Il existe quatre conditions pour qu'une segmentation de marché soit pertinente pour l'entreprise :

1) tout d'abord, il faut que les segments répondent de manière différente à la stratégie marketing de l'entreprise (l'élasticité étant la mesure en termes de pourcentage de l'écart de changement de la demande par rapport à celui d'une variable causale du marketing). Cette condition repose sur la définition de la segmentation ;

2) ensuite, il faut que les segments obtenus soient mesurables : s'il est facile de segmenter le marché en fonction de variables socio-démographiques (âge, sexe, revenu, etc.) et de mesurer la taille des différents segments, il est par contre beaucoup plus compliqué de déterminer le nombre de consommateurs ayant tel ou tel trait de personnalité ou tel style de vie;

3) la troisième condition concerne l'accessibilité du segment, c'est-à-dire la possibilité pour l'entreprise de concentrer ses efforts marketing et de communication sur les segments choisis. Cette condition est parfois liée à la possibilité de mesurer les différents segments ;

4) la dernière condition repose sur la « substantialité du marché », c'est-à-dire le seuil auquel la taille du segment est jugée assez importante pour être de nature à recevoir une stratégie marketing spécifique des autres segments dans le but de maximiser le profit de l'entreprise.

Les différentes approches de segmentation du marché

Il existe deux façons d'isoler les segments à l'intérieur d'un marché caractérisé par des consommateurs ayant des besoins différents, soit :

— analyser les caractéristiques des consommateurs à partir des données géographiques, socio-économiques, démographiques, de personnalité, de style de vie, d'attitude envers les marques ;

— analyser les différences de comportement des consommateurs (segmentation par satisfaction recherchée, gros utilisateurs par rapport aux faibles utilisateurs).

Toute base de segmentation peut également se différencier, d'après FRANK[16], selon la méthode de mesure utilisée.

TABLEAU 2-3   Bases de segmentation

Mesures	Caractéristiques des consommateurs	
Objectives	Géographiques Démographiques Socio-économiques	Niveau d'utilisation
Inférées	Personnalité Style de vie	Attitudes Perceptions Préférences

On utilise plus fréquemment les mesures objectives que les mesures inférées pour la simple raison que les variables utilisées sont plus faciles à obtenir.

KOTLER et DUBOIS[17] ont précisé dans le tableau 2-4 les différents critères de segmentation de marché. Les ventilations usuelles correspondent aux caractéristiques du marché français.

Généralement, la segmentation consiste à découper un marché à partir de critères successifs. Par exemple, nous pouvons prendre la population française et la diviser en deux segments : le premier concerne les Français qui partent au moins une fois par an en vacances ; le deuxième se compose des Français qui ne partent pas en vacances.

16. FRANK, R., *Market Segmentation Research : Finding and Implications, Applications of the Sciences in Marketing Management*, New York, Wiley and Sons, 1968.

17. KOTLER, P. et B. DUBOIS, *Marketing management — analyse, planification et contrôle*, Paris, 4ᵉ édition, Publi-Union, 1982.

TABLEAU 2-4   Principaux critères de segmentation avec leurs ventilations usuelles

Critères géographiques	*Ventilations usuelles*
Région	Région parisienne — Bassin parisien — Nord-Est — Ouest — Sud-Ouest — Centre-Est — Méditerranée (zones d'études et d'aménagement du territoire). Régions Nielsen — Région UDA.
Type d'habitat	Habitat rural/habitat urbain ; centre-ville/banlieue.
Tranches de population	Moins de 2 000 hab., de 2 000 à 4 999, de 5 000 à 9 999, de 10 000 à 19 999, de 20 000 à 49 999, de 50 000 à 99 999, de 100 000 à 199 999, de 200 000 à 499 999, de 500 000 à 999 999, 1 000 000 et plus.
Climat	Septentrional/méridional ; océanique/continental.
Critères socio-démographiques	
Âge	Moins de 6 ans, 6 à 11 ans, 12 à 17 ans, 18 à 34 ans, 35 à 49 ans, 50 à 64 ans, 65 ans et plus.
Sexe	Masculin, féminin.
Taille du foyer	1, 2, 3-4, 5 et plus.
Cycle de vie familial	Jeune, célibataire ; jeune, marié, sans enfants ; jeune, marié, au moins 1 enfant de moins de 6 ans ; âgé, marié, avec enfants ; âgé, marié, tous les enfants âgés de plus de 18 ans ; âgé, célibataire ; autres.
Revenu	De 80 000 à 99 999, de 100 000 à 120 000, 120 000 à 140 000, 140 000 à 160 000, 160 000 et plus.
Catégorie socio-professionnelle	Agriculteurs exploitants, salariés agricoles, patrons de l'industrie et du commerce, professions libérales et cadres supérieurs, cadres moyens, employés, ouvriers, personnel de service, autres catégories.
Niveau d'éducation	Primaire, second degré, supérieur.
Nationalité	Allemand, Américain, Anglais, Espagnol, Européen de l'Est, Français, Japonais, etc.
Critères psychographiques	
Style de vie	Jeune cadre dynamique, éternel étudiant, femme d'intérieur, etc.
Personnalité	Autoritaire, introverti, extraverti, etc.
Motivations d'achat	Économie, commodité, prestige.
Statut d'utilisateur	Non-utilisateur, ex-utilisateur, utilisateur potentiel, premier utilisateur, utilisateur régulier.
Taux d'utilisation	Petit utilisateur, utilisateur moyen, gros utilisateur.

TABLEAU 2-4   (suite)

Fidélité à la marque	Nulle, moyenne, forte, totale.
Attitude à l'égard du produit	Ne le connaît pas ; en connaît l'existence ; est informé sur lui ; est intéressé par lui ; est désireux de l'acquérir ; a l'intention de l'acheter.
Sensibilité à l'effort marketing	Qualité, prix, service, publicité, promotion des ventes.

Source : KOTLER, P. et B. DUBOIS, *Marketing management — analyse, planification et contrôle*, Paris, 3ᵉ édition, Publi-Union, 1977, p. 161.

Dans une seconde étape, nous pouvons identifier parmi les Français qui prennent des vacances, des besoins différents en fonction des tranches de revenus de la famille. Cette procédure qui consiste à découper le marché en plusieurs étapes successives a pour mérite d'affiner les segments obtenus et de faire en sorte que les individus à l'intérieur de chaque segment aient des besoins les plus homogènes possibles. Ainsi, le marché touristique peut dans une première étape se diviser en trois segments selon l'objet du voyage (loisirs, affaires ou santé).

Comme le montre le tableau 2-5, les trois segments ainsi créés peuvent se subdiviser en sous-segments à partir d'autres critères.

TABLEAU 2-5   Segments de marché selon le type de tourisme et selon l'appartenance ou non à un groupe

TOURISME-LOISIRS	TOURISME-AFFAIRES	TOURISME-SANTÉ
	INDIVIDUELS	
INDIVIDUELS		INDIVIDUELS
	GROUPES	
GROUPES		GROUPES

Cette nouvelle segmentation peut être encore précisée et déboucher sur des segments plus homogènes (voir tableau 2-6, segment « affaires »).

TABLEAU 2-6   Segments de marché détaillés

TOURISME-LOISIRS	TOURISME-AFFAIRES	TOURISME-SANTÉ
Individuel selon la nationalité	Individuel selon la nationalité	Individuel selon la nationalité
	Associations internationales	
	Associations nationales	
	Séminaires de formation (entreprises)	
Groupes selon la nationalité	Réunion nationale des vendeurs	Groupes selon la nationalité
	Séminaire de direction	
	Réunion de distributeurs	
	Réunion de lancement de nouveaux produits	
	Voyages de stimulation	

LA SEGMENTATION DU MARCHÉ TOURISME–LOISIRS

Dans cette section, nous présenterons les différentes bases de segmentation qui peuvent être utilisées sur le marché du tourisme–loisirs.

Les critères géographiques

Sur le marché du tourisme, les critères géographiques correspondent à une base de segmentation pertinente. L'utilisation de ces critères est fondée à la fois sur la notion que chaque « région » développe sa propre culture et qu'il peut exister différents modes de comportement entre les régions et, également, sur le concept de proximité des marchés et des coûts de transport correspondants. Ainsi, le marché américain peut être divisé en cinq grandes régions :

Région 1 : Californie ; *Région 2* ; Grands Lacs ; *Région 3* : New York, Boston, Nord-Est ; *Région 4* : Caroline du Nord, Caroline du Sud, Georgie, Floride ; *Région 5* : Texas.

Chacune de ces régions peut recevoir d'un office national du tourisme un programme marketing différencié et adapté à ses propres caractéristiques. Par exemple, pour l'Office de développement du tourisme de la Polynésie française, la segmentation du marché à partir de variables géographiques peut déboucher sur la sélection des marchés cibles suivants :

– l'Australie ; la Nouvelle-Zélande ; les États-Unis (la côte ouest) ; l'Europe.

Les critères socio-démographiques

La segmentation du marché touristique permet à la plupart des entreprises ou organisations de mieux cibler leurs actions, pour répondre parfaitement aux différentes demandes du marché. Les critères les plus souvent utilisés sont des critères tels que l'âge, le sexe, la taille de la famille, les revenus familiaux ou les PCS (anciennement CSP)…

Ainsi, cette segmentation permet de définir des groupes d'individus aux comportements très proches. De ce fait, les professionnels du tourisme peuvent adapter leur stratégie marketing à ces cibles et réaliser des actions commerciales en vue de les satisfaire : par exemple la SNCF propose aujourd'hui des offres promotionnelles aux moins de 25 ans et aux « seniors ». Certains professionnels viennent même à se spécialiser sur certaines cibles comme l'UCPA qui oriente sa stratégie vers les moins de 35 ans. Des spécialistes utilisent l'enfant comme prescripteur en mettant en place un ensemble d'actions (dans les revues publicitaires et sur les lieux de vacances) qui seront destinées aux « petits ». Nous retrouvons ici des TO français comme Planète, Rêv'Vacances et Tourinter. D'autres encore se spécialisent sur les demandes des seniors, aux revenus confortables et surtout disposant de temps libre.

Pourtant, si ces critères sont les plus courants, avec l'analyse de la compréhension du comportement du touriste, il devient de plus en plus essentiel d'y associer d'autres critères qui touchent plus à la psychologie du consommateur comme : ses styles de vie, ses motivations, etc. Grâce aux nouvelles performances de l'informatique, il est aujourd'hui possible de réaliser des analyses pertinentes, en croisant les critères socio-démographiques et les critères liés au comportement du consommateur.

Sources :
- « Segmentation de la clientèle touristique – Élaboration d'une grille de segmentation de la demande » – Mémoire de DESS d'économie du tourisme réalisé pour le compte de l'AFIT par Caroline Ugolini.
- « L'Enfant, cœur de la cible des hôteliers » ; Sophie Richardin, *Le Quotidien du Tourisme,* juillet 1977.

Par exemple, l'utilisation du revenu comme critère de segmentation soulève certaines questions dont les suivantes :

— Quelle est la mesure du revenu la plus appropriée : par personne, par famille ?

— Quel type de revenu inclure : les salaires, les profits, les dividendes, les revenus extérieurs ?

— Quelle est la nature de la relation entre le revenu, le crédit potentiel et la capacité d'acheter ?

— Quelles sont l'étendue et la nature des différences régionales quant aux revenus : entre un salaire annuel brut de 100 000 F à Paris et le même salaire dans l'ouest de la France ? Entre un salaire de 45 000 $ à Chicoutimi et à Montréal ?

— Des individus ayant des revenus identiques ont-ils des besoins homogènes en matière de vacances ?

Cette dernière question est fondamentale dans le choix d'un critère de segmentation. D'ailleurs, elle pourrait être formulée pour l'ensemble des variables socio-démographiques.

Ainsi, l'illustration du danger relatif à l'utilisation exclusive de ces variables peut être faite à partir du tableau 2-7.

TABLEAU 2-7 Répartition par catégorie socio-professionnelle des visiteurs français en Polynésie française

	1996	%	%1995
Agriculture, pêche, élevage	925	0,56	1,01
Artisans, commerçants, chef d'entreprise	17338	10,4	17,5
Cadre supérieur, profession libérales	36484	22,8	6,62
Cadre moyen, techniciens	18052	11,02	17,9
Employés	39176	24,28	3,41
Ouvriers	2765	1,61	
Retraités	15794	9,64	
Sans profession	32976	20,14	35,8

Source : GIE Tahiti Tourisme, Service statistique,
BP 65, Papette, Polynésie Française.

En ce qui concerne la Polynésie française, une segmentation à partir des catégories socio-professionnelles les plus élevées semble être une décision pertinente. Pourtant, si l'on regarde les répartitions par catégorie socio-professionnelle, on s'aperçoit que les cadres moyens, les employés et les ouvriers représentent le quart du marché actuel et, par conséquent, la population inactive représente près de 37 %. Il serait donc dangereux pour l'Office du tourisme de la Polynésie française de définir son marché cible sur la base exclusive des catégories socio-professionnelles les plus élevées (professions libérales, cadres supérieurs).

Les critères liés à la personnalité du vacancier

HALL et LINDSEY[18] définissent la personnalité du vacancier comme un ensemble de valeurs et de traits qui permettent de décrire l'individu. Par ailleurs, la difficulté d'utiliser la personnalité comme base de segmentation provient, d'une part, de l'existence de théories de la personnalité divergentes et, d'autre part, de la sélection d'un outil de mesure fiable. KASSARJAN[19], dans une revue des différentes études marketing portant sur la personnalité, démontre que si ces études n'établissent pas de lien direct entre la personnalité et le comportement de l'individu, c'est parce que l'instrument de mesure utilisé n'est pas valide et que les individus ont tendance à montrer ce qu'ils désirent être et non pas ce qu'ils sont véritablement.

TABLEAU 2-8   Types de vacances, modes de transport et traits de personnalité du vacancier

Type de vacances et mode de transport	Traits de personnalité
Vacancier — Automobile	Actif, sociable, confiance en soi, curieux, direct
Vacancier — Avion	Très actif, très confiant
Vacancier — Bus	Dépendant, agressif, impulsif, anxieux
Vacancier — Train	Passif, distant, émotionnellement instable, dépendant, anxieux
Vacancier — À l'intérieur du pays	Direct, actif
Vacancier — À l'étranger	Confiance en soi et envers les autres, impulsif

Source : CANADIAN GOVERNMENT TRAVEL BUREAU, *1969 Vacation Trends and Recreation Patterns*, Ottawa, Canada, 1971.

18. HALL, W. et H. LINDSEY, *Theories of Personality*, New York, 1957.

19. KASSARJAN, H.H., *Personality and Consumer Behavior : New Perspectives in Consumer Behavior*, New York, Edition Scott Foresman, 1973.

En 1971, l'Office du tourisme canadien a été l'un des premiers organismes touristiques à utiliser les traits de personnalité pour expliquer les différents modes de comportement des vacanciers canadiens. Les résultats partiels de cette étude sont résumés dans le tableau 2-8.

Une autre étude réalisée par Stanley PLOG[20] classe les vacanciers en trois catégories :

1) le type « psychocentrique » concerne les individus centrés sur eux-mêmes, anxieux, non aventuriers, inhibés ;

2) à l'opposé, le type « allocentrique » regroupe les individus aventuriers, curieux, sûrs d'eux-mêmes, impulsifs;

3) dans la troisième catégorie, on retrouve les individus n'appartenant à aucune des deux catégories précédentes.

FIGURE 2-5   Destinations et personnalités des visiteurs

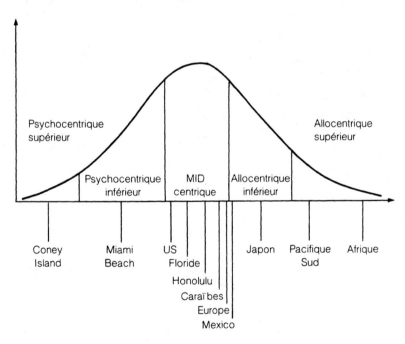

Source : PLOG, S., « Why Destination Areas Rise and Fall in Popularity », *The Cornell Hotel and Restaurant Administration Quarterly*, vol. 14, n° 4, février 1974, p. 55-58.

20. PLOG, S., « Why Destination Areas Rise and Fall in Popularity », *The Cornell Hotel and Restaurant Administration Quarterly*, vol. 14, n° 4, février 1974, p. 55-58.

Précisons que les définitions relatives aux types psychocentrique et allocentrique sont très proches des concepts d'extraverti et d'introverti. Dans son étude Stanley PLOG positionne les destinations touristiques en fonction de la personnalité du vacancier mesurée sur un continuum psychocentrique — allocentrique (voir figure 2-5).

Les styles de vie

La majorité des recherches portant sur les styles de vie qui ont trouvé une application dans le secteur du tourisme sont celles basées sur l'étude des activités, des intérêts et des opinions. Les éléments qui définissent les activités, les intérêts et les opinions sont présentés dans le tableau 2-9.

TABLEAU 2-9   Éléments des mesures AIO

Activités	Intérêts	Opinions
Travail	Famille	Eux-mêmes
Loisirs	Maison	Société
Environnement social	Emploi	Politique
	Communauté	Affaires
Vacances	Mode	Économie
Sports	Loisirs	Éducation
Shopping	Nourriture	Culture
Communauté	Media	Futur

Ces études peuvent également se subdiviser en deux catégories, à savoir :

– celles qui utilisent une approche générale des styles de vie ;

– celles qui se concentrent sur le style de vie spécifique au sujet étudié.

Dans le domaine du tourisme, c'est surtout l'approche relative au style de vie spécifique qui est utilisée.

Une étude réalisée en 1980 par l'*Office du tourisme canadien* utilise un ensemble de vingt éléments relatifs aux styles de vie spécifiques pour identifier les différents segments du marché canadien.

TABLEAU 2-10   Utilisation des différents types de segmentation par des organismes français

Type de segmentation		Chaîne économique					
		Production	Promotion image	Vente directe	Vente indirecte	Consommation	Évolution
Segmentation technique	Direction du tourisme			X	X	X	X
			X	X	X	X	X
	INSEE	X	X	X	X	X	X
	Maison de la France		X			X	
	Autres	X					
	Cathelat	X				X	
Selon les styles de vie	Burke	X				X	
	Les évolutions	X				X	X
	Plog		X			X	X
	AIO	X		X	X	X	
	Abbey	X	X			X	
	OT Canadien	X		X	X		
	Beat Research Ltd		X	X	X	X	
Par rapport au produit	Dubois (HEC)	X	X				
	La fidelité à la marque					X	X
	Mill	X				X	
	CREDOC	X		X	X	X	
Avantage recherché	CREDOC	X	X			X	
	Théorie	X				X	
							X
Total		13	8	7	7	13	8

Le profil des quatre segments dérivés de cette étude à partir d'une analyse de groupes *(cluster analysis)* est décrit en fonction des éléments de styles de vie spécifiques aux vacances (voir tableau 2-11).

Une étude réalisée en 1994 par la Commission canadienne du tourisme propose une segmentation basée sur les styles de vie qui définit 7 éléments [*] :

- les fous de la nature   15%
- les enthousiastes de la culture   15%
- les voyageurs prudents   17%
- les amateurs de découverte et de variété   9%
- les amateurs de vie urbaine   15%
- les voyageurs organisés   17%
- les sportifs actifs   17%

[*] Commission Canadienne du tourisme

En France, les études de style de vie ont utilisé une approche différente. CATHELAT[21] définit les styles de vie comme une carte de géographie sociale, une typologie permettant de mieux comprendre les variétés de Français et leur manière de vivre. Les études du *Centre de Communication Avancée d'Havas,* réalisées tous les deux ans depuis 1972, permettent de suivre l'évolution des styles de vie des Français.

FIGURE 2-6   La compréhension du choix de destination touristique.

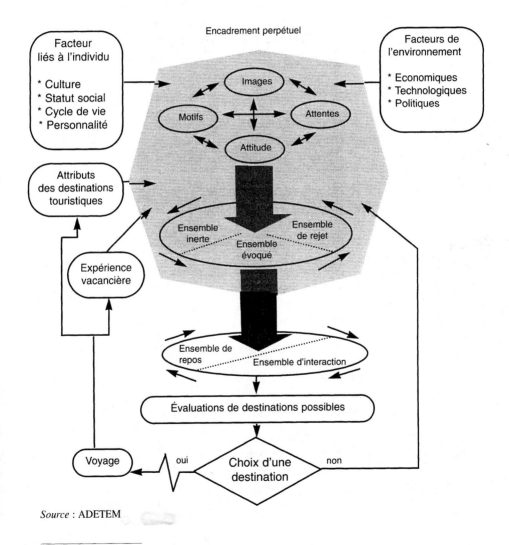

Source : ADETEM

21. CATHELAT B., *Le style de vie des Français,* centre de communication avancée, Havas, Éditions d'Organisation, 1985.

En 1984, l'étude socioculturelle de la France laisse apparaître cinq micro-cultures (voir carte typologique à la figure 2-6) à partir de quatorze socio-styles du C.C.A. (voir tableau 2-11). Les lecteurs intéressés par cette étude pourront consulter l'ouvrage de CATHELAT.

TABLEAU 2-11   Quatorse socio-styles du *Centre de communication avancée* d'Havas (C.C.A.)

Les libertaires	La contestation, le pessimisme, la culture, l'évasion hors des sentiers battus.
Les profiteurs	Les leaders de mode, l'originalité, le tape-à-l'œil, l'avant-garde.
Les frimeurs	La fête, la maginalité, le rêve, la consommation.
Les responsables	La technocratie, l'efficacité, le pouvoir, le standing dans un monde ordonné.
Les dilettantes	La passion, l'ambition dans un certain anti-conformisme avant de faire partie des responsables.
Les exemplaires	La famille, les amis, le travail, l'harmonie, la coopération.
Les vigiles	Le patrimoine, le confort, le chez-soi et l'ordre social.
Les conservateurs	Le travail, la famille, la patrie, la permanence.
Les moralisateurs	L'ordre, la responsabilité, l'exemple, la qualité.
Les utilitaristes	La patience, l'effort, le patrimoine et la hiérarchie.
Les défensifs	L'installation, la jouissance matérialiste.
Les attentistes	Les principes, le manque d'ambition, la passivité devant la crise.
Les militants	Le militantisme sur le lieu de travail, l'investissement dans l'équipement du foyer.
Les entreprenants	Le travail, le pouvoir, le modernisme.

Selon cette approche, le marché du voyage est défini dans un espace perceptuel autour des deux axes dans lequel les douze socio-styles du C.C.A. sont représentés. D'une part, dans l'axe horizontal, l'autonomie s'oppose à l'organisation. L'autonomie correspond aux voyages le plus souvent réalisés en France avec des moyens de transport à la portée de la main qui permettent une certaine liberté dans le choix des itinéraires et de la durée du voyage. Par opposition, l'organisation s'adresse aux voyages lointains qui nécessitent un minimum d'organisation. D'autre part, dans l'axe vertical, l'enracinement (ceux qui ne prennent pas ou très peu de vacances) s'oppose au dépaysement (ceux qui ont « la bougeotte »).

Ainsi la typologie laisse apparaître cinq segments, soit :

L'exotisme lointain	Les destinations lointaines et dépaysantes.
Le voyage organisé	Tous les voyages nécessitant un intermédiaire.
L'Europe	Tous les voyages à destination des pays proches de la France.
Le voyage liberté	Tous les voyages que l'on peut faire selon son humeur, son rythme avec les moyens de transport à la portée de la main et le plus souvent en France.
Le retour aux racines	Vive la France et vive le chez-soi !

Plusieurs styles de touristes

L'étude sur les sociostyles touristiques menée par Zins Beauchesne et associés en collaboration avec le CGA pour segmenter le marché touristique en plus des volets sur la consommation de biens et de services divers, ainsi que l'audience média, a donc analysé les motifs et comportements de voyage.

De façon globale il en ressort cinq grandes mentalités touristiques :

- les globe-trotters ;
- les vacanciers ;
- les rêveurs ;
- les disciplinés ;
- les casaniers.

FIGURE 2-7   Socio-styles du secteur du voyage

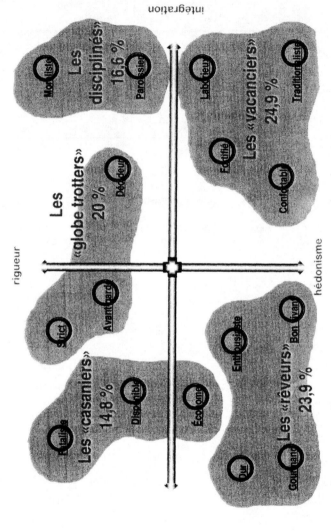

Source : Développé en 1996 par Zins Beauchesne et Associée avec la collaboration du C.C.A. de Paris.

On peut en dégager cinq socio-cibles du secteur du tourisme :

LES GLOBE-TROTTERS

Des voyageurs curieux, sportifs et haut de gamme

Les plus grands voyageurs. Ils partent fréquemment, aussi bien pour des courts que des longs séjours, et indifféremment selon les saisons. Ils voyagent seuls, en couple, avec des amis ou avec des enfants lorsqu'ils en ont.

Pour ces gens dynamiques, c'est l'occasion d'échapper à la pression du travail, de se détendre et de se reposer en changeant d'endroit, de cadre.

Trois signes distinctifs :

• une importante coloration culturelle : ils ont plaisir à découvrir des cultures différentes et sont attirés par les musées, les expositions, les galeries d'art, les circuits historiques ;

• un besoin de dépense physique par la pratique de sports ;

• des voyageurs haut de gamme et qui savent apprécier : ils fréquentent les clubs de vacances aussi bien que les grands hôtels ou les B&B, font des séjours dans des centres de santé, des croisières et des circuits gastronomiques.

LES VACANCIERS

À la recherche du bonheur familial

Des voyageurs en famille qui se déplacent, en été comme en hiver, le plus souvent pendant les vacances des enfants, quand ils en ont.

Trois signes distinctifs :

• les vacances sont pour eux une occasion idéale de se retrouver en famille, de profiter de leurs enfants ;

• elles sont aussi le meilleur moyen d'échapper à la pression du travail : ils expriment un véritable besoin de repos et de détente ;

• des amoureux de la nature qui aiment les grands espaces et le sport, qui pratiquent le golf, la chasse, la pêche, le vélo, le bateau ou le ski, fréquentent les parcs naturels, aiment être au bord d'un lac et, pour certains, faire beaucoup de camping.

Mais il leur arrive également de voyager en couple sans les enfants. Ils sont très soucieux de sécurité.

LES RÊVEURS

Le fantasme du voyage

Ces voyageurs imaginaires ont véritablement envie de voyager, mais n'en ont pas encore les moyens. À l'intérieur de ce type, les enthousiastes font exception : ce sont les plus aisés et les plus cultivés. S'ils voyagent encore moins souvent qu'ils ne le souhaiteraient, ils sont proches en termes d'attitude de la mentalité des globe-trotters et seront appelés à l'intégrer rapidement.

Deux caractéristiques ambiguës pour ces ambitieux encore casaniers :

• ils expriment d'une part un véritable besoin de se ressourcer, de s'échapper du quotidien par les voyages, pensent que ce serait utile à leur forme, rêvent de s'éclater, d'avoir des sensations fortes, de sortir dans les boîtes de nuit et de se loger dans des hôtels haut de gamme ;

• ils sont d'autre part en quête de repères et de sécurité, de vacances en terrain connu où retrouver des gens connus et pratiquer toujours les mêmes activités.

LES DISCIPLINÉS

Des voyages organisés

Ces voyageurs moyens n'ont pas la frénésie des déplacements, mais s'offrent régulièrement des voyages au pays ou encore à l'étranger.

Ce sont typiquement les clients des voyages organisés.

Ils partent en couple ou en groupe, recherchent avant tout la sécurité et un encadrement parfait. Ils considèrent que les voyages sont bons pour la santé et ils exigent un minimum de confort. À l'étranger, ils aiment se loger dans des hôtels haut de gamme et bien manger, fréquenter les théâtres et les casinos.

Ce sont également des adeptes, et participants assidus des pèlerinages ; des adeptes des voyages tout compris, avec un besoin aigu d'être rassurés.

LES CASANIERS

Les plus petits voyageurs

Peu fortunés, ils voyagent très rarement, que ce soit au pays ou à l'étranger et que ce soit pour de courts ou de longs séjours.

Ils aspirent à des voyages sécurisants, allant toujours au même endroit et pratiquant toujours les mêmes activités.

En cas de déplacement, ils se logent souvent chez des parents ou des amis.

Différents socio-styles, différents comportements…

Avoir une vision simple du marché est le rêve de tout décideur… mais l'important est d'en développer une vision claire et juste.

La présente étude sur les socio-styles touristiques démontre que, tout comme dans les autres secteurs de la consommation de biens et de services, la segmentation du marché en socio-styles de voyageurs aux motivations, attitudes et comportements divers est bien réelle… et surtout utilisable stratégiquement et tactiquement par un preneur de décisions en marketing.

Le marché touristique est segmenté. Mieux communiquer avec lui, mieux l'accueillir et mieux le servir vont requérir une approche diversifiée adaptée à chaque style et nécessiter de cibler le style de touristes que l'on veut attirer et retenir.

L'attitude

Les études qui utilisent l'attitude comme base de segmentation peuvent se diviser en deux catégories (voir TOCQUER[26]) :

– les études qui utilisent l'attitude envers la catégorie de produits ou de service ;

– les études qui traitent de l'attitude selon une série de points généraux (ces dernières sont très proches des études de segmentation par style de vie, mais nous ne les développerons pas spécialement dans ce chapitre).

La justification de l'utilisation de l'attitude en vue de segmenter un marché s'explique par le fait qu'il est généralement accepté que cette variable soit

---

26. TOCQUER, G. *L'utilisation des modèles de type « expectancy-value » pour la segmentation de marché*, thèse présentée à l'Université de Sherbrooke, Québec, Canada, 1975.

liée au comportement du vacancier (MARCHANT et MITCHELL[27] ; GOORICH[28]). Pour ce qui est de l'étude réalisée par CRASK[29], il identifie cinq segments. Ces segments sont dérivés de scores d'importance accordés par les répondants à différents attributs du produit touristique (sur une échelle de 5 à 1, soit de très important à pas du tout important).

Voici la liste des attributs :

— la beauté du paysage ;

— les sites historiques et culturels ;

— l'opportunité de se reposer ;

— l'éloignement du domicile ;

— le coût des vacances ;

— la disponibilité de l'hébergement ;

— l'accessibilité au camping ;

— la possibilité de pêche et de chasse ;

— les centres de loisirs, les parcs ;

— la possibilité de faire du «lèche-vitrines» ;

— l'accessibilité aux terrains de golf et de tennis ;

— la disponibilité des activités nocturnes ;

— l'accessibilité aux sports nautiques ;

— la proximité d'autres sites intéressants.

L'analyse de groupes (*cluster analysis*) permet de regrouper les individus ayant accordé la même importance aux différents attributs.

La segmentation selon les bénéfices ou selon la satisfaction recherchée, proposée par HALEY[30], est similaire à une segmentation selon l'attitude. HALEY propose de segmenter le marché en fonction des attentes du consommateur dans l'utilisation du produit. Dans le domaine du tourisme, les différentes raisons du voyage peuvent être :

---

27. MARCHANT, D. et D. MITCHELL, *Is Attitude Segmentation in the Holiday Market a Reliable Predictor of Future Behavior*, Esomar, 1977.

28. GOODRICH, J.N., « The Relationship between Preferences for and Perceptions of Vacation Destinations — Application of a Choice Model », *Journal of Travel Research*, vol. 176, automne 1978.

29. CRASK, M.R., « Segmenting the Vacationer Market, Identifing the Vacation Preferences, Demographics and Magazine Readership of Each Group », *Journal of Travel Research*, vol. XX, n° 2, automne 1981.

30. HALEY, R., « Benefit Segmentation : A Decision Oriented Research Tool », *Journal of Marketing*, juillet 1968.

— la visite d'amis ou de la famille ;

— la visite de villes ;

— la participation à des festivals ;

— la découverte de la nature ;

— les activités de plein air (pêche, canoë, et autres) ;

— un séjour dans une station de vacances, etc.

Le comportement

Les variables concernant le comportement

La segmentation basée sur des variables de comportement est fréquemment appliquée au marché tourisme − loisirs. Cette approche est également utilisée par les chaînes hôtelières et les compagnies aériennes pour le marché des « affaires ».

Ainsi donc, le comportement peut être défini de deux façons selon la fidélité à une destination et selon le taux d'utilisation du produit ou service.

■ *La segmentation selon le degré de fidélité à une destination*

Il existe chez certains consommateurs une tendance à être fidèle à une destination touristique. La fidélité peut s'expliquer par un niveau de satisfaction élevé chez le consommateur, mais aussi par une tendance chez ce dernier à minimiser le risque d'un autre choix, d'une destination inconnue. Ce type de segmentation semble être intéressant pour des compagnies aériennes ou pour des chaînes hôtelières qui peuvent segmenter leur clientèle en trois catégories :

— *Passagers inconditionnels* : ceux qui n'utilisent que la compagnie X ;

— *Passagers à multiples fidélités* : ceux qui changent de temps en temps de compagnie aérienne mais restent plutôt favorables à la compagnie X ;

— *Passagers sans fidélité aucune* : ceux qui n'utilisent pas une compagnie particulière.

De ces trois segments, il est possible de préciser le profil des clients en termes de style de vie et de variables socio-démographiques. L'entreprise peut ainsi développer des plans de marketing adaptés aux différents segments, en renforçant sa position sur les consommateurs fidèles et en tentant de convertir les deux autres segments.

■ *La segmentation selon le taux d'utilisation*

Il s'agit d'identifier des segments en fonction du niveau de comporte-ment. Les chaînes hôtelières définissent souvent leur marché cible à partir du nombre de voyages internationaux réalisés par l'homme d'affaires (plus de trois voyages par an).

Cette segmentation se fait à partir d'une mesure objective : le comporte-ment passé. Les segments ainsi obtenus sont beaucoup plus homogènes que ceux dérivés d'une autre base de segmentation.

The Pan European Survey[31] réalisée par *Research Services Limited* sur le marché européen illustre ce type de segmentation. Les répondants sont seg-mentés à partir du taux d'utilisation, c'est-à-dire :

— la fréquence de voyages aériens au cours des douze derniers mois ;
— la fréquence de voyages aériens en Europe de l'Ouest au cours des douze derniers mois.

Les profils des groupes obtenus sont précisés en fonction de variables socio-démographiques, d'exposition aux media, et autres.

Une autre étude réalisée par *Beta Research Inc.*[32] identifie quatre seg-ments sur le marché des visiteurs américains aux Caraïbes en fonction du nombre de visites précédentes.

● *La première visite*

C'est la première fois que le touriste se rend aux Caraïbes. Il veut tout voir et est très actif autant le jour que la nuit. Il fait partie des tranches d'âges les plus jeunes.

● *La deuxième visite*

Le visiteur se concentre sur ses activités favorites telles que les activités sportives et les visites. La durée de son séjour est plus longue.

---

31. THE PAN EUROPEAN SURVEY, *A Marketing and Readership Study of Executives and Profes-sionnals in Europe*, Research Services Limited, London, 1981.

32. BETA RESEARCH INC., « The Sun Seeker, a Study of Caribbean Vacationers », *Time Marke-ting*, 1981.

● *La troisième visite (ou la quatrième)*

Le visiteur a des activités intenses durant la journée et peu d'activités nocturnes. Ses dépenses sont plus élevées en hébergement et en restauration. Il est plus âgé et ses revenus sont supérieurs à ceux des deux premiers groupes.

● *Le visiteur fidèle à la destination*

L'âge et le revenu sont plus élevés que dans les autres segments. Il a une longue expérience des Caraïbes. Il a trouvé un endroit idéal en termes de tranquillité et paie le prix fort (250 $ par jour). Il reviendra l'année prochaine.

D'autre part, l'étude de RONKAINEN et WOODSIDE[33] montre qu'il est possible de segmenter le marché de la Caroline du Sud en fonction de la fréquence de visites antérieures. Le profil des visiteurs ayant déjà séjourné dans la région est significativement différent du profil de ceux qui y séjournent pour la première fois.

En termes de conclusion relativement aux différentes bases de segmentation, notons que beaucoup de responsables marketing confondent le caractère explicatif d'une variable et son caractère descriptif. Actuellement, il semble plus intéressant de segmenter un marché à partir de variables objectives proches du comportement, puis de décrire les différents segments selon les variables qui apportent une meilleure définition des segments obtenus, ce qui permet à l'entreprise touristique d'avoir une communication mieux adaptée aux profils des différents marchés cibles et donc d'être plus efficace.

LA SEGMENTATION DU MARCHÉ — AFFAIRES

Le marché « affaires », comme celui du tourisme, peut se décomposer en deux segments, c'est-à-dire les affaires individuelles et les affaires de groupes (réunions, congrès, assemblées, et autres).

Précédemment, nous avons vu qu'il était possible de segmenter le marché « affaires individuelles » à partir de variables de comportement (taux de fréquentation, degré de fidélité, etc.) et que cette base de segmentation était opérationnelle.

---

33. RONKAINEN, I.A. et A.G. WOODSIDE, « First Time US Repeat Visitors : Analysing Multiple Travel Market Segments. Research and the Changing World of Travel in the 1980's », *TTRA Proceedings*, 1980.

Quant au marché « affaires de groupe », il obéit à une caractéristique essentielle qui nécessite de la part de l'entreprise touristique une approche marketing spécifique. En effet, ce marché n'est pas dominé par un comportement individuel mais par un comportement d'organisations. Ces dernières ont des processus de décision plus complexes et moins bien connus que ceux des consommateurs individuels. Ainsi, pour un hôtelier, la segmentation du marché « affaires de groupes » peut-être opérée selon deux types (voir tableau 2-12) : selon la nature de l'organisation (associations ou entreprise), pour les entreprises, selon l'objet de la réunion, et pour les associations, selon leurs caractéristiques et leurs origines.

TABLEAU 2-12   Marché « affaires de groupes »

Entreprises	Associations
Séminaires de formation	Associations internationales
Réunions de direction	Associations nationales
Réunions nationales ou internationales de vente	Associations scientifiques
Réunions de distributeurs	Associations religieuses
Introduction de produits	Associations universitaires
Assemblées d'actionnaires	Associations amicales et fraternelles
Voyages de stimulation	
Autres (expositions)	Autres (expositions)

Le marché des congrès d'entreprises

Le marché des congrès d'entreprises s'est considérablement développé au cours des dix dernières années. Nous examinerons dans cette section le processus de décision des entreprises dans le choix d'un site de congrès et leurs besoins en fonction de la nature de la réunion organisée.

Processus de décision des entreprises

Pour l'organisation touristique qui veut concentrer ses efforts marketing sur ce marché, il est essentiel qu'elle connaisse les types d'entreprises organisatrices de congrès de même que le profil de l'organisateur au sein de l'entreprise.

TABLEAU 2-13   Profil de l'organisateur de congrès

Catégorie	Pourcentage (%)
Président	8,0
Vice-président	23,0
Secrétaire général	9,4
Directeur général ou de direction	17,8
Directeur de service	15,5
Manager adjoint Manager	14,2
Autres titres	12,1

Source : **Conventions and Business Meetings, a Survey of Meeting Planners**, New York, Dow Jones Inc., 1978.

Cette tâche est relativement complexe dans la mesure où l'organisateur d'un congrès a des responsabilités différentes d'une entreprise à une autre (voir tableau 2-13). Lorsque l'organisateur est connu au sein de l'entreprise, il faut alors identifier les caractéristiques des congrès organisés par cette entreprise (le type de congrès, la fréquence, le nombre de participants, le délai entre le choix de la destination et la période du congrès, les critères de sélection de la destination et du choix de l'hôtel). Les critères de sélection de la destination sont établis en fonction du but du congrès (voir tableau 2-14).

Les caractéristiques des différents congrès ou réunions

Les congrès et réunions sont de divers types et les caractéristiques de ceux-ci varient d'un type à l'autre selon les catégories et le nombre de participants, la durée, le lieu, le coût, entre autres. Nous présentons ci-dessous les caractéristiques des principaux types de congrès et réunions.

● *Réunions de cadres de direction*

— Participants : membres de direction ;

— Durée de séjour courte (moins de 2 jours) ;

— Hôtels luxueux (urbains-balnéaires) ;

— Épouses parfois invitées ;

— Dépenses individuelles élevées ;

— Nombre de participants limité.

TABLEAU 2-14   Facteurs considérés comme très importants par les entreprises dans le choix d'une destination (toutes catégories
de réunions et voyages de stimulation)

	Toutes catégories (%)	Voyages de stimulation (%)
1. Disponibilité des hôtels	70	61
2. Facilité des transports	62	40
3. Distance à parcourir par les participants	42	23
4. Coûts de transport	38	32
5. Climat	32	65
6. Installations sportives	23	68
7. Autres attractions	9	56
8. Image de la destination	8	58

Source : **Conventions and Business Meetings, a Survey of Meetings Planners**, New York,
Dow Jones Inc., 1978.

● *Voyages de stimulation*

— Objectifs : récompenses pour gain de productivité ;

— Importance de la destination dans le choix du site ;

— Épouses normalement invitées ;

— Durée de 5 à 8 jours ;

— Nombre de participants très varié ;

— Très peu de réunions durant le séjour ;

— Nécessité d'un programme « loisirs » ;

— Excellente opportunité d'affaires pour l'hôtelier.

● *Réunion force de vente (nationale et internationale)*

— Objectif : productivité de la force de vente (réunion d'information) ;

— Participants : force de vente ;

— Entreprises de taille importante ;

— Participation élevée (près de 200 participants en moyenne) ;

— Durée de séjour moyenne (environ 3 jours) ;

— Matériel audio-visuel exigé ;

— Épouses non invitées.

● *Séminaires de formation*

— Participation limitée (moins de 30 personnes) ;
— Durée de séjour de 1 à 7 jours ;
— Budget limité des participants ;
— Nombre de séminaires élevé dans l'année ;
— Opportunité commerciale en fonction du niveau hiérarchique des participants.

● *Congrès-réunions de distributeurs*

— Objectif : motiver les concessionnaires et les distributeurs ;
— Organisation de très haute qualité ;
— Durée de séjour de 1 à 3 jours ;
— Épouses souvent invitées ;
— Le congrès peut être combiné à des activités sportives.

● *Réunions nouveaux produits*

— Objectif : présentation de nouveaux produits par l'entreprise ;
— Nombre de participants élevé ;
— Durée de séjour de 1 à 3 jours ;
— Nécessité de hall d'exposition et de matériel audio-visuel parfois sophistiqué.

Le marché des associations

Les associations ont non seulement des comportements différents des entreprises dans le choix d'un site de congrès, mais elles ont également des besoins différents. Il est donc nécessaire sur le plan marketing de les considérer comme un segment de marché bien spécifique.

Processus de décision des associations

■ *Le choix du site*

Le nombre de participants est généralement plus élevé dans les congrès associations que dans les réunions d'entreprises. Ainsi, leurs critères de sélection d'un site et d'un hôtel sont par conséquent spécifiques.

TABLEAU 2-15   Fréquentation des principaux congrès d'associations - marché américain (en %)

Participation	Associations
Moins de 100	11
100 à 200	14
200 à 400	22
400 à 500	7
500 à 1 000	16
Plus de 1 000	30

Source : *The Meeting Market*, MPI Marketing Research, New York, 1980.

TABLEAU 2-16   Facteurs considérés par les associations comme très importants dans le choix de la destination - marché américain (en %)

Facteurs	Associations
Disponibilité des hôtels	86
Facilités de transport des participants	52
Distance à parcourir par les participants	30
Climat	29
Activités sportives	26
Coût du transport	25
Autres distractions	20
Climat	14

Source : *The Meeting Market*, MPI Marketing Research, New York, 1980.

Caractéristiques des différentes associations

Il faut noter qu'il existe sur le marché un grand nombre d'associations de natures différentes et qui, de ce fait, exigent pour leurs réunions et leurs congrès des services différents. Nous présentons ci-dessous un certain nombre de catégories d'associations avec leurs caractéristiques et leurs besoins.

TABLEAU 2-17   Facteurs considérés comme très importants dans le choix d'un hôtel par les associations pour leur congrès principal — marché américain (en %)

Facteurs	Associations
Nombre, taille, dimension des salles de réunion	85
Qualité de la restauration	78
Nombre, taille, dimension des chambres	74
Efficacité des procédures de facturation	55
Efficacité des procédures d'enregistrement et de paiement	55
Désignation d'une personne pour coordonner les réunions	52
Disponibilité des équipements audiovisuels	47

Source : *The Meeting Market*, MPI Marketing Research, New York, 1980.

● *Associations internationales*

— Nombre de participants élevé ;

— Disponibilité des hôtels ;

— Nombre, taille, dimension des salles de réunion ;

— Désignation d'une personne pour coordonner les réunions.

● *Associations professionnelles*

— Composition : individus dont les compagnies ont des intérêts professionnels communs ;

— Forte spécialisation ;

— Participation payée par les entreprises ;

— Utilisation d'équipements audio-visuels sophistiqués ;

— Utilisation accrue de sessions sous forme de commissions (de moins en moins de sessions plénières).

● *Associations fraternelles*

— Composition : individus ayant des intérêts mutuels liés à l'amitié, à la philanthropie ;

— Groupes de taille importante ;

— Participants combinant vacances plus participation ;
— Présence de femmes et d'enfants (chambre pour deux personnes) ;
— Personnes déléguées payent elles-mêmes leurs dépenses ;
— Programmes sociaux importants (visites ...) ;
— Participation fréquente d'un conférencier national.

● *Associations scientifiques*

— Besoins apparentés à ceux des associations professionnelles ;
— Réunions organisées régulièrement ;
— Perception de nombreuses commissions ;
— Réunions tenues le jour et le soir ;
— Programmes sociaux réduits ;
— Conférencier invité régulièrement (dîner-débat) ;
— Participants payent leurs propres dépenses ;
— Équipements audio-visuels sophistiqués ;
— Groupe peut être important.

● *Associations religieuses*

— Réunions régulières ;
— Réunions fréquemment les week-ends ;
— Dépenses à la charge des participants ;
— Groupes importants ;
— Durée courte (2 à 3 jours) ;
— Programmes sociaux limités.

Qu'il s'agisse de gérer le tourisme sur le plan d'une ville, d'une région ou d'un pays, le marché « affaires », tel que nous l'avons défini, représente une opportunité par sa complémentarité au marché « tourisme-loisirs ». Des villes comme Cannes, Monaco, Nice ont investi dans des centres de congrès et limitent ainsi les effets négatifs d'une trop forte saisonnalité du marché « tourisme-loisirs ».

Cette complémentarité est d'autant plus vraie lorsque l'on sait qu'un visiteur d'affaires peut être considéré comme un client potentiel pour un séjour touristique. Par conséquent, il est nécessaire de considérer le marché du tourisme dans sa définition la plus large, soit loisirs et affaires.

Donc, pour être plus efficace, une même organisation doit avoir la responsabilité de gérer au sein d'une ville, d'une région ou d'un pays ces deux segments de marché. C'est l'approche que nous suggérons.

CONCLUSION

La compréhension et la prévision de la demande et du marché, en termes qualitatifs et quantitatifs, constituent un défi qui est au cœur même de l'approche marketing du tourisme.

Les méthodes d'analyse et de prévision de la demande abondent. De nombreuses techniques adoptent une approche « rigide » qui ne doit pas faire oublier l'importance du jugement et des avis du preneur de décision marketing. Compte tenu des nombreux facteurs extérieurs qui influencent le marché touristique, l'estimation de la demande future est une tâche ardue.

Dans l'analyse des marchés, un des principes fondamentaux du marketing est celui qui stipule qu'il n'existe pas qu'un seul marché, mais un ensemble de segments dont les besoins et les caractéristiques sont différents. Le marché du tourisme peut se diviser en trois segments principaux selon l'objet du voyage (loisirs, affaires, santé). Ces segments peuvent ensuite se subdiviser selon des critères socio-démographiques ou dimensions psychologiques.

Le chapitre 3 traitera de façon approfondie des facteurs psychologiques qui régissent les décisions et les comportements des consommateurs sur le marché « tourisme-loisirs ».

Chapitre 3

Le comportement

individuel du touriste

LES FACTEURS EXTERNES
    Les facteurs socio-économiques
    Les facteurs politiques
    Les facteurs légaux
    Les facteurs culturels

LES FACTEURS PERSONNELS
    La personnalité
    Les styles de vie

LES FACTEURS PSYCHOSOCIOLOGIQUES
    Les groupes de référence
    La famille

LES FACTEURS PSYCHOLOGIQUES
    Les besoins
    Les motivations
    La perception
    L'apprentissage
    L'attitude

LES MODÈLES DE COMPORTEMENT DU CONSOMMATEUR
    Définition et utilité des modèles
    Le modèle de ENGEL, KOLLAT et BLACKWELL

CONCLUSION

* * *

L'une des tâches essentielles d'un responsable marketing dans une entreprise ou dans une organisation touristique consiste à comprendre comment le consommateur prend un certain nombre de décisions concernant le choix d'une destination de vacances.

- À quel moment partir ?
- Où aller ?
- Comment faire la réservation ?
- Quelle durée de séjour ?
- Comment y aller ?
- Avec quelle compagnie ?
- Quel montant dépenser ?
- Quelle est la durée du séjour ?
- Où manger ?
- Où se loger ?
- Avec qui partir ?

Dans le choix d'une destination de vacances, le nombre de facteurs qui entrent en jeu rend d'autant plus difficile la compréhension du processus de décision. Ainsi, *étudier le comportement du consommateur* signifie étudier les actes d'un individu directement engagé à obtenir et à utiliser un service (ou produit) en incluant tout ce qui est antérieur et postérieur à l'acte d'achat proprement dit (voir figure 3-1).

FIGURE 3-1   Les trois phases relatives à l'étude du comportement du consommateur

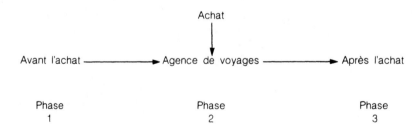

Le comportement relatif à l'achat peut être influencé par les catégories de facteurs suivants :

— *Facteurs externes*   Facteurs économiques, politiques, légaux.

— *Facteurs culturels*   Facteurs culturels, de sous-culture, de religion.

— *Facteurs personnels*   Facteurs liés à l'âge, au cycle de vie, à la profession, au style de vie, à la personnalité.

— *Facteurs psychosociologiques*   Groupes de références, famille.

— *Facteurs psychologiques*   Facteurs liés aux besoins, à la motivation, à la perception, à l'attitude, à l'apprentissage.

LES FACTEURS EXTERNES

L'ensemble des facteurs externes font partie de ce que l'on appelle communément le *macro-environnement*. Nous avons précisé dans le chapitre 1 les différents composants du macro-environnement. Nous rappellerons brièvement ci-dessous les effets de ces différents composants sur le comportement du touriste, en particulier, lorsqu'il choisit une destination de vacances par rapport à une autre.

Les facteurs socio-économiques

La croissance du produit intérieur brut (PIB), le taux d'inflation, les taux de change et d'intérêt, le prix du carburant, le taux de chômage sont autant d'éléments économiques qui influencent le marché touristique international.

En 1984, le taux de change du dollar a eu pour effet de diminuer le nombre de départs des Français vers les États-Unis, mais aussi vers les destinations dont le paiement se faisait en dollars. Par contre, en 1986, les variations occasionnées par la baisse du prix du kérosène ont rendu plus accessibles les destinations éloignées.

Les facteurs politiques

Les changements politiques à l'intérieur d'un pays provoquent des fluctuations importantes des arrivées touristiques d'une année à l'autre. Ce fut notamment le cas de la Yougoslavie après le décès de Tito et actuellement celui des Philippines. D'ailleurs, les statistiques de voyages internationaux constituent un excellent baromètre pour mesurer le niveau de stabilité politique d'un pays.

Les facteurs légaux

La limitation des sorties de devises et le droit aérien sont, parmi d'autres contraintes légales, des éléments qui peuvent influencer le comportement du vacancier. Ainsi, l'instauration en 1983 du carnet de change en France a pu avoir un effet dissuasif sur le nombre de voyages à destination de l'étranger.

Les facteurs culturels

Un individu assimile les valeurs inhérentes à sa culture par le processus de socialisation. La culture lui transmet des modes de perception et de comportement bien spécifiques. Un des principes fondamentaux du marketing international repose sur la diversité des cultures. Ce principe préconise la nécessité d'adapter les programmes marketing à cette diversité. Ainsi, les différentes cultures représentées par des groupes ethniques ou religieux ont également des modes de comportements bien spécifiques en matière de vacances.

LES FACTEURS PERSONNELS

L'âge, le cycle de vie familiale, la profession sont des variables qui discriminent fortement le comportement des vacanciers. Ainsi, les personnes du troisième âge ressentent moins, que toute autre personne de catégorie d'âge différente, la nécessité du dépaysement. Par contre, pour ces personnes la durée du voyage vers certaines destinations éloignées peut les freiner.

Dans le même ordre d'idées, un couple marié avec enfants risque d'avoir des comportements autres que ceux d'un couple sans enfant. De même l'appartenance à une catégorie socio-professionnelle, à laquelle s'ajoute une dimension économique, influence directement le choix de la destination, les modes de transport et d'hébergement.

De toute évidence, le style de vie et la personnalité de l'individu déterminent grandement son attitude vis-à-vis des vacances, les activités durant les vacances et le type de vacances recherché. On ne peut nier que les styles de vie sont fonction de l'appartenance à une catégorie sociale, de la personnalité de l'individu et de sa culture.

Le manque de consensus sur la définition des concepts les rend d'ailleurs peu opérationnels. Ils ont cependant l'avantage d'apporter au responsable marketing plus d'explication sur le comportement du consommateur que les caractéristiques signalétiques classiques (âge, sexe, catégorie socio-professionnelle ...).

La personnalité

La personnalité peut se définir comme un ensemble de traits qui caractérisent un individu et qui le distinguent des autres de manière unique. Il existe un certain nombre de tests qui permettent de mesurer ces différentes dimensions, par exemple : l'extroversion ou l'introversion, l'activité ou la passivité, l'agressivité ou le conformisme.

Pour une entreprise, il est bien sûr possible d'orienter sa publicité auprès de cibles ayant des traits de personnalité spécifiques. Dans le cas de l'édition des brochures d'un organisateur de voyages, le choix des personnages devra être fait de manière à ce que la cible choisie puisse s'identifier aux personnages de la brochure.

Les styles de vie

Tout comme le concept de personnalité, le concept de style de vie se caractérise par des raisonnements théoriques différents. L'étude sur les styles de vie s'appuie en effet sur d'autres théories comme la personnalité, la sociologie ou la psychosociologie. Nous avons vu au chapitre 2 les différents styles de vie ainsi que leurs utilisations dans le domaine de la segmentation de marché. Pour le responsable marketing, l'intérêt réside dans le fait qu'une description des différents segments, à partir des styles de vie, permet une meilleure compréhension du marché ce qui facilite les décisions marketing.

LES FACTEURS PSYCHOSOCIOLOGIQUES

Un consommateur n'est pas seulement influencé par des facteurs liés à l'environnement ou par des facteurs personnels. La famille et les groupes de référence constituent des entités sociales qui peuvent influencer ses décisions. Les facteurs psychosociologiques exercent cette influence à la fois sur le marché des loisirs et sur le marché des affaires.

Les groupes de référence

Ce sont des groupes de personnes (formels ou informels) qui influencent l'attitude ou le comportement d'un individu. Il s'agit d'amis, de voisins, de collègues professionnels, ou d'associations professionnelles, syndicales ou religieuses. Ces groupes influencent l'individu dans la mesure où ils l'obligent à respecter certaines normes dans son comportement futur.

Ainsi, une personne adhère à un groupe pour satisfaire certains besoins. Par exemple, l'appartenance à un club (style club 2 000 Air France et Programme Fréquence Plus) permet aux hommes d'affaires qui voyagent fréquemment de bénéficier de certains avantages, mais c'est aussi une indication de leur appartenance à une certaine élite.

Le fait de s'inscrire à un club de golf privé donne non seulement à l'individu l'opportunité de jouer au golf, mais également d'élever son statut social et de rencontrer certaines personnes dont la réussite personnelle et professionnelle est confirmée.

De plus, le groupe procure un sentiment de sécurité. En effet, c'est pour cette raison que beaucoup de personnes préfèrent voyager en groupe dans un pays étranger plutôt que de voyager seules. À ce titre, il est très important pour un individu lorsqu'il choisit telle ou telle destination de rechercher un groupe qui corresponde à ses propres références. Il tentera donc d'identifier le groupe en examinant attentivement les personnages de la brochure de l'organisateur de voyages, ou encore celle de l'hôtel. D'où l'importance pour l'organisateur de voyages de concevoir une publicité adaptée à leurs cibles.

La famille

L'influence familiale est très importante dans le comportement du touriste, en particulier, les relations parents-enfants et les relations entre les époux. On s'accorde généralement à penser que le processus de décision dans la famille est une combinaison du cycle de vie familiale et de l'appartenance à une classe sociale.

Ainsi, les familles de classe aisée perçoivent les voyages de leurs enfants comme une expérience enrichissante sur le plan éducatif. Elles ont, par le fait même, tendance à consacrer un budget plus important aux voyages comparativement aux familles de classe plus modeste.

En ce qui concerne les *relations parents-enfants*, dans lesquelles l'enfant domine, elles peuvent également influencer le comportement final du vacancier dans la mesure où le père ou la mère cherche d'abord à satisfaire les besoins de l'enfant. Dans ce cas, il sera important pour le responsable marketing de bien appréhender le processus d'influence de l'enfant.

Pour ce qui est des *relations entre époux*, elles sont grandement influencées par l'appartenance à une classe sociale. Dans un schéma de type « classe modeste », la femme consacre l'essentiel de son activité aux tâches ménagères. Elle dépend des revenus de son mari. Ce dernier a un rôle « dominant » dans le ménage et il a tendance à être le décideur principal dans la plupart des décisions liées aux vacances.

Au contraire, dans un schéma de type « classe moyenne ou aisée », les époux qui souvent travaillent tous les deux peuvent être décideurs à tour de rôle. La plupart des décisions importantes tendent à être prises d'un commun accord ; les époux ont des activités communes de loisirs et ont des attitudes beaucoup moins conservatrices pour ce qui est des vacances. Ainsi, ils peuvent partir en vacances sans leurs enfants, voire même séparément.

Notons que très peu d'études ont été réalisées sur le processus de décision familiale en matière de tourisme. Il est pourtant primordial d'identifier « qui décide quoi » au sein de la famille.

Une autre variable influence les relations entre époux, soit le cycle de la vie familiale, en particulier la durée de vie commune. Ainsi, des jeunes mariés auront des processus de décision différents des couples avec enfants, et ces différences seront encore plus marquées avec des couples âgés. En effet, les personnes âgées, qui représentent un marché important pour les professionnels du tourisme, ont eux aussi des comportements qui leur sont propres.

Le processus de décision pour le choix du type d'hébergement est conditionné, pour les personnes âgées, par leur besoin d'encadrement.

TABLEAU 3-1 Répartition des séjours personnels selon le mode d'hébergement (%), 1995

	50-64 ans	Moins de 65 ans	65 ans et plus
Hébergement non marchand	65,9	66,9	64,6
Famille/amis	46,2	57,1	43,7
Résidence secondaire	19,8	9,8	20,9
Hébergement marchand	34,1	33,1	35,4
dont Hôtel	17,1	12,6	21,3
dont Location	3,8	4,9	3,3

Source : Observatoire National du Tourisme/Sofrès, *Le tourisme des seniors* 1991/1995, n° 4 – novembre 1997.

Cette étude nous montre que les personnes âgées préfèrent passer, en majorité leurs vacances dans un cadre familial ou amical.

Dans une autre étude, réalisée par Cosenza et Davis[1], on examine la prise de décision familiale en matière de vacances à travers le cycle de vie familiale. Les résultats indiquent que les influences de chaque membre du couple diffèrent en fonction de leur cycle de vie.

---

1. Cosenza, R.M. et D.L. Davis, « Family Vacation Decision Making over the Family Life Cycle : A Decision and Influence Structure Analysis», *Journal of Travel Research*, vol. XX, n° 2, automne 1981.

Cette influence s'illustre de la manière suivante :

● **Stade 1   Jeunes mariés, moins de 35 ans**

La décision est syncrétique, c'est-à-dire qu'elle est prise conjointement par l'homme et la femme. Quant aux enfants, ils sont jeunes et passent leurs vacances avec leurs parents.

● **Stade 2   Couples entre 35 et 45 ans**

Dans la prise de décision, le rôle du mari tend à devenir plus important. Le couple a de plus en plus d'expérience en matière de prise de décision. En ce qui concerne les enfants, ils sont encore avec leurs parents mais ils commencent à prendre moins de place dans le processus de décision.

● **Stade 3   Couples entre 45 et 55 ans**

La structure d'influence des époux change de manière considérable au cours de cette période. La femme tend à jouer un rôle prédominant dans les décisions relatives aux vacances. Le couple dispose de meilleurs revenus ; les enfants ont quitté le foyer et le couple a plus de latitude dans le processus de décision.

● **Stade 4   Couples entre 55 et 60 ans**

L'influence de l'épouse est toujours prédominante à ce stade, quoiqu'elle tende à l'être moins qu'au stade précédent.

● **Stade 5   Couples entre 60 et 65 ans, près de la retraite**

À ce stade, la décision redevient syncrétique. La proximité de la retraite sensibilise le couple à des revenus éventuels moindres. Ce phénomène d'anxiété influence particulièrement le mari qui a tendance à réduire inutilement certaines dépenses.

● **Stade 6   Couples ayant plus de 65 ans, retraités, et mariés depuis plus de 40 ans**

Le dernier stade de style de vie familiale se caractérise par un retour à la prédominance de l'épouse dans les différentes décisions concernant les vacances.

Il est évident que dans toute approche marketing du marché touristique, et surtout pour ce qui est de la stratégie de communication, il est important de tenir compte de ces stades et de la dynamique décisionnelle du couple afin de bien savoir à qui on doit s'adresser et quelle thématique doit être développée.

LES FACTEURS PSYCHOLOGIQUES

Les besoins de l'individu, ses motivations, sa perception et son attitude vis-à-vis certaines destinations, de même que son expérience sont des dimensions psychologiques qui affectent son comportement futur. Nous présenterons dans cette section ces différents concepts en tentant de préciser de quelle manière ils influencent le comportement du touriste.

Les besoins

Un besoin s'exprime par un sentiment de « manque » qui mène à une insatisfaction générale. Ainsi, MASLOW[2] a développé une théorie qui classe les besoins selon un ordre hiérarchique donné. Cette théorie est basée sur les hypothèses suivantes :

1. Un individu éprouve de nombreux besoins ;

2. Ces besoins n'ont pas la même importance ;

3. L'individu cherche à satisfaire le besoin qu'il juge le plus important ;

4. Quand un besoin est comblé en grande partie, l'individu cherche à combler un second besoin plus important.

La classification des besoins selon MASLOW s'illustre sous forme de pyramide (voir figure 3-2).

- **Les besoins physiologiques**   Ce sont les besoins primaires qui se traduisent par la nécessité de boire, de manger. Ils sont liés à la survie de l'individu.

- **Les besoins de sécurité**   Lorsque les besoins physiologiques sont satisfaits, ce sont les besoins de sécurité, de protection contre les dangers physiques que l'individu cherche à satisfaire.

- **Les besoins d'appartenance et les besoins d'estime, de reconnaissance**   Les troisième et quatrième échelons de la pyramide concernent les besoins sociaux de l'individu, le désir d'être accepté par les membres de sa famille ou par d'autres groupes, le besoin également d'être respecté à l'intérieur du groupe et d'avoir un certain prestige.

- **Les besoins d'épanouissement de la personnalité**   Ce type de besoins prédomine dans les pays occidentaux dont le revenu par habitant permet aux familles de satisfaire leurs besoins fondamentaux.

Le besoin d'épanouissement correspond au besoin de s'assumer et d'utiliser tout son potentiel. S'il paraît exagéré de généraliser la théorie de MASLOW, il est, par contre, possible d'y trouver certaines applications dans le domaine du tourisme. Ainsi, le voyage peut satisfaire un besoin d'épanouissement. En effet, les pays où le taux de départ en vacances est le plus élevé sont ceux à fort pouvoir d'achat et dont la population a réussi à satisfaire ses besoins les plus élémentaires, soit physiologiques.

2.   MASLOW, A.H., *Motivation and Personality*, New York, Harper and Row, 1954.

FIGURE 3-2   La hiérarchie des besoins

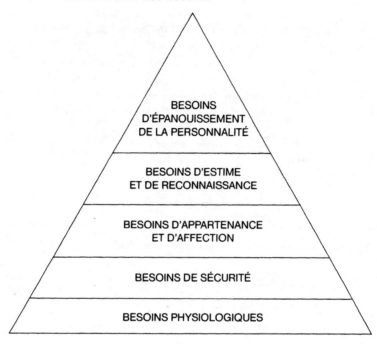

Source : MASLOW, A.H., *Motivation and Personality*, New York, Harper and Row, 1954.

Par ailleurs, le départ en vacances peut également être l'expression d'un besoin d'appartenance et de prestige dans la mesure où le choix de la destination et le choix du mode d'hébergement peuvent se révéler un moyen pour l'individu de se valoriser à l'intérieur d'un groupe.

D'autre part, la volonté des individus de s'assumer, d'utiliser au maximum leur potentiel s'exprime de plus en plus par leur désir de participer à des activités (stages de tennis, de planche à voile, de ski, d'artisanat, et autres) dans lesquelles ils peuvent progresser et se réaliser.

Pour le responsable marketing, il est important de définir la nature du besoin que son organisation cherche à satisfaire. Mais il est également important qu'il identifie la période au cours de laquelle la reconnaissance du besoin par l'individu s'exprime : *À quel moment l'individu ressent-il le besoin de partir aux sports d'hiver ?*

La réponse à cette question influencera grandement l'élaboration du plan media.

Les motivations

Ce sont des forces intérieures qui nous incitent à nous comporter d'une manière ou d'une autre. Ces forces sont influencées par notre perception, notre expérience passée, mais également par des groupes de référence (famille, amis). Elles s'expriment par notre volonté de réduire une certaine tension et, en particulier, celle liée à un besoin insatisfait.

MCINTOSH[3] propose de séparer les motivations de base du tourisme en quatre catégories, soit :

- **Motivations physiques**   Le désir de se reposer, de participer à des sports, désir lié à des considérations de santé.

- **Motivations culturelles**   Le désir de connaître d'autres pays, le folklore, les arts, la musique, et autres.

- **Motivations interpersonnelles**   Le désir de rencontrer de nouvelles personnes, de rendre visite à des amis, de sortir d'une certaine routine.

- **Motivations relatives au statut et au prestige**   Le désir d'être reconnu, d'être apprécié et de projeter une bonne image.

En fait, le comportement du touriste est si complexe qu'il est rare qu'une seule motivation soit engagée, d'autant plus que l'individu recherche la satisfaction de plusieurs besoins différents selon leur nature. Ainsi, les motivations peuvent également être classées en deux catégories : *celles qui apparaissent clairement* et qui, la plupart du temps, découlent de l'expérience passée de l'individu et *celles qui sont dites inconscientes.*

En ce qui concerne les motivations inconscientes, elles ne peuvent être déterminées que par des méthodes non structurées et indirectes d'investigation, en particulier, grâce à des techniques projectives ou par des interviews individuelles en profondeur.

Quant à la mesure des motivations, elle est souvent un objet de controverse dans le milieu de la recherche en marketing. Les résultats « surprenants » de certaines études ont été critiqués par de nombreux chercheurs et de nos jours, la recherche en motivation connaît un déclin auprès des professionnels en marketing.

La perception

La perception est le processus par lequel un consommateur va prendre conscience de son environnement et l'interprète de façon à ce qu'il soit conforme à son schéma de référence.

---

3. MCINTOSH, R.W., *Tourism Principles, Practices, Philosophies*, Columbus, Ohio, Grid, 1977.

Le processus de perception

On peut également définir la perception comme étant l'interprétation donnée par un individu à des stimuli à travers ses cinq sens (l'ouïe, la vue, le toucher, l'odorat, le goût). Ainsi, la perception d'un objet résulte de l'interaction de facteurs liés aux stimuli (le format, la couleur, le poids, l'environnement, etc.) et de facteurs individuels liés à la personne elle-même (personnalité, classe sociale, âge, apprentissage, style de vie, etc.).

Par conséquent, la perception d'une destination touristique n'est pas la même chez tous les individus. En effet, les différentes recherches menées dans ce domaine ont montré que les individus n'ont pas une perception objective de la réalité. Enfin, le processus de perception est très complexe, d'une part, parce que le nombre de stimuli auxquels est confronté l'individu est très élevé et, d'autre part, parce que l'individu est limité dans sa capacité à mémoriser l'ensemble des stimuli. Ce processus est fréquemment décrit en différentes étapes successives dont chacune joue le rôle de filtre (voir figure 3-3).

FIGURE 3-3   Le processus de perception d'un message publicitaire

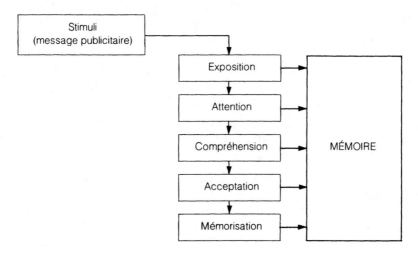

Source : ENGEL, J.F., D.T. KOLLAT et R.D. BLACKWELL, « Comment le consommateur traite l'information qu'il reçoit ? », *Consumer Behavior*, Englewood Cliffs, New Jersey, 4ᵉ édition, Prentice-Hall, 1982.

Il est important de définir ces différentes étapes :

- **L'exposition**   Cette étape se caractérise par le contact entre un stimulus (par exemple, un message publicitaire) et l'individu par l'un de ses cinq sens (vue, ouïe ...).

- **L'attention**   Cette étape se définit comme étant la prise en compte simultanément par l'esprit de plusieurs objets ou pensées sous une forme claire et précise.

- **La compréhension**   L'interprétation ou la signification que l'individu donne au stimulus.

- **L'acceptation**   Le processus par lequel les croyances et les connaissances de l'individu sont renforcées ou, au contraire, modifiées par le stimulus.

- **La mémorisation**   C'est la mise en mémoire des stimuli par l'individu.

Pour illustrer la notion de filtre à chaque stade du processus, nous prendrons l'exemple d'une campagne de publicité media.

Un office national du tourisme décide de lancer une campagne de publicité media sur le marché français. Les différents supports qui constitueront le plan media permettront de couvrir une partie du marché cible. Le choix des supports, la fréquence des cadences d'insertion détermineront le degré d'exposition aux supports du marché cible. Ainsi, une première partie du marché cible ne sera pas exposée et le processus s'arrêtera à ce stade.

De fait, les personnes qui auront été exposées au support ne seront pas toutes attentives au message. Parmi celles qui l'auront été, certaines ne l'auront pas compris ou l'auront interprété différemment par rapport à l'objectif initial. Par ailleurs, d'autres personnes l'auront rejeté parce que le message est contraire à leurs croyances. Enfin, au stade final, un nombre limité de personnes auront mémorisé le message.

Ainsi, la probabilité que la campagne influence la perception des consommateurs diminue d'une étape à l'autre. Cette déperdition peut s'expliquer selon quatre principes, soit :

- l'exposition sélective ;
- l'attention sélective ;
- la distorsion sélective ;
- la mémorisation sélective.

Nous allons reprendre, un à un, chacun des principes.

■ *L'exposition sélective*

D'une part, le nombre infini de stimuli que reçoit chaque jour un individu ne lui permet pas de les repérer tous. D'autre part, l'individu s'expose à des informations qui sont compatibles avec son attitude première et son propre schéma de référence. Cela signifie que le consommateur qui porte un intérêt aux voyages culturels recherchera davantage à s'exposer à des revues où il retrouvera ce type d'informations plutôt qu'à d'autres.

La théorie de la dissonance cognitive[4] apporte quelques explications à l'exposition sélective. Ainsi, l'état de dissonance peut se définir comme un état de déséquilibre psychologique provoqué à chaque fois qu'il existe une différence entre ce que le consommateur perçoit de la réalité et une information ou une situation qui le pousse à modifier sa perception. Cette théorie repose sur deux hypothèses :

Hypothèse 1   L'existence d'un état de dissonance provoque chez l'individu une situation psychologiquement inconfortable qui le pousse à réduire cette situation de « déséquilibre ».

Hypothèse 2   Lorsqu'un individu est dans un état de dissonance, il cherche à éviter les situations et les informations qui peuvent accroître cette situation de dissonance.

Précisons que cet état de dissonance se produit fréquemment lorsque l'achat vient d'être réalisé. L'exemple qui suit illustre cette situation.

M. Legrand, après avoir consulté ses amis et plusieurs agences de voyages, a acheté un forfait de 15 jours à Bangkok au prix de 9 500 F.

Ce forfait comprenait le transport, l'hébergement dans un hôtel de luxe et le petit déjeuner. M. Legrand était fixé sur sa destination, mais il éprouvait quelques hésitations en ce qui concerne le choix de l'hôtel à Bangkok. Notamment, il voulait être hébergé dans l'un des meilleurs hôtels, quel que soit le prix. À l'agence de voyages, l'agent de comptoir lui avait présenté deux ou trois hôtels dont le raffinement oriental était reconnu par l'ensemble des touristes qui y avaient séjourné. Confiant dans les conseils de cet agent, son choix s'était fixé sur l'un des trois hôtels, soit l'hôtel *Orient*.

Deux semaines après avoir fait sa réservation et examiné attentivement les brochures de l'hôtel, M. Legrand avait entre les mains un article du magazine *Gault et Millau : Bangkok, où aller ?* Cet article passait en revue les différents hôtels internationaux de la ville. Les commentaires concernant l'hôtel *Orient* étaient les suivants : *L'hôtel Orient a perdu depuis quelques années le raffinement qui lui permettait d'être classé parmi les hôtels les plus luxueux du monde. Sa restauration est devenue internationale et sans aucune prétention, la qualité de son service, autrefois légendaire, s'est dégradée, enfin l'environnement bruyant de l'hôtel, en plein quartier commercial de la ville, est parfois source de problèmes. Pourtant les prix sont parmi les plus élevés de Bangkok.*

Cet exemple peut illustrer à la fois le mécanisme de l'exposition sélective et celui de la dissonance cognitive, c'est-à-dire :

— *L'exposition sélective*   M. Legrand a acheté le *Gault et Millau* parce qu'il y avait un reportage sur Bangkok, sa prochaine destination.

---

4. FESTINGER. L.. *A Theory of Cognitive Dissonance*, Stamford, Col.. Stamford University Press. 1958.

— *L'état de dissonance*   Cet état chez M. Legrand provient de l'écart entre le contenu de cet article et la perception de cet hôtel avant la lecture.

Pour réduire cet état de dissonance, M. Legrand aura tendance à ignorer cet article, à ne lui accorder aucune crédibilité, de même qu'à faire fi du magazine *Gault et Millau*.

■ *L'attention sélective*

Ce concept est parfois lié à celui de l'exposition sélective. L'attention sélective est une forme de défense envers des choses qui sont jugées indignes d'intérêt ou inacceptables par le consommateur.

De nombreuses recherches conduites sur ce thème ont fait ressortir trois faits évidents :

— *L'attention est influencée par les besoins*   Il semble évident qu'un individu qui ressent le besoin de partir aux sports d'hiver aura tendance à être beaucoup plus attentif aux messages publicitaires ou rédactionnels élaborés par les stations de sports d'hiver.

— *L'attention est influencée par l'attitude, par l'apprentissage et par la volonté de l'individu de ne pas modifier ses propres croyances*   L'individu aura tendance à être plus attentif aux messages d'une station qu'il connaît et qu'il apprécie. En contrepartie, il aura tendance à diminuer son attention à l'égard des messages qui remettent en question ses propres croyances. Un individu qui voyage fréquemment en avion sera moins attentif aux messages d'une compagnie qu'il a utilisée mais qui lui aura procuré une insatisfaction.

■ *La distorsion sélective*

Le fait qu'un individu soit attentif à un message ne signifie pas qu'il ait correctement interprété le stimulus. Effectivement, une mauvaise interprétation existe lorsqu'il y a une différence entre le message tel qu'il a été conçu par l'entreprise et le message tel qu'il est en réalité perçu par le consommateur.

Lorsqu'il y a une mauvaise interprétation, la responsabilité incombe le plus souvent à l'émetteur du message (l'entreprise touristique et l'agence de publicité). Cependant, cette mauvaise interprétation peut être volontaire de la part de l'individu qui déforme l'information pour la rendre plus conforme à ses attentes. Si un agent de comptoir, dans une agence de voyages, présente à un client les avantages d'une destination qui, au départ, ne faisait pas partie de celles que celui-ci jugeait favorables, il aura tendance à déformer l'information que cet agent lui donne dans un sens défavorable.

■ *La mémorisation sélective*

L'individu n'a pas la capacité de mémoriser l'ensemble des stimuli aux-quels il est exposé. La plupart d'entre eux sont oubliés. Il a alors tendance à retenir les informations qui correspondent à ses convictions personnelles.

Ainsi, la mémorisation étant le stade final du processus de traitement de l'information, elle est d'un intérêt évident pour le responsable marketing et cela sur deux plans : d'une part, le responsable marketing s'assurera que la stratégie de communication permet d'éviter les différents filtres à chaque stade du processus ; d'autre part, une mesure de la mémorisation du message pourra être un indicateur parmi d'autres de l'efficacité de la communication publicitaire (mémorisation spontanée ou assistée).

■ *La mesure de la perception*

L'exposition, l'attention, la distorsion et la mémorisation sont des méca-nismes qui peuvent expliquer pourquoi telle annonce publicitaire peut être perçue de manière différente par les individus. Mais ces mécanismes n'expli-quent pas pour autant le processus de perception. Lorsqu'un touriste choisit

FIGURE 3-4   Critères d'évaluation des destinations

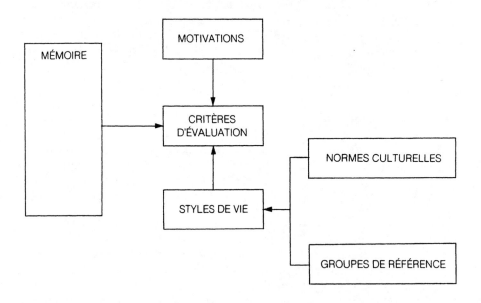

Source : ENGEL, J.F., D.T. KOLLAT et R.D. BLACKWELL, « Comment se déterminent les critères d'évaluation », *Consumer Behavior*, Englewood Cliffs, New Jersey, 4ᵉ édition, Prentice-*Hall, 1982.*

une destination de vacances, il peut avoir, au départ, un certain nombre de choix qu'il juge acceptables. Pour comparer ces différentes destinations, il utilise un certain nombre de critères qui lui permettent d'évaluer les destinations ; on parle alors de *critères d'évaluation*. Ces critères d'évaluation peuvent être physiques et objectifs, ou psychologiques. Ils ne sont pas statiques et peuvent être modifiés en fonction de l'expérience, ou encore par la pression de groupes de référence.

L'ensemble des recherches effectuées sur les critères d'évaluation utilisés par les consommateurs a permis d'identifier deux caractéristiques importantes, c'est-à-dire :

1) Le nombre de critères utilisés par le consommateur est fonction de la nature de la décision à prendre. Plus la décision est importante, plus le nombre de critères utilisés est élevé. Ce nombre est généralement inférieur à 6.

2) Les critères utilisés n'ont pas la même importance et ne sont pas tous déterminants dans le processus de décision.

À cet égard, les exemples qui suivent font état des critères utilisés dans le choix d'un hôtel, de même que dans celui d'une compagnie aérienne.

TABLEAU 3-2   Critères considérés comme très importants par les organisateurs de congrès pour sélectionner un hôtel

Critères	Pourcentage (%)
Qualité de la restauration	74
Nombre, taille, surface des salles de réunion	70
Nombre, dimension des chambres	49
Efficacité des procédures de facturation	48
Efficacité des procédures d'arrivée et de départ des clients	45
Disponibilité du matériel audio-visuel	45
Supervision par une seule personne de tous les aspects du congrès	4
Expérience passée	40
Proximité de l'aéroport	24

Source : The Meetings Market, Report M.P.I. Research, 1980.

TABLEAU 3-3   Critères d'évaluation utilisés dans le choix d'une compagnie aérienne (marché américain)

Critères	Pourcentage (%)
Efficacité et fiabilité de l'enregistrement	76
Rapidité, sécurité des transports de bagages	72
Expérience passée	71
Respect des horaires	68
Informations fiables	65
Confort des sièges	62
Efficacité, attitude professionnelle du personnel	60
Bonne répartition fumeurs − non-fumeurs	50
Type d'appareil	37
Qualité choix des boissons et de nourriture	36
Apparence de la cabine	34

Source : « What Really Determines the Choice of an Airline ? », *Times,* reports, 1978.

La mesure des critères d'évaluation qu'utilise le consommateur peut s'effectuer selon cinq approches :

• **L'approche directe**   Il est possible de demander directement à l'individu les critères qu'il juge importants dans sa décision d'achat. Toutefois, le danger réside dans le fait que le consommateur se limite à des critères qui ne reflètent pas véritablement les raisons du choix.

• **L'approche indirecte**   Dans cette approche, les réponses du consommateur sont obtenues de manière indirecte par différentes techniques projectives, l'individu reflétant sa propre opinion de manière détournée. *Exemple* : À votre avis, quels sont les critères utilisés par un homme d'affaires pour sélectionner un hôtel ?

• **L'analyse multidimensionnelle**   Cette approche est également indirecte dans la mesure où l'on ne demande pas directement au consommateur les critères utilisés ni leur importance. Cette approche recouvre un certain nombre de techniques informatiques regroupées sous le nom d'analyse multidimensionnelle.

Généralement, la configuration élaborée à partir de ces trois premières techniques se schématise sous la forme de deux axes qui représentent les critères d'évaluation sur lesquels sont positionnées les marques. Dans cette approche, il est nécessaire d'effectuer une analyse des différents axes pour leur donner une signification.

FIGURE 3-5   Exemple hypothétique d'une configuration de dix
compagnies aériennes

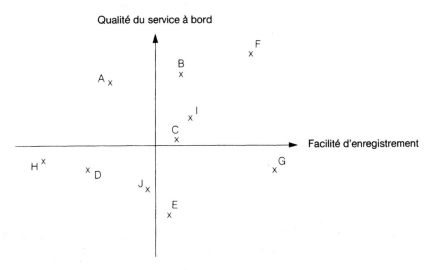

NOTE : Le positionnement des différentes marques dans l'espace représente leur image auprès des consommateurs.

- **L'analyse conjointe**   Dans les approches précédentes, les critères d'évaluation étaient considérés séparément et la possibilité d'interaction entre deux ou plusieurs critères n'était pas prise en considération. L'analyse conjointe est un développement récent de la recherche en marketing dans laquelle on demande au consommateur de classer par odre de préférence différentes configurations d'un produit à partir des critères que lui-même utilise pour comparer différentes alternatives.

- **L'analyse *trade-off***   C'est une autre méthode où l'on présente au consommateur une matrice qui illustre des combinaisons de différents niveaux pour une paire d'attributs ; on lui demande alors d'indiquer sa hiérarchie de préférence.

La mesure de critères d'évaluation est d'une importance considérable pour le responsable marketing d'une organisation touristique. Elle permet d'apporter une réponse à deux questions fondamentales, à savoir :

— Est-ce que sa stratégie marketing peut modifier l'importance accordée aux critères d'évaluation par le consommateur ?

— Est-ce qu'elle peut modifier l'image de la société auprès des consommateurs, c'est-à-dire la manière dont les consommateurs évaluent la société selon les différents critères d'évaluation ?

L'apprentissage

L'apprentissage peut se définir comme la tendance qu'a une personne à modifier son comportement à la suite des expériences passées.

Exemple : En 1983, une famille parisienne passe deux semaines dans un hôtel sur la Côte d'Azur. Compte tenu de la qualité médiocre de la restauration et de l'environnement bruyant, la même famille décide de passer encore quinze jours sur la Côte d'Azur mais cette fois dans un autre hôtel.

Cette attitude illustre la théorie de l'apprentissage. Cette théorie appréhende quatre concepts importants, soit *le besoin, le stimulus, la réponse et le renforcement*.

Pour illustrer ces concepts, prenons l'exemple d'un touriste voyageant sur l'autoroute Paris — Nice vers midi. Ce touriste qui est parti de Paris très tôt le matin commence à avoir faim (besoin). Il aperçoit le long de l'autoroute un panneau annonçant, dans 10 km, un restaurant *Courtepaille* (stimulus). Quelques minutes plus tard, il s'arrête et déjeune dans ce restaurant (réponse). Il en sort très satisfait de la qualité de la restauration et du service (renforcement). Cette satisfaction va renforcer le lien entre un besoin futur de ce touriste et le restaurant en question.

Ce type d'apprentissage correspond à l'*apprentissage* dit *instrumental*. Il est basé sur l'expérience passée. Il existe un second apprentissage, l'*apprentissage classique*, qui repose sur le conditionnement de l'individu illustré par les expériences de PAVLOV[5]. La figure 3-6 présente l'utilisation du concept de conditionnement classique dans le cas d'une campagne de publicité.

FIGURE 3-6   Le conditionnement classique

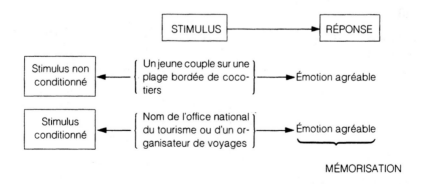

---

5.   PAVLOV, I., *Conditionned Reflexes*, Oxford, Oxford University Press, 1927.

Le fait de montrer un jeune couple sur une magnifique plage bordée de cocotiers provoque généralement chez les individus une émotion agréable. Lorsque le consommateur regarde cette annonce, il y voit en même temps le nom de l'office national du tourisme d'un pays. Il y a donc conditionnement et le lecteur associe l'émotion agréable au pays représenté par l'office du tourisme. Le nom de l'office du tourisme, sans être associé à l'autre stimulus, provoquera plus tard la même émotion agréable.

L'attitude

L'attitude est un des concepts qui a été le plus étudié dans la recherche en comportement du consommateur. Il existe de nombreuses définitions de l'attitude et généralement, on reconnaît que l'attitude est une prédisposition à répondre de manière favorable ou défavorable à un objet. La figure 3-7 représente le lien entre l'attitude et le comportement.

FIGURE 3-7   Les relations entre la perception, l'attitude
et le comportement

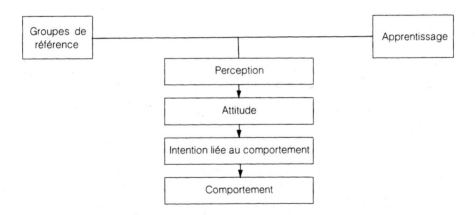

Dans la manière de concevoir l'organisation de l'attitude, on distingue deux écoles : la première considère deux aspects, soit la dimension cognitive et la dimension affective, tandis que la deuxième y ajoute une troisième dimension, soit l'aspect comportemental.

L'*aspect cognitif* est lié au degré de connaissance du produit touristique, tandis que l'*aspect affectif* est lié à l'appréciation qu'a le consommateur pour le produit touristique. Ces deux aspects de l'attitude se retrouvent dans les deux écoles de pensée. Quant à l'*aspect comportemental*, la troisième composante de l'attitude, il correspond à la tendance du consommateur à se comporter de manière favorable ou défavorable face au produit.

Ces deux conceptions différentes concernant l'attitude nécessitent bien sûr des approches qui diffèrent dans la mesure de l'attitude. Nous illustrerons cette mesure par un des modèles les plus utilisés parmi ceux qui ont été développés sur ce thème, soit le modèle classique de FISHBEIN[6].

$$A_b = \sum_{i=1}^{n} I_i P_{ib}$$

où A = attitude face à une alternative b

I_i = importance accordée au critère d'évaluation i

P_{ib} = croyance que l'alternative b possède le critère i

n = nombre de critères utilisés

Le modèle fonctionne de la manière suivante : dans le cas d'une mesure d'attitude relative à une station de ski, les critères i sont dérivés d'une réunion de groupe, soit la qualité des pistes, l'animation, la proximité de la station, l'hébergement et la réputation de la station.

Le score I_i d'importance peut être défini à partir d'un questionnaire comme suit :

• Pour vous, lorsque vous choisissez une station de ski, la qualité des pistes est :					
Très importante	5	4	3	2	1	Pas du tout importante
• L'animation de la station est :					
Très importante	5	4	3	2	1	Pas du tout importante

Le score P_{ib} se définit de la manière suivante à Megève :

• La qualité des pistes est :					
Très bonne	5	4	3	2	1	Très médiocre
• L'animation de la station est :					
Excellente	5	4	3	2	1	Très médiocre

---

6. FISHBEIN, M., « An Investigation of the Relationships between Beliefs about an Object and the Attitude toward the Object », *Human Relations*, vol. 16, 1963, p. 233-240.

Le calcul de l'attitude de l'individu *i* s'obtient en multipliant pour chaque critère le score d'importance par le score de l'évaluation de la station sur ce même critère, puis en additionnant l'ensemble des scores obtenus. Dans ce cas, plus le score A_b élevé, plus l'attitude de l'individu en regard de la station *b* est favorable.

Les applications concrètes de ces modèles se conçoivent à partir du moment où l'on considère que l'attitude est étroitement liée au comportement. Ainsi, si un groupe d'individus a une attitude défavorable concernant une station de ski et ne la fréquente pas, le responsable marketing devra, par sa stratégie, modifier l'une ou les deux composantes du modèle, soit l'importance, la perception, ou les deux.

LES MODÈLES DE COMPORTEMENT DU CONSOMMATEUR

L'étude du comportement humain fait appel à diverses sciences et les chercheurs ont tendance à privilégier certaines d'entre elles dans l'explication du comportement.

Ainsi, les quelques tentatives menées par les chercheurs en marketing pour modéliser le comportement du consommateur ont toutes débouché sur des modèles différents. De plus, les différences que l'on peut observer portent à la fois sur l'importance accordée à certaines variables et sur leurs différentes relations. Notons que peu de modèles ont été testés empiriquement et que la plupart d'entre eux ont surtout un objectif pédagogique visant à mieux comprendre le comportement du consommateur.

Définition et utilité des modèles

Un modèle est la réplique d'un phénomène qu'il veut représenter, dont il spécifie les éléments ainsi que la nature des relations entre ces éléments. L'utilité du modèle se situe sur deux plans : d'une part, il permet d'identifier les variables et de décrire les relations entre ces variables ; d'autre part, il contribue au développement des théories en facilitant la formation des hypothèses. Par contre, il a comme inconvénient de simplifier exagérément les interactions entre variables.

Soulignons que notre objet n'est pas d'étudier l'ensemble des différents modèles développés en comportement du consommateur. Ainsi, nous ne prendrons en considération que le modèle de ENGEL, KOLLAT et BLACKWELL, qui est le plus répandu, en explicitant les différentes variables du modèle et leurs relations et en l'appliquant au comportement du vacancier.

Le modèle de ENGEL, KOLLAT et BLACKWELL

Ce modèle varie selon deux situations soit une situation dans laquelle l'implication du consommateur est forte (achat d'une voiture, d'une destination de vacances), soit une situation dans laquelle l'implication du consommateur est minimale (achat d'une lessiveuse).

À des fins d'illustration, le modèle présenté ici correspond à une situation dans laquelle l'implication est maximale (voir figure 3-9). Il peut se décomposer en quatre phases relatives :

1) au traitement de l'information ;

2) au processus de décision ;

3) aux variables internes influençant le comportement du consommateur ;

4) aux variables externes.

Quant aux descriptions concernant le traitement de l'information et des différentes variables externes et internes, elles ont déjà été abordées dans les chapitres 1 et 2. Par ailleurs, nous examinerons dans ce chapitre les différentes étapes du processus de décision telles qu'elles apparaissent dans la figure 3-8.

FIGURE 3-8   Processus de décision

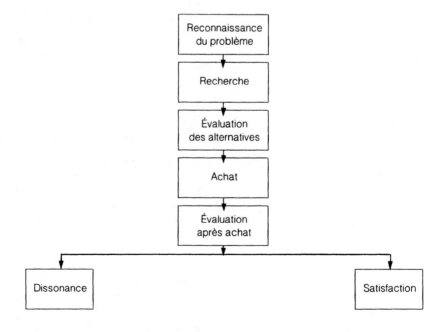

FIGURE 3-9   Le modèle de ENGEL, KOLLAT et BLACKWELL

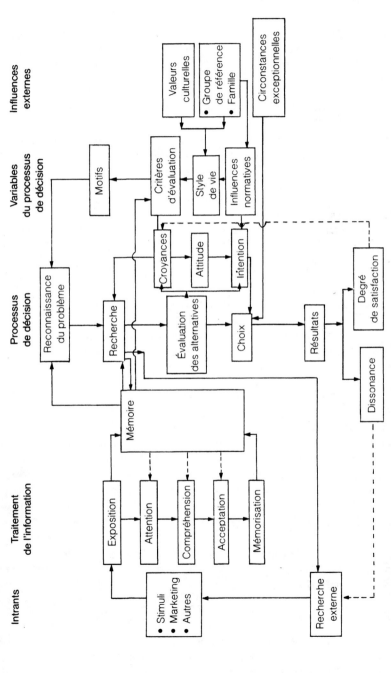

Source : ENGEL, J.F., D.T. KOLLAT et R.D. BLACKWELL. « Comment le consommateur traite l'information qu'il reçoit ? », *Consumer Behavior.* Englewood Cliffs, New Jersey, 4ᵉ édition. Prentice-Hall. 1982.

La reconnaissance du problème

Le processus de décision commence par la reconnaissance d'un problème. Cette reconnaissance apparaît lorsqu'un individu perçoit à un moment donné une différence entre un état idéal et sa situation réelle. La différence en question peut être développée par une activation des motifs, par l'influence de groupes de référence, par l'influence d'autres décisions et, bien sûr, par les efforts marketing d'une entreprise.

● *Activation des motifs*

Le rythme élevé de travail à l'intérieur d'une période donnée, dans des conditions climatiques et psychologiques défavorables, augmente l'envie de partir en vacances.

● *Groupes de référence*

Des amis qui partent en vacances peuvent vous encourager à partir en leur compagnie.

● *Influence d'autres décisions*

Certains consommateurs répartissent leurs achats dans le temps en fonction de leurs priorités. L'achat d'une automobile peut avoir comme répercussion de diminuer le budget alloué préalablement aux vacances et de favoriser ainsi des destinations courtes, ou encore de visiter la famille.

● *Efforts marketing des entreprises*

En hiver, dans les pays d'Europe du Nord, une campagne de publicité axée sur les destinations exotiques peut susciter l'envie de partir en vacances et atténuer psychologiquement la durée de l'hiver. Une campagne de promotion offrant une réduction de prix durant la période hors saison peut motiver le départ de certaines personnes.

La phase de recherche

La phase de recherche constitue une deuxième étape dans le processus de décision : une fois le problème identifié, le consommateur doit être capable de décider ce qu'il doit faire.

■ *La recherche interne*

Initialement, le consommateur effectue une recherche personnelle en faisant appel à sa mémoire pour déterminer, si oui ou non, il en sait assez sur les différents choix qui s'offrent à lui. Certaines destinations de vacances peuvent être privilégiées (compte tenu de l'expérience passée de l'individu), d'autres peuvent être éliminées car elles sont jugées non acceptables (ce qui permet à l'individu d'effectuer une première sélection).

À ce titre, il est important pour un office national du tourisme, ou pour une chaîne hôtelière, de faire partie des marques jugées acceptables par le consommateur.

■ La recherche externe

Avant d'aller plus loin dans son choix, si le consommateur considère qu'il dispose d'informations de qualité médiocre ou en nombre insuffisant, il peut décider volontairement de chercher des informations complémentaires (recherche externe). Ainsi, la propension à rechercher des informations externes est liée à certains facteurs :

- *La satisfaction*   Plus la satisfaction à l'égard d'un produit est grande, plus faible est la probabilité qu'un individu recherche d'autres informations.

- *Le nombre d'alternatives*   Plus les alternatives sont nombreuses, moins l'individu sera capable de mémoriser les informations et pour diminuer le risque d'un mauvais choix, il aura tendance à effectuer des recherches supplémentaires.

- *Le risque perçu par le consommateur*   Dans le choix d'une destination de vacances, le risque d'un mauvais choix de vacances peut être considéré comme important par le consommateur. Il en est de même dans le choix d'un hôtel pour un homme d'affaires qui voyage pour des raisons professionnelles à l'étranger. Lorsqu'il y a un risque perçu, l'individu a tendance à minimiser ce risque en cherchant des informations supplémentaires ou en s'orientant vers un produit qu'il connaît déjà. Dans l'exemple du choix de destinations, l'individu pourra peut-être chercher des informations auprès de ses amis avant de faire son choix, alors que l'homme d'affaires aura tendance à utiliser une chaîne d'hôtels qu'il connaît bien et dont il sait que tous les hôtels dans le monde ont les mêmes caractéristiques.

- *Le prix*   est un élément qui peut accroître le risque perçu par les consommateurs. Ainsi, plus le prix est élevé, plus la conséquence financière d'un mauvais choix est importante. Il en est de même des *considérations physiologiques*. Il est en effet vital de réussir ses vacances dans la mesure où celles-ci sont indispensables pour la santé physique et morale des individus.

- *Les considérations physiologiques*   Il est vital de réussir ses vacances dans la mesure où celles-ci sont indispensables pour la santé physique et morale des individus.

- *Les considérations personnelles*   Elles influent également sur la propension des individus à rechercher des informations avant de se décider. La personnalité, la confiance en soi, le souci d'indépendance, sont parmi les traits de personnalité qui peuvent influencer les individus dans leur tendance à rechercher des informations.

• *La structure des rôles dans la famille*   Le rôle de chaque époux dans les décisions du couple et dans la recherche d'informations peut se définir en fonction de certaines variables (niveau d'instruction, appartenance à une classe sociale, cycle de vie familiale, etc.).

• *Les caractéristiques démographiques*   La tendance à rechercher des informations est plus élevée chez les personnes du troisième âge. D'autre part, le niveau d'instruction élevé est lui aussi un critère qui déterminera la probabilité de recherche d'informations.

■ *Les sources d'information*

Dans l'étude du processus de décision du consommateur, il est primordial de parvenir à déterminer les sources d'information utilisées par ce dernier dans l'étape de recherche externe, dans la mesure où elles conditionnent la définition des stratégies marketing des entreprises touristiques. Cet intérêt se situe sur deux plans :

1) Quelles sont les sources d'information utilisées par les consommateurs ?

2) Quelle est l'importance qu'ils accordent aux différentes sources d'information ?

TABLEAU 3-4   Les sources d'information

Interpersonnelles	Mass media	Diverses
Vendeurs, hôtesses	Media électroniques ; télévision, radio, cinéma	Brochures
Agents de comptoir ; points de vente	Media imprimés ; presse quotidienne, magazines	Guides
Groupes de référence et bouche à oreille	Publicité rédactionnelle	

• *Les sources interpersonnelles*

L'agent de comptoir d'une agence de voyages, l'hôtesse dans un office du tourisme, les amis sont des illustrations de sources d'information dont la caractéristique principale est le contact direct entre le consommateur et la source même.

L'efficacité dans les relations interpersonnelles dépend en grande partie de la crédibilité de la source, de sa compétence et du degré d'attrait qu'elle suscite auprès du demandeur d'informations. Sur le plan de l'efficacité du message, le « bouche à oreille » joue un rôle décisif tout particulièrement en ce qui concerne l'influence des groupes de référence sur l'individu.

Certaines études[7] ont montré que les personnes qui ont tendance à échanger des informations entre elles sont issues d'une même classe sociale. Cela est très important dans la mesure où une personne qui a une expérience favorable lors d'un séjour dans un pays donné décrira cette destination de manière positive auprès de ses relations et amis.

Par ailleurs, il est important pour le responsable marketing d'identifier, indépendamment des groupes de référence, les caractéristiques d'individus qui ont tendance à influencer individuellement d'autres personnes dans leurs décisions. Ce sont les « leaders d'opinion » qui ont des caractéristiques démographiques, d'activités sociales et de personnalité bien définies.

● *Les mass media*

Le caractère sélectif de l'attention explique pourquoi le consommateur est plus réceptif à la publicité media lorsqu'il a pris conscience d'un problème. Ainsi, le besoin ressenti par l'individu de partir aux sports d'hiver accroît son attention à l'égard des messages publicitaires des stations de ski.

Dans les décisions où l'individu est fortement impliqué, les media imprimés jouent un rôle important[8]. L'importance du contenu de l'information permet au consommateur de résoudre le problème auquel il est confronté, soit : quelles décisions prendre ? Dans la campagne *I love NY*, le texte publicitaire le plus performant contenait 2 000 mots.

Le rôle des publicités rédactionnelles et des reportages dans les media imprimés est donc extrêmement important. D'une part, parce que le problème lié à la crédibilité de la source ne se pose pas (dans la mesure où il ne s'agit pas de publicité, mais d'articles écrits par des journalistes professionnellement reconnus) et, d'autre part, parce que la quantité d'informations et leur contenu peuvent diminuer le risque tel qu'il est perçu par le consommateur.

---

7. KING, C.W. et J.O. SUMMERS, « Dynamics of Interpersonal Communication : The Interaction Dyad », dans D.F. COX, éd., *Risk Taking and Information Handling in Consumer Behavior*, Boston, Division Research, Graduate School of Business Administration, Harvard University, 1967.

8. KRUGMAN, H., « Low Involvement Theory in the Light of New Brain Research », dans MALONEY et SILVERMAN, éd., *Attitude Research Plays for High Stakes*, Chicago, American Marketing Association, 1979.

▼ Les brochures, les guides et les dépliants

Les brochures, les guides et les dépliants sont une source d'information largement utilisée par les touristes. La publication de ces documents représente un investissement important. Il est donc nécessaire de s'assurer que ces brochures véhiculent l'information recherchée par les touristes et qu'elles facilitent la demande d'informations supplémentaires ou toute demande de réservation.

■ L'importance des sources d'information

Le fait de connaître quelle est l'importance des sources d'information dans le choix d'une destination de vacances est d'un intérêt stratégique évident, ENGEL, KOLLAT et BLACKWELL proposent une typologie pour classer les sources d'information en fonction de leur importance :

– celles qui sont décisives et dont le consommateur reconnaît l'importance primordiale ;
– celles qui contribuent avec d'autres sources à une décision sans qu'elles soient décisives ;
– celles qui ne jouent aucun rôle dans le processus de décision.

En 1994, «la Gazette Officielle du Tourisme» a publié un sondage Omnibus de Démoscopie ayant comme thème « Les Français et les vacances».

L'une des questions de ce sondage était :

« Quelles sources d'information avez-vous utilisées en 1993 ?»

Présentation des résultats de ce sondage :

TABLEAU 3-5

Bases	Ensemble	15/24 ans	25/34 ans	35/49 ans	50/64 ans	65 ans et +
Bouche à oreille	60 %	71 %	65 %	54 %	52 %	59 %
Livres et guides	24 %	21 %	27 %	31 %	19 %	18 %
Agences de voyages	15 %	14 %	14 %	13 %	16 %	21 %
Offices du tourisme	15 %	13 %	20 %	19 %	10 %	10 %
Publicités	6%	4 %	6 %	6 %	7 %	6 %
Presse radio, TV	3 %	2 %	3 %	4 %	5 %	2 %

Bases : 1 142 partants

■ *La mesure de l'importance des sources d'information*

● *L'enquête*

L'une des méthodes les plus utilisées pour mesurer l'importance des sources d'information consiste à vérifier par le biais d'une enquête, après la prise de décision, quelles sont les sources d'information qui ont été utilisées et, parmi celles-ci, quelles sont celles qui ont été les plus importantes (voir tableau 3-5).

Cette approche, si elle est fréquemment utilisée, pose certains problèmes, notamment :

– Après quelques mois, l'individu est-il capable de mémoriser l'importance des différentes sources ?

– L'individu peut-il isoler l'influence d'une source d'information par rapport aux autres sources ?

● *L'approche protocolaire*

Cette approche développée par BETTMAN[9], et reprise par BETTMAN et ZINS[10], met l'individu dans une situation réelle de décision. Elle a été utilisée dans le cas de biens de consommation. On demande au répondant d'exprimer verbalement ses pensées au moment où il rassemble les informations, où il les utilise et au moment où il fait ses choix. L'enregistrement sur magnétophone permet au chercheur de mettre en évidence l'information utilisée et de suivre la séquence des différentes décisions sous-jacentes. Lorsque cette information est recueillie, elle peut être classifiée et organisée sous forme de schémas qui permettent de découvrir l'ensemble du processus de décision.

Quels ont été vos facteurs de sélection en 1994 ?

60%	*le bouche à oreille*
26%	*livres et guides touristiques*
18%	*les offices du tourisme*
13%	*les agences de voyages*
5%	*presse, radio, télévision*
2%	*minitel*
8%	*ne se prononcent pas*

TOCQUER et ZINS[11] ont utilisé cette approche pour étudier le processus de décision dans le choix d'une destination de vacances. Elle a comme principal avantage de permettre d'étudier des processus complexes. La figure 3-10 illustre le type de schéma dérivé d'une approche protocolaire.

---

9. BETTMAN, J.R., « Towards a Statistics for Consumer Decision Net Models », *Journal of Consumer Research*, vol. 1, juin 1974.

10. BETTMAN, J.R. et M. ZINS, « Constructive Processes in Consumer Choice », *Journal of Consumer Research*, septembre 1977.

11. TOCQUER, G. et M. ZINS, « Modeling Tourist Choice Behavior », Esomar, Amsterdam, 1980.

FIGURE 3-10   L'approche protocolaire : le cas de *Ann* et *Richard*

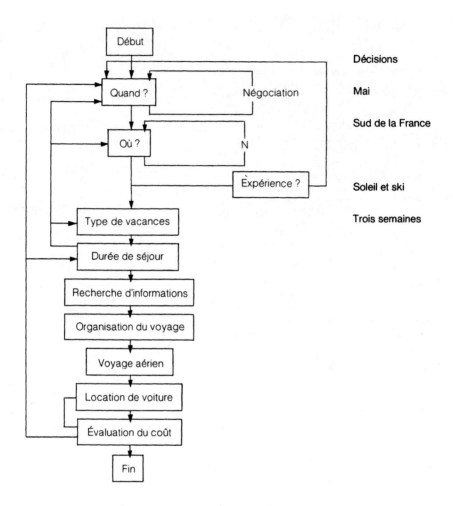

● *La méthode du « tableau d'informations »*

Cette méthode développée par JACOBY[12] a été utilisée par ZINS[13] dans le choix d'un forfait touristique. Les choix de destination sont donnés au consommateur ainsi que les dimensions selon lesquelles ces destinations peuvent être évaluées. Dans une seconde phase, ces informations sont disposées sur un

12. JACOBY, J., R.W. CHESTNUT, K.C. NEILL et W. FISHER, « Prepurchase Information Acquisition : Description of a Process Methodology ... », dans B.B. ANDERSON, éd., *Advances in Consumer Research*, Association for Consumer Research, vol. 3, 1971.

13. ZINS, M., *Choix d'un forfait touristique*, étude non publiée, 1980.

tableau sous la forme d'une matrice. Les informations figurent sur des cartes contenant une alternative plus une dimension.

Le répondant voit sur le tableau quelle est la nature de l'information qui figure sur la carte, par exemple, le coût du forfait A, mais il ne connaît pas la valeur chiffrée de l'information du « coût réel ». Pour obtenir le renseignement, il doit prendre la carte et la lire.

Le chercheur enregistre alors les différentes cartes lues par le répondant et l'ordre de lecture. Il peut ainsi établir la nature des informations utilisées par le répondant. Cette méthode peut être critiquée pour son aspect expérimental puisque le répondant ne se trouve pas dans une situation réelle d'achat.

● *Les méthodes électroniques*

Eye-camera   Cette technique de laboratoire permet d'observer au moyen d'une caméra le regard du sujet exposé à une annonce ou à un film. La caméra suit le mouvement des yeux et permet d'identifier les points du message qui retiennent le regard.

Conpad   Cette méthode a été développée par une société américaine (*Associates for Research and Behavior*). Le répondant est installé face à un écran de télévision. Il doit pédaler avec un pied s'il veut que l'image se maintienne et avec l'autre pied s'il veut que le son se maintienne. La durée du pédalage pour chaque pied doit en principe mesurer le maintien de l'intérêt.

Notons que ces techniques ne peuvent être utilisées qu'en laboratoire et non en situation réelle.

L'évaluation des alternatives

L'évaluation des alternatives se fait à partir de critères physiques ou psychologiques utilisés par le consommateur pour évaluer une destination par rapport à une autre, ou un hôtel par rapport à un autre. Ces critères peuvent être différents, mais surtout ils ne revêtent pas la même importance d'un consommateur à un autre. Ils sont déterminés par les mobiles, l'expérience, les styles de vie, mais ils peuvent aussi être définis par l'influence des groupes de référence.

Les nombreuses recherches réalisées pour étudier les diverses façons dont les individus utilisent les différents critères et comparent les différentes alternatives, ont permis de développer un certain nombre de modèles qui peuvent être classés en deux catégories :

1) *Les modèles compensatoires*   Ce sont des modèles dans lesquels une caractéristique négative d'une marque peut être compensée par l'évaluation positive d'une autre caractéristique.

2) *Les modèles non compensatoires*   Ce sont des modèles dans lesquels une évaluation négative d'un critère suffit à rejeter l'alternative.

■ **Les modèles de type attente-valeur (expectancy-value)**

Il existe de nombreuses versions de ces modèles. Elles sont dérivées des modèles développés par FISHBEIN et ROSENBERG. Ainsi, le modèle de WILKIN et PESSEMIER qui en est inspiré a été précisé dans la section relative à la mesure des attitudes. Dans ce type de modèle, chaque destination est évaluée séparément par rapport à chaque critère ; l'évaluation est pondérée selon l'importance que le répondant accorde aux différents critères. L'évaluation globale de la destination se fait en additionnant l'ensemble des dimensions. Plus le score est élevé, plus l'attitude est favorable.

Si ce type de modèle peut être utile dans le cas de certains produits, il paraît trop simple pour être utilisé dans le cas d'une destination touristique. Choisir une destination est un processus qui engage plusieurs décisions, soit le choix du mode d'hébergement, de transport, la durée du séjour ... et chacune a son propre processus de décision. Le phénomène de compensation paraît difficile entre les différentes sous-décisions.

■ **Le modèle lexicographique**

Dans ce type de modèle, on considère que le touriste range les différents critères à partir desquels il évalue les alternatives par ordre d'importance. Il compare alors les différentes alternatives par rapport au premier critère, par exemple, le soleil. Il choisit alors celle qui se situe sur le critère le plus important. Si plusieurs alternatives sont positionnées sur le même critère, il passe alors au critère suivant dans l'ordre d'importance et choisit l'alternative qui est la mieux placée sur le deuxième critère.

Les modèles lexicographiques peuvent être d'un intérêt évident dans le domaine du tourisme, même si, comme le modèle précédent, on peut leur reprocher d'être simples dans leur formulation.

■ **Le modèle conjonctif**

Ce modèle se caractérise par un processus d'élimination. Le touriste établit une liste de critères sans les hiérarchiser, mais pour chacun des critères il fixe un seuil au-delà duquel une alternative n'est plus acceptable.

■ **Le modèle disjonctif**

Dans ce modèle, le processus de sélection est rapide. Le touriste dresse une liste de critères à partir desquels il choisit n'importe quelle alternative à partir du moment où elle est évaluée fortement sur un des critères. Par exemple, le touriste choisit la première alternative qui est satisfaisante sur le critère « économique ». Par ailleurs, l'inconvénient de ce modèle se situe dans le cas où plusieurs alternatives sont jugées acceptables sur le même critère.

Le processus d'achat

Le modèle de ENGEL, KOLLAT et BLACKWELL définit l'achat comme étant fonction de trois déterminants : l'intention d'achat, les circonstances imprévisibles et le mode d'achat.

■ *L'intention d'achat*

Elle constitue la probabilité que telle ou telle destination soit choisie par le touriste, compte tenu de son attitude vis-à-vis les différentes alternatives.

Cette intention d'achat n'est pas toujours en corrélation avec le comportement réel. Cela est dû à un certain nombre de variables de situation qui peuvent influencer le consommateur entre le moment où il a l'intention de partir vers une destination et le moment effectif où il fait son choix définitif.

■ *Les variables de situation*

Elles sont bien sûr nombreuses. On peut néanmoins proposer une liste des variables que l'on retrouve le plus fréquemment dans le cas du tourisme :
— les réservations complètes : auprès de la compagnie de transport, auprès du complexe touristique ;
— une nouvelle proposition faite par l'agent de comptoir ;
— une réduction de prix dans l'une des alternatives ;
— un problème de garde d'enfants ;
— une dépense exceptionnelle imprévue (nouvelle voiture).

Ces variables de situation entraînent soit une substitution entre les alternatives, soit le report de la décision ou l'annulation définitive.

■ *Le mode d'achat*

Le mode d'achat concerne le lieu et la méthode d'achat utilisés par le consommateur. Dans le cas du touriste qui choisit un hôtel, les modes d'achat peuvent se répartir comme suit :
— l'agence de voyages ;
— la réservation directe par téléphone, par correspondance ;
— la centrale de réservation ;
— le bureau de vente du transporteur.

Le choix du mode d'achat est fonction de la facilité de faire la réservation, mais aussi du degré de complexité du produit touristique désiré par le consommateur. Sur le marché des biens de consommation, les modes d'achat utilisés sont les suivants : à domicile, par correspondance, par catalogue, par téléphone, par télévision, au magasin. Ces différents circuits évoluent continuellement et ont des implications marketing évidentes. Il est fort probable que les modes d'achat dans le domaine du tourisme soient modifiés par l'arrivée de la télématique qui permettra au consommateur de connaître, à partir de son écran de télévision, les caractéristiques des produits touristiques, l'état des réservations et de réserver directement son séjour.

En France, le nombre de Français qui passent par l'intermédiaire d'une agence de voyages est très limité, soit 13 % des Français (*source : Enquête Omnibus de Démoscopie sur le thème* : « Les Français et les vacances »), contrairement à d'autres pays comme l'Allemagne ou les pays scandinaves. D'ailleurs, le *S.N.A.V.* (*Syndicat National des Agents de Voyages*) a décidé de lancer en 1983, en France, une campagne de publicité dont l'objectif est d'accroître l'utilisation de l'agence de voyages par les Français.

L'étude du *CERAM* auprès des consommateurs du troisième âge montre comment le processus d'achat d'un forfait de vacances s'effectue.

À quel moment s'adresse-t-on à l'agence de voyages ?

Moins d'une semaine	16 %
D'une semaine à un mois	21 %
D'une semaine à deux mois	29 %
Deux mois et plus	34 %
Total	100 %

Nombre d'agences de voyages visitées :

Une agence	66 %
Deux agences	19 %
Trois agences	10 %
Quatre agences et plus	5 %
Total	100 %

Les critères utilisés pour choisir l'agence de voyages :

La plus accueillante	37 %
La plus proche	29 %
La plus économique	18 %
Celle qui offre le plus large éventail de destinations	9 %
Celle qui facilite les paiements et diminue les problèmes administratifs	7 %
Total	100 %

Les résultats de cette étude montrent que la clientèle du troisième âge visite très peu d'agences de voyages. Cette clientèle est d'ailleurs fortement fidèle au distributeur et plus de 63 % des répondants réservent plus d'un mois à l'avance.

L'après-achat

Le processus de décision ne s'arrête pas au stade de l'achat effectif. Il se poursuit par une évaluation « post-achat ». Cette évaluation peut donner lieu soit à un état de satisfaction, soit à un état de dissonance. Cette étape à l'intérieur du processus de décision a trop souvent été ignorée par les responsables marketing. Elle a pourtant une importance considérable relativement au comportement futur du consommateur.

■ La satisfaction

Un consommateur est satisfait lorsque l'évaluation de l'alternative choisie correspond à ses attentes préalables. Dans le cas contraire, il y a bien sûr insatisfaction. Cette évaluation est mémorisée consciemment par le consommateur, elle influence et modifie ses perceptions des alternatives, mais aussi dans certains cas, l'importance de ses critères d'évaluation. Par conséquent, un niveau élevé de satisfaction a tendance à accroître, selon certaines conditions, la fidélité vis-à-vis du produit touristique, mais aussi à provoquer une communication interpersonnelle favorable (le bouche à oreille).

L'*insatisfaction*, par définition, entraîne un phénomène inverse : elle modifie négativement les perceptions et réduit la fidélité. Elle a donc un effet direct sur les entreprises, mais aussi des conséquences plus générales ; ainsi, les associations de consommateurs qui demandent une législation plus précise sur le contenu des informations d'un catalogue, les conditions d'annulation peuvent se faire l'écho de cette insatisfaction.

La complexité du produit touristique et, en particulier, ses nombreuses composantes rendent difficile la gestion de la satisfaction du consommateur, et ce, d'autant plus que les attentes sont élevées et que le consommateur est fortement impliqué. Pour un producteur de voyages, la satisfaction du touriste s'évalue selon différentes dimensions dont il n'a pas toutes les possibilités de contrôle (l'agence de voyages, la compagnie aérienne, l'hôtel et son personnel, la qualité de la restauration, les excursions organisées, la population locale, les caractéristiques du groupe de touristes ...). La figure 3-11 illustre le comportement futur du touriste insatisfait.

■ La mesure de satisfaction

Depuis longtemps, les gestionnaires utilisent des mesures de satisfaction qui sont, dans la plupart des cas, informelles, par exemple lettres de consommateurs (*guests comments*). Aujourd'hui, de nombreuses échelles de

FIGURE 3-11   L'arbre de décision relatif au comportement futur
du touriste insatisfait

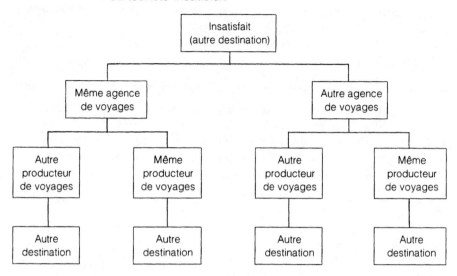

mesure de satisfaction ont été développées qui correspondent aux efforts de conceptualisation de la satisfaction menés par les chercheurs marketing.

Keith HUNT[14] identifie huit définitions différentes de la satisfaction dont une seule compare les attentes du consommateur avant l'achat et l'éva-

FIGURE 3-12   Échelle de mesure de la satisfaction

Réponses	Critères				
	Hôtel	Restauration	Cadre	Ambiance	Personnel
Beaucoup mieux que ce à quoi je m'atten- dais	☐	☐	☐	☐	☐
Un peu mieux que ce à quoi je m'attendais	☐	☐	☐	☐	☐
Ce à quoi je m'atten- dais	☐	☐	☐	☐	☐
Moins bien que ce à quoi je m'attendais	☐	☐	☐	☐	☐
Beaucoup moins bien que ce à quoi je m'at- tendais	☐	☐	☐	☐	☐

14. HUNT, K., *Conceptualisation and Measurement of Consumer Satisfaction and Dissatisfaction*, Cambridge, Mass., Marketing Science Institute, 1977.

luation après l'achat. L'échelle de mesure proposée dans ce dernier cas peut s'illustrer de la manière suivante :

D'autres approches évaluent la satisfaction à partir d'une mesure de comportement futur (intention de se comporter) ou de comportement passé (fidélité vis-à-vis de la marque). Ces approches semblent être moins intéressantes sachant que la fidélité et l'intention de se comporter sont affectées par d'autres variables.

La plupart des échelles de mesure de la satisfaction utilisent des échelles à intervalle de 5 à 7 points :

Très satisfait	7	6	5	4	3	2	1	Très insatisfait

⑤ Très satisfait	④ Satisfait	③ Plus ou moins satisfait	② Insatisfait	① Très insatisfait

Ces échelles mesurent soit la satisfaction globale vis-à-vis d'un service, soit la satisfaction relative à chacun des éléments composant le service. Il paraît plus judicieux pour l'entreprise ou l'organisation touristique de ne pas se limiter à une évaluation globale mais de combiner cette évaluation avec celles de chacune des dimensions du produit touristique (voir le questionnaire utilisé par l'Office de développement du tourisme de la Polynésie française, figure 3-13).

Par ailleurs, même si ces échelles de satisfaction sont simples à utiliser, elles ont deux inconvénients majeurs :

— la distribution des réponses tend à indiquer des scores de satisfaction plus favorables que dans le cas où l'on utilise des interviews non structurées ;

— les échelles ne sont pas toujours assez sensibles pour indiquer une hiérarchie des différents sentiments exprimés par les consommateurs.

Dans le cas d'une évaluation d'un séjour touristique, la méthodologie suivante peut être appliquée :

— par l'intermédiaire d'une réunion de groupes, déterminer une liste de critères utilisés par les consommateurs pour évaluer un séjour ;

— à partir de cette liste mener une enquête par correspondance dans le mois qui suit la fin du séjour.

Échantillon   Anciens clients du producteur de voyages sur la destination.

Structure du questionnaire

— Évaluation de la satisfaction vis-à-vis des différentes dimensions du service touristique.

— Évaluation de la satisfaction globale du séjour.

— *Renseignements signalétiques*   Profil socio-démographique du répondant, date du séjour.

Analyse des résultats

— Évaluation de l'ensemble des répondants : par critère et globalement.

— Évaluation selon la période de séjour.

— Évaluation selon le profil socio-démographique.

— Évaluation comparative entre l'évaluation globale et l'évaluation des dimensions.

— *Recommandations*   Modifications à apporter aux différentes composantes du produit touristique.

FIGURE 3-13   Questionnaire — Mesure de satisfaction

QUESTIONS SUR VOTRE SÉJOUR À TAHITI

Veuillez donner vos appréciations sur la qualité des hôtels de Tahiti où vous avez séjourné.

	Excellent	Bon	Moyen	Mauvais
Emplacement	☐	☐	☐	☐
Confort	☐	☐	☐	☐
Service	☐	☐	☐	☐
Nourriture	☐	☐	☐	☐
Distractions	☐	☐	☐	☐

Veuillez donner vos appréciations sur les excursions que vous avez faites à Tahiti.

	Excellent	Bon	Moyen	Mauvais
Tour de l'île	☐	☐	☐	☐
Bateau à fond de verre	☐	☐	☐	☐
Pêche en haute mer	☐	☐	☐	☐
Excursion d'un jour à Moorea	☐	☐	☐	☐
Autres	☐	☐	☐	☐

Veuillez donner vos appréciations sur les distractions suivantes.

	Excellent	Bon	Moyen	Mauvais
Plages	☐	☐	☐	☐
Sports nautiques	☐	☐	☐	☐
Musique et danses tahitiennes	☐	☐	☐	☐
Tamaara'a	☐	☐	☐	☐
Golf d'Atimaono	☐	☐	☐	☐
Musée GAUGUIN	☐	☐	☐	☐
Musée de Papeete	☐	☐	☐	☐

Source : Enquête menée par l'*Office de développement du tourisme de la Polynésie française.*

■ *La dissonance*

Le concept de dissonance a été défini à la section traitant du processus de perception. Nous avons vu précédemment que lorsqu'un individu était dans un état de dissonance, il avait tendance à réduire cette situation d'inconfort psychologique. La figure 3-14 indique comment le consommateur peut réduire son niveau de dissonance.

FIGURE 3-14   Comment réduire le niveau de dissonance chez le consommateur

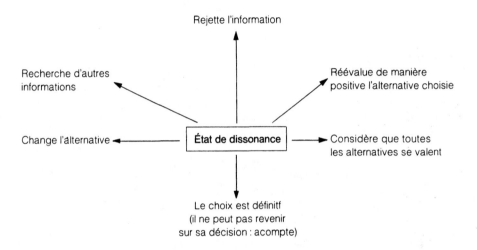

La situation de dissonance peut se produire tout au long du processus d'achat : elle peut exister avant que le produit ou le service ait été consommé comme l'indique la figure 3-15.

FIGURE 3-15   Les possibilités de situation de dissonance à l'intérieur du processus de décision du touriste

Décision concernant la destination	Réservation effective agence de voyages	Départ effectif	Retour

Temps	t_1	t_2	t_3	t_4

Par conséquent, l'organisation touristique qui souhaite éviter que le consommateur revienne avant son départ sur sa décision doit renforcer le choix de ce dernier. Elle doit particulièrement insister sur la supériorité de l'alternative choisie. Elle peut également définir des modalités de réservation qui rendent très difficile toute annulation. De même, au retour du consommateur, des actions de marketing direct (par correspondance ou par téléphone) peuvent être menées par l'organisation touristique pour réduire un état de dissonance éventuel. Elle encourage ainsi un comportement futur favorable vis-à-vis de l'organisation touristique.

CONCLUSION

La compréhension du comportement du touriste est fondamentale pour les responsables marketing. La première tâche à considérer dans l'analyse du comportement est l'identification des facteurs externes et personnels qui exercent une influence sur celui-ci. Les dimensions psychologiques et psychosociologiques du comportement du touriste peuvent être examinées dans une seconde étape. Les besoins et les motivations des touristes, leur processus de perception, leurs critères d'évaluation, leurs attitudes sont des éléments qui permettent de mieux comprendre le comportement de ces derniers.

Plusieurs chercheurs ont conçu à partir de ces dimensions des modèles qui tentent de décrire le comportement du consommateur. Ces modèles plus ou moins complexes ont néanmoins l'utilité d'éclairer les décisions des responsables marketing en précisant les relations entre les différentes variables qui influencent le comportement.

L'analyse de la demande de même que l'étude du comportement des consommateurs exigent une approche scientifique. La recherche marketing est un outil que le décisionnaire marketing peut utiliser pour accroître ses informations sur le marché et constitue une aide à la décision. Nous l'étudierons précisément dans le chapitre 4.

Chapitre **4**

La recherche marketing

DÉFINITION
    Les recherches exploratoires
    Les recherches descriptives
    Les recherches causales

LES APPLICATIONS DE LA RECHERCHE MARKETING
    Les recherches liées au marché
    Les recherches liées à la politique du produit
    Les recherches liées à la politique de communication

L'ÉLABORATION DU PROJET DE RECHERCHE
    La définition du problème
    L'identification des sources d'informations
    Le plan d'enquête

CONCLUSION

*   *   *

DÉFINITION

La recherche marketing consiste à recueillir et à analyser de manière systématique et objective des informations destinées à l'identification et à la solution de tout problème marketing. En somme, elle doit servir de guide pour le responsable marketing dans l'élaboration et l'exécution des programmes marketing, notamment en lui apportant des solutions aux différents problèmes actuels ou futurs.

De plus, la recherche marketing, telle qu'elle est utilisée par les entreprises ou organisations touristiques, est essentiellement orientée vers l'aide à la prise de décision. Signalons à ce propos que plusieurs ouvrages, dont celui de PERRIEN, CHÉRON et ZINS[1], permettent aux intéressés de comprendre la problématique de la recherche marketing. En effet, une connaissance précise du marché du tourisme, du comportement des vacanciers, de l'évolution de leurs besoins, est la condition primordiale d'une stratégie marketing efficace. La recherche marketing apporte donc certaines réponses au directeur du marketing et la valeur de ces réponses dépend bien sûr de la manière dont la recherche a été conçue et réalisée.

Étant donné que le gestionnaire est particulièrement intéressé par la prise de décision à partir d'informations fiables, il semble évident que l'élaboration et la réalisation d'une recherche marketing impliquent une méthode scientifique rigoureuse dans la collecte et l'analyse de ces informations. Bien que la recherche marketing représente un investissement financier important, de nombreuses recherches restent inutiles, voire néfastes, parce qu'elles ne reposent pas sur une méthode scientifique. En effet, les risques d'erreurs sont relativement fréquents tout au long de l'élaboration et de l'exécution de la recherche. Ainsi, nous présenterons dans le présent chapitre, à la section consacrée à l'élaboration du projet de recherche, les types d'erreurs les plus fréquentes.

Somme toute, la principale fonction de la recherche marketing est d'aider le gestionnaire à résoudre des problèmes marketing bien spécifiques. Cependant, certaines informations utiles au responsable marketing sont recueillies sans avoir comme objectif de solutionner un problème particulier. Ces données sont obtenues à titre d'information, de manière continue, afin de signaler au gestionnaire l'éventualité de problèmes. Elles sont le produit d'un système d'information marketing (S.I.M.) qui recueille, structure et transmet les données marketing, externes et internes à l'entreprise, aux décisionnaires, et ce, sur une base régulière. La régularité dans la collecte des données marketing permet, par exemple, à l'organisation touristique de comparer d'une

1.   PERRIEN, J., E.J. CHÉRON et M. ZINS, *Recherche en marketing : méthodes et décisions*. Chicoutimi, Gaëtan Morin éditeur, 1983.

période à une autre, l'évolution de sa situation par rapport au marché et à son environnement. Soulignons qu'on peut distinguer trois types de recherches marketing.

Les recherches exploratoires

Les recherches exploratoires ont pour but de générer des informations qui peuvent servir de base à l'élaboration d'autres recherches. En règle générale, le chercheur a peu de connaissances sur le problème qu'il veut étudier. La recherche exploratoire lui permet d'établir des priorités quant aux informations à recueillir. Elle permet d'émettre certaines hypothèses de recherche et de faciliter l'élaboration du questionnaire lorsqu'elle est suivie d'une enquête. Ces recherches sont non structurées et purement qualitatives.

Exemple : « Étude sur le processus de décision familiale en matière de destination de vacances. »

Dans une phase initiale, une réunion de groupe (interview non structurée et directe) est organisée avec la participation de couples. L'objectif de la réunion est de recueillir un certain nombre d'informations qui pourront être utiles dans le choix définitif de la méthodologie à utiliser lors de l'enquête proprement dite.

Dans la pratique, les résultats des recherches exploratoires sont fréquemment utilisés par le responsable marketing dans son processus de prise de décision, alors que leur objectif initial est d'aboutir à une meilleure définition du problème et de générer des hypothèses de recherche. L'élargissement du champ d'utilisation de ces recherches s'explique par leur coût relativement faible par rapport à celui d'une enquête. Par contre, ce type d'utilisation représente un danger pour le décisionnaire marketing dans la mesure où les informations obtenues par des études exploratoires ne sont pas nécessairement fiables.

Comment peut-on, par exemple, utiliser les résultats d'une étude qualitative comportant l'interview individuelle de vingt agents de comptoir afin de mesurer l'image d'une destination auprès des agents de voyages ? Il est évident que ces résultats risquent d'avoir une validité externe limitée, c'est-à-dire qu'il sera inexact, sur le plan scientifique, de les généraliser à l'ensemble des agences de voyages.

Les recherches descriptives

Ce type de recherche regroupe celles qui sont les plus fréquentes, l'objectif principal étant de décrire certaines dimensions du marché à un moment donné.

Exemple :

— Étude du profil de la clientèle d'une station de ski ;
— Étude concernant l'évaluation de la satisfaction des touristes vis-à-vis d'une destination ;
— Étude de l'image de compagnies aériennes auprès d'agences de voyages.

En fait, les recherches descriptives ne donnent qu'une «image du marché » au cours d'une période bien définie. Précisons que ces études ont rarement un caractère prédictif.

Les recherches causales

Contrairement aux recherches descriptives, les recherches causales tentent d'expliquer un phénomène. Dans ce type de recherche, l'objectif est d'identifier les relations existant entre certaines variables (par exemple, l'effet de l'investissement publicitaire sur le nombre de visiteurs, l'effet d'une réduction de prix ou d'une offre promotionnelle sur la demande).

Dans cet ordre d'idées, la question que l'on se pose dans ce genre de recherche est la suivante : Le changement d'une variable marketing provoque-t-il une modification d'une autre variable dépendante (les ventes) et dans quelles circonstances ce changement se produit-il ?

Dans le secteur du tourisme, les recherches causales trouvent leur principale application dans les mesures de prévision de la demande (modèles économétriques) et dans les tests de marketing direct. Si la raison majeure pour entreprendre une recherche marketing est d'améliorer la « qualité » des décisions marketing, dans certains cas, la recherche marketing peut avoir des implications autres que marketing. Une étude de prévision de la demande peut ainsi aider le directeur du personnel d'une entreprise touristique à prévoir ses besoins en matière de personnel.

LES APPLICATIONS DE LA RECHERCHE MARKETING

Les énumérations suivantes illustrent, entre autres, quelques applications de la recherche marketing dans les organisations ou entreprises touristiques.

Les recherches liées au marché

— Étude de motivation ;
— Mesure de la demande ;

— Mesure de prévision de la demande ;
— Étude de segmentation de marché ;
— Analyse des profils des segments ;
— Analyse des potentiels des segments ;
— Analyse de la profitabilité des segments ;
— Analyse des préférences des consommateurs ;
— Analyse des circuits de distribution (producteurs et agences de voyages) ;
— Analyse de la concurrence ;
— Analyse du processus de décision des consommateurs ;
— Étude de l'image du consommateur et de la distribution ;
— Détermination des territoires de ventes ;
— Détermination des quotas de vente ;
— Analyse de la demande potentielle dans les nouveaux marchés ;
— Étude de la faisabilité et étude d'implantation.

Les recherches liées à la politique du produit

— Choix d'un nom de marque ;
— Élaboration de nouveaux produits ;
— Amélioration des produits existants ;
— Analyse comparative des produits concurrents ;
— Analyse des préférences des consommateurs ;
— Élimination de produits ;
— Analyse de profitabilité de produits.

Les recherches liées à la politique de communication

— Politique de rémunération des vendeurs ;
— Test de performance des vendeurs ;
— Test de plan de formation ;
— Test d'incitation à l'achat ;
— Prétest ou post-test du texte publicitaire ;
— Mesure de notoriété ;
— Test du plan media ;

— Étude media et produits ;

— Mesure de l'efficacité de la campagne publicitaire ;

— Analyse sémiotique de la publicité concurrente ;

— Détermination du budget publicitaire ;

TABLEAU 4-1   Tableau d'orientation de la recherche marketing
et de la phase de développement

Phase touristique du pays	Caractéristiques de la phase	Orientation de la recherche
1) Tourisme non existant	• Tourisme réduit	• Détermination des segments cibles
2) Apparition du tourisme	• Tourisme réduit	• Décisions quant au volume des arrivées • Planification des ressources (développement pour les cadres) • Inventaire de l'offre potentielle • Choix des investissements en infrastructures et superstructures • Première stratégie de commercialisation
3) Tourisme en essor	• Croissance rapide • Importance accentuée du phénomène touristique pour l'économie nationale	• Recherche plus sophistiquée • Prévision de la demande • Alignement des produits selon le profil du segment • Facteurs de satisfaction et d'insatisfaction des touristes • Études sur la concurrence • Études sur l'efficacité de la promotion • Décisions stratégiques : orientation vers un tourisme de masse ?
4) Phase de maturité	• Maintenir la part acquise sur le marché touristique mondial	• Pénétration de nouveaux marchés • Lancement de nouveaux produits • Observation régulière de l'attitude du touriste face à la superstructure, au produit, à l'accueil, etc. • Surveillance de la possible dégradation de l'offre touristique • Activités périphériques : artisanat, industries liées au tourisme, articles d'exportation (effets multiplicateurs) • Développement de nouveaux segments : marchés des congrès, groupes de touristes motivés par des intérêts spéciaux, retraités ou du troisième âge, etc.

— Test de fichier ;

— Test de copie ;

— Test de l'offre (*premium*) ;

— Test des différentes formes de promotion (consommateur et distribution) ;

— Mesure de l'efficacité des actions des relations publiques ;

— Mesure de l'efficacité des campagnes de promotion des ventes ;

— Élaboration et répartition du budget de communication.

L'OMT[2] a présenté les différentes orientations possibles de la recherche marketing en fonction de la phase de développement touristique dans laquelle se trouve un pays (voir tableau 4-1).

L'ÉLABORATION DU PROJET DE RECHERCHE

Le processus de recherche marketing se compose d'un certain nombre d'étapes. D'une part, la phase initiale commence au moment où le gestionnaire, dans certaines circonstances précises, souhaite réaliser une étude. D'autre part, la phase finale concerne la rédaction d'un rapport dans lequel le chercheur fait au gestionnaire un certain nombre de recommandations à partir des résultats de l'étude.

L'énumération ci-dessous représente le processus de recherche en marketing, soit :

1) La définition du problème ;

2) L'identification des sources d'information ;

3) La sélection d'une méthode de collecte des informations ;

4) L'élaboration du plan d'échantillonnage ;

5) La collecte des informations ;

6) L'analyse des résultats ;

7) La rédaction du rapport final et des recommandations.

La définition du problème

C'est la phase initiale de toute recherche marketing. C'est seulement à partir du moment où le problème est défini qu'il est possible d'identifier les informations qu'il sera nécessaire de recueillir. Cette phase est donc primor-

---

2. ORGANISATION MONDIALE DU TOURISME, *Manuel sur la méthodologie des études de marché*, Madrid, 1979.

diale dans la mesure où la recherche représente un investissement important et où un problème mal défini peut déboucher sur des résultats inutilisables pour le gestionnaire. Par conséquent, la manière dont le problème va être posé influencera :

1) la méthode de collecte des informations ;

2) la nature de l'échantillon ;

3) les informations qui devront être recueillies ;

4) les outils statistiques utilisés ;

5) les recommandations finales au gestionnaire.

Ainsi, il paraît donc nécessaire de s'attarder à cette phase en décrivant le processus qui mène à la définition du problème de recherche (voir figure 4-1).

FIGURE 4-1   Processus de définition du problème de recherche et cas illustratifs

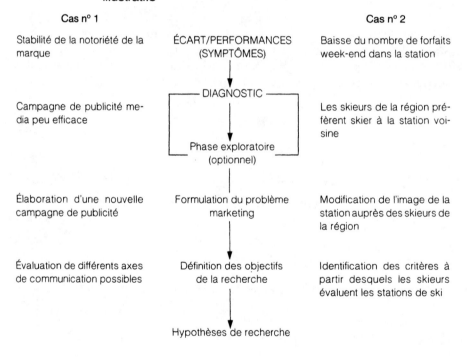

Cas n° 1		Cas n° 2
Stabilité de la notoriété de la marque	ÉCART/PERFORMANCES (SYMPTÔMES)	Baisse du nombre de forfaits week-end dans la station
Campagne de publicité media peu efficace	DIAGNOSTIC — Phase exploratoire (optionnel)	Les skieurs de la région préfèrent skier à la station voisine
Élaboration d'une nouvelle campagne de publicité	Formulation du problème marketing	Modification de l'image de la station auprès des skieurs de la région
Évaluation de différents axes de communication possibles	Définition des objectifs de la recherche	Identification des critères à partir desquels les skieurs évaluent les stations de ski
	Hypothèses de recherche	

L'observation d'un écart

● *Performances*

L'exemple le plus courant d'un écart de performance est l'analyse des ventes actuelles par rapport aux ventes passées, ou encore l'observation d'une différence importante entre les ventes prévues et celles réalisées.

Cette observation nécessite à l'intérieur de l'entreprise des outils et des normes qui permettent de suivre les performances. Ces outils peuvent prendre la forme d'un tableau de bord qui « clignote » dès qu'un écart important apparaît et il informe ainsi le gestionnaire de l'existence d'un problème spécifique. Bien souvent, les entreprises touristiques, qui sont généralement des PME, n'ont pas mis en place le principe. Dans ce cas, elles ne peuvent donc pas être informées de l'existence d'un problème, ou si elles le sont, le délai entre l'apparition du problème et le moment où le chef d'entreprise connaît son existence, est trop important pour que ce dernier puisse prendre des décisions « correctrices ». Cela est d'autant plus vrai dans les entreprises touristiques qui ont une activité saisonnière concentrée sur une courte période.

Le diagnostic

Tout comme en médecine, l'apparition d'un symptôme ne permet pas d'identifier immédiatement le problème. Le diagnostic consiste à identifier les causes du problème qui peuvent être externes à l'environnement ou internes à l'entreprise. À la limite, il peut déboucher sur la conclusion que la recherche marketing ne se justifie pas. Le chercheur doit donc être familier avec le marché étudié, de même qu'il doit bien connaître l'entreprise.

Cette phase de diagnostic n'est pas exclusivement orientée vers les activités de marketing. Il se peut, et cela est particulièrement vrai dans l'industrie des services, qu'une baisse des performances concernant les ventes soit provoquée par un accueil de la clientèle déficient qui, dans ce cas, est attribuable à une mauvaise gestion du personnel qui est en relation directe avec la clientèle. Un personnel inadapté, le manque de formation, la méthode de rémunération, le style de commandement, sont parmi les facteurs influençant la qualité du service et qui sont susceptibles de développer une image négative auprès de la clientèle.

Dans cet exemple, on s'aperçoit que le problème marketing et le problème de gestion du personnel sont étroitement liés. La figure 4-2 définit les domaines d'intervention du diagnostic lorsqu'un écart de performance a pu être observé.

Comme nous l'avons déjà précisé, dans certains cas, le diagnostic révèle que la recherche marketing n'est pas nécessaire dans le problème étudié. Si un prix trop élevé est identifié comme principal facteur de la stagnation des ventes, ce prix peut se justifier financièrement par des charges de structures importantes à l'intérieur de l'entreprise. Le diagnostic peut également faire apparaître que l'estimation du coût de la recherche associé au problème est trop élevé pour que celle-ci puisse se justifier.

FIGURE 4-2   Les différents domaines d'interaction du diagnostic

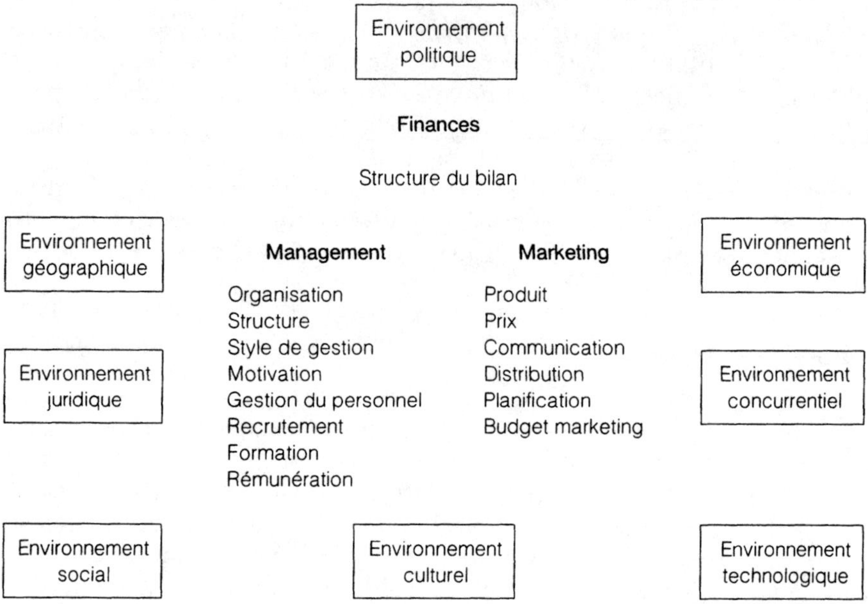

La phase exploratoire

Au stade du diagnostic, il se peut que l'énoncé du problème soit trop vague et qu'il soit nécessaire d'envisager une étude exploratoire qui permettra de définir de manière plus précise et plus rigoureuse le problème. Les techniques les plus utilisées dans cette phase recouvrent les méthodes d'entrevues non structurées et directes, de même que celles non structurées et indirectes.

■ *L'interview non structurée et directe*

● *L'interview individuelle*

Dans le type d'interview individuelle, on ne donne à l'enquêteur que des instructions générales quant au type d'informations désiré. Il n'est donc pas tenu de suivre un questionnaire structuré.

Quant aux interviews non structurées et directes, elles sont souvent utilisées dans des recherches exploratoires qui permettent d'obtenir une meilleure compréhension du problème et se révèlent fort utiles dans le choix des questions qui doivent être traitées dans le questionnaire définitif. Lorsqu'elle a pour but de déterminer les motivations, l'interview non structurée et directe est appelée *interview en profondeur*.

● *L'interview de groupe*

Dans ce genre d'interview, la procédure consiste à encourager plusieurs personnes à discuter de leurs sentiments, de leurs attitudes et de leurs perceptions au sujet d'un thème bien spécifique. Les exigences relatives à l'organisation de l'interview de groupe sont :

— la durée : 1 h 00 à 2 h 30 ;
— la composition idéale : entre 8 et 12 personnes ;
— la définition des groupes : plus le groupe est socialement et intellectuellement homogène, plus il est productif ;
— l'environnement physique : atmosphère relaxe.

Le tableau 4-2 présente les avantages et les inconvénients de l'interview de groupe comme moyen de définir un problème marketing.

TABLEAU 4-2   Les avantages et les inconvénients de l'interview
de groupe

AVANTAGES	INCONVÉNIENTS
• Maximum d'informations dû à l'effort combiné du groupe	• Difficile à animer et à interpréter
• Face à l'interviewer, l'individu peut trouver une certaine sécurité au sein du groupe et exprimer plus facilement ses idées	• Influence de l'interviewer
• Spontanéité plus grande, si on n'oblige pas les individus à répondre à chaque question ; les réponses données deviennent alors plus significatives	• Difficulté à trouver des participants
	• Danger de généraliser les résultats

Les applications de l'interview de groupe sont nombreuses (idées de nouveaux produits, prétest des annonces publicitaires, choix de nom de marque, etc.) et elles ne sont pas limitées à la phase de définition du problème. De plus, le rôle de l'interviewer ou de l'animateur est primordial dans la réussite d'une telle réunion. Il doit être à la fois amical et ferme. En mettant à l'aise les participants, il doit encourager l'émergence d'un leadership dans le groupe, mais en même temps il doit s'efforcer d'éviter les tendances de domination d'un membre du groupe. Il doit être attentif aux signes de détérioration de l'atmosphère du groupe.

Bien que le caractère dynamique de la situation de groupe facilite la participation de tous les membres, l'animateur doit encourager certains individus qui opposent une certaine résistance en leur attribuant une tâche spécifique et en leur donnant l'occasion de préciser leurs opinions.

Avant la réunion, l'interviewer doit avoir prévu sur une fiche les différents thèmes qui doivent être couverts. Par contre, il ne doit pas suivre minutieusement cette fiche, car cela entraînerait ainsi un manque d'intérêt de la part des participants. Il doit être capable d'identifier le *niveau informationel* obtenu au fur et à mesure que l'interview de groupe progresse.

■ *L'interview non structurée et indirecte*

La différence essentielle entre l'interview non structurée et indirecte et l'interview de groupe est que dans la première, les réponses sont obtenues de manière détournée auprès des répondants.

Ainsi, les deux méthodes les plus utilisées sont l'interview individuelle en profondeur et la méthode des techniques projectives.

● *L'interview individuelle en profondeur*

L'interview en profondeur est une interview individuelle non structurée, mais qui peut à la fois prendre la forme d'une interview directe ou indirecte. Elle a pour objectif d'encourager le répondant à parler sans contrainte et à

TABLEAU 4-3   Les avantages et les inconvénients de l'interview individuelle en profondeur

AVANTAGES	INCONVÉNIENTS
• L'information est individuelle	• La validité et la fidélité de l'analyse dépendent de l'interprétation exclusive de l'interviewer
• Les motivations et les attitudes sont mieux identifiées	• La qualification élevée des interviewers et la difficulté de trouver des interviewers qualifiés
• Les informations sont plus riches et très intéressantes sur le plan de la recherche exploratoire dans la mesure où elles permettent de préciser le problème	• La durée relativement longue de l'interview
	• Le danger, comme dans toute étude qualitative, de vouloir généraliser les résultats

exprimer ses idées sur le sujet considéré, en allant au-delà des raisons superficielles et en s'arrêtant aux motivations précises, mais subconscientes, de l'individu. L'interview individuelle en profondeur peut durer une heure ou plus.

Dans ce type d'interview, le rôle de l'interviewer, bien qu'il ne participe pas à la discussion, est de créer un environnement dans lequel les répondants se sentent absolument libres de discuter, sans crainte de se sentir désapprouvés ou de perdre leur statut face à l'interviewer.

● *La méthode des techniques projectives*

Ces techniques sont dérivées de la psychologie clinique. Elles encouragent le répondant à projeter inconsciemment ses propres sentiments de manière indirecte. Les méthodes les plus courantes sont la technique de la troisième personne, les tests de phrases à compléter, les tests d'associations de mots, le *TAT* (*Thematic Apperception Test*).

L'objet de ce livre n'étant pas de développer ces différentes techniques, le lecteur intéressé à en savoir davantage pourra consulter l'ouvrage de GREEN et TULL[3]. L'intérêt de ces méthodes réside dans le fait qu'elles permettent d'obtenir des réponses à des questions subjectives. Elles sont utiles dans le recueil d'informations concernant les opinions et les attitudes des consommateurs. Ces informations peuvent être vérifiées par la suite par une enquête.

L'énoncé du problème marketing

La phase de diagnostic ou celle de la recherche exploratoire doit aboutir à la formulation précise de l'énoncé du problème marketing exprimé en des termes qui sont compris par les preneurs de décision. Cet énoncé commence par une brève exposition du problème et de ses principaux symptômes. Il évoque ensuite les principales décisions marketing prises dans le passé en précisant les contraintes internes (liées à l'organisation) et celles (dues à l'environnement) qui ont pu provoquer ces symptômes. Il précise les différentes actions marketing correctives possibles et l'estimation des conséquences sur le plan des performances.

---

3. GREEN, P.E. et D.S. TULL, *Recherches et décisions en marketing*, Presses universitaires de Grenoble, 1974.

KILMAN et MITROFF[4] ont donné un certain nombre de conseils pouvant aider à formuler de manière rigoureuse un problème, à savoir :

- Formuler plusieurs énoncés du problème ;
- Critiquer chacun des énoncés en fonction de ses suppositions et de ses conséquences futures, en ce qui concerne ces résultats ;
- Développer un énoncé final qui fasse une synthèse des qualités et minimise les faiblesses ;
- Rassembler un certain nombre de personnes directement concernées par le problème et qui possèdent la compétence nécessaire pour donner leur avis sur leurs sphères propres. Ainsi, l'unanimité sur la définition est nécessaire afin de garantir le succès des actions marketing et ce, d'autant plus si chacune des personnes interrogée est directement intéressée par le résultat des actions et la résolution du problème.

Cette méthode a pour mérite de tendre vers un accord entre les différentes personnes intéressées avant que la recherche marketing ne soit engagée. Le non-respect de cette règle est fréquemment une cause d'inefficacité en ce qui concerne l'étude et plus particulièrement les actions marketing qui en découleront.

Les objectifs de la recherche

L'énoncé du problème étant rigoureusement défini et accepté, l'étape suivante consiste à définir les objectifs de la recherche. Ces objectifs précisent les informations que la recherche se propose de recueillir dans le but de résoudre le problème marketing. Préciser les informations qui seront recueillies correspond, pour le chercheur, à établir des standards qui permettront une fonction de contrôle et d'évaluation de la recherche.

Dans le cas où la recherche est réalisée par une société extérieure, les objectifs correspondent en partie à la définition du contrat passé entre l'entreprise et cet organisme de recherche. Ils précisent à l'entreprise les informations qui devront être recueillies. Un exemple illustrant les objectifs de recherche figure ci-dessous :

---

4. KILMAN, R.H. et I.I. MITROFF, « Problem Defining and the Consulting/Intervention Process », *California Management Review*, n° 21, été 1979.

1) Déterminer le profil du visiteur à Las Vegas par :

- variables socio-démographiques (sexe, âge, statut marital, niveau d'instruction, revenu familial, occupation professionnelle, origine géographique, etc.) ;
- type d'hébergement ;
- fréquence de visites ;
- durée de séjour ;

2) Déterminer le comportement du visiteur durant son séjour à Las Vegas ;

3) Déterminer les motivations du visiteur ;

4) Déterminer son niveau de satisfaction ;

5) Déterminer les raisons de satisfaction et d'insatisfaction du visiteur ;

6) Analyser l'utilisation d'une agence de voyages ;

7) Examiner les différences entre les divers types de clients ;

8) Mesurer l'attitude des visiteurs envers Las Vegas ;

9) Calculer les dépenses des visiteurs ;

10) Identifier les liens entre le niveau de dépenses et les caractéristiques des visiteurs ;

11) Mesurer l'impact d'Atlantic City sur le marché de Las Vegas ;

12) Identifier les problèmes et les avantages de Las Vegas.

Source : **Las Vegas Visitor Profile, Study 1979.** Las Vegas Convention Authority and Marketing Research and Development Inc.

L'identification des sources d'informations

Les sources d'informations secondaires

Lorsque les objectifs de la recherche ont été définis, le chercheur doit identifier les sources d'informations disponibles. Quand les informations recherchées sont immédiatement disponibles, on parle alors d'*informations secondaires*. Il s'agit ici d'informations qui ont déjà été recueillies soit par l'entreprise elle-même, soit par des organismes extérieurs. Les principales sources de données secondaires en matière de tourisme sont présentées au tableau 4-4.

Avant toute chose, le « chercheur » doit donc vérifier, auprès de ces différentes sources, si les informations qu'il recherche n'ont pas été publiées et, si elles le sont, il doit s'assurer de leur degré de fiabilité. Ainsi, les informations secondaires remplissent les fonctions suivantes :

— elles aident à une meilleure définition ou redéfinition du problème ;

— elles aident à l'élaboration de la méthodologie à partir d'autres exemples ;

— elles sont un gain de temps pour le « chargé d'études » ;

TABLEAU 4-4   Les principales sources de données secondaires

SOURCES	CANADA	FRANCE	MONDE
Organisations internationales			• OMT - IATA - BIT - etc.
Sources gouvernementales	• Ministère du Tourisme, Québec • Tourisme Canada	• Direction du Tourisme • Ministères - INSEE	• Offices nationaux du Tourisme
Syndicats professionnels	• ACTA	• SNAV - SNC	• FUAV - AIH - ASTA
Presse professionnelle	• Theoros • Marketing Voyage	• Répertoire des voyages • Néo-restauration	• Meetings and Conventions • Advertising Age • International Tourism Quarterly
Chambre de commerce	• Montréal • Québec • Etc.	• CECOD	
Sociétés privées (agences de publicité, sociétés conseils)	• Entreprises conseils	• Scanner 3 (Interdéco) • Panels SECODIP	• Simmons Market Research Bureau USA • Horwath et Horwath
Organisations professionnelles		• CETO - CERED - ITA	• ESOMAR - TTRA - ICAA - PATA
Revues universitaires			• The Cornell Quarterly • The Journal of Travel Research Tourism Management
Organisations universitaires	• Centre d'étude du tourisme, Montréal • Institut du tourisme et de l'hôtellerie du Québec (ITHQ)	• CERAM - CHET	• Université d'Hawaï • Université du Colorado

— elles constituent un gain d'argent pour l'entreprise si les informations secondaires recueillies correspondent précisément aux informations recherchées.

Les sources d'informations primaires

Dans le cas où les sources d'informations secondaires ne peuvent répondre aux problèmes marketing de l'entreprise, il devient alors nécessaire de faire la collecte des informations directement auprès des consommateurs ou auprès d'autres répondants. Ces informations se définissent alors comme des informations primaires.

Il existe quatre méthodes pour recueillir des informations primaires, soit : l'observation, l'expérimentation, la simulation et l'enquête.

● *L'observation*

Cette méthode permet d'obtenir des informations auprès du consommateur sans qu'il y ait de contact direct avec ce dernier. Par exemple, son comportement pourra être observé à partir d'une caméra électronique dissimulée. La méthode d'observation a surtout été utilisée dans le domaine du commerce de détail (observation du comportement du client dans le magasin). Jusqu'à présent, elle n'a pas trouvé d'applications dans l'industrie touristique. Si cette méthode a comme principal avantage de mesurer objectivement le comportement du consommateur, elle ne permet pas directement de l'expliquer. Un autre exemple consiste à dresser une liste des différents numéros de département figurant sur les plaques d'immatriculation des voitures occupant le parking d'un hôtel pour déterminer la provenance géographique des clients. Cet exemple a comme inconvénient majeur d'être fastidieux.

● *L'expérimentation*

L'expérimentation permet de mesurer l'influence de variables dites indépendantes (niveau de prix, niveau de budget marketing) sur une variable dépendante — dite de traitement — (niveau des ventes) tout en contrôlant les éléments de l'environnement dont pourrait dépendre la variable dépendante. Le chercheur manipule alors les variables indépendantes dans un contexte qu'il contrôle. Il peut ainsi isoler l'effet des différentes variables sur la variable dépendante et expliquer les changements intervenus sur cette dernière.

Dans le domaine du tourisme, l'expérimentation trouve ses applications principales dans les tests de publicité directe et dans les tests de promotion des ventes. La méthode par expérimentation pourrait trouver une application intéressante chez les grossistes de voyages pour la conception de leurs brochures ou pour la définition de leurs actions de promotion des ventes auprès des agences de voyages[5].

De plus, les lecteurs intéressés par l'expérimentation en marketing pourront, dans les ouvrages de COX et ENIS[6], et de GREEN et TULL[7], trouver des informations plus précises sur les différents types d'expérimentation et leurs applications.

● *La simulation*

La simulation est une technique qui permet, à partir d'un modèle mathématique, de mesurer les effets de décisions marketing sur les ventes. La plupart de ces modèles sont prédictifs dans la mesure où ils estiment les ventes futures. Comme dans le cas de l'expérimentation, la simulation est une méthode qui est surtout utilisée dans le domaine des produits de grande consommation. Elle trouve peu d'applications dans le domaine du tourisme. On peut, néanmoins, citer l'utilisation des méthodes d'analyse conjointe par GREEN et DESARBOC[8].

● *L'enquête*

Cette méthode permet, d'une part, de recueillir plus d'informations que les autres techniques précédemment citées et, d'autre part, elle trouve des applications à la fois dans le domaine du tourisme et dans les autres secteurs d'activités. Nous nous attarderons donc plus spécialement dans ce chapitre à l'élaboration du plan d'enquête.

Le plan d'enquête

Les différentes étapes du plan d'enquête apparaissent à la figure 4-3. La définition du problème et des objectifs de la recherche ainsi que la formula-

5. WESTWOOD, D., T. LUNN et D. BEZALEY, *The Trade-Off Model and its Extensions*, Annual Conference of the British Market Research Society, mars 1974.

6. COX, K. et B. ENIS, *Experimentation for Marketing Decisions*, Marketing Research Series, Scranton, Penn., International Text Book Company, 1969.

7. GREEN, P.E. et D.S. TULL, *Recherches et décisions en marketing*, Presses universitaires de Grenoble, 1974.

8. GREEN, P.E. et H. DESARBOC, « Additive Decomposition of Perceptions Data via Conjoint Analysis », *Journal of Consumer Research*, volume 5, n° 1, juin 1978.

FIGURE 4-3   Les étapes du plan d'enquête

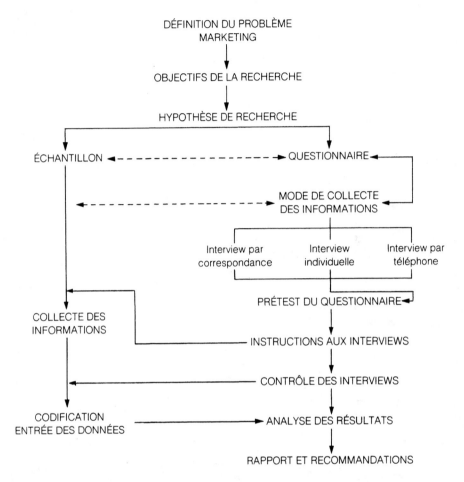

tion des hypothèses sont des étapes communes aux quatre méthodes (l'observation, l'expérimentation, la simulation, l'enquête). Dans ce chapitre, nous préciserons donc plus spécialement les points relatifs à l'élaboration du questionnaire, au plan d'échantillonnage, aux méthodes de collectes des informations et aux sources d'erreurs possibles dans une enquête.

L'élaboration du questionnaire

Le questionnaire est un instrument de recherche formalisé, permettant de recueillir des informations auprès de répondants. Si le questionnaire est généralement associé au terme « enquête », il est aussi fréquemment utilisé dans le cadre d'expérimentation. La fonction essentielle du questionnaire est

TABLEAU 4-5   Listes des principales variables utilisées dans la recherche marketing appliquées au tourisme

Variables socio-démographiques

L'âge
Le sexe
Le cycle de vie familiale   Les jeunes célibataires, les jeunes mariés sans enfant, les jeunes mariés avec enfants de moins de 6 ans ...

La catégorie socio-professionnelle   Les agriculteurs, les professionnels de professions libérales, les cadres moyens, les employés ...

Le niveau d'instruction   Niveaux primaire, secondaire, supérieur ...
Le revenu
La nationalité
Le lieu de naissance
Le statut marital

Variables de style de vie   Les activités, les centres d'intérêt, les opinions

Mesure du niveau de connaissance

La notoriété assistée
La notoriété prouvée
Le score de mémorisation

Mesure d'attitudes et d'opinions

L'attitude envers la destination
L'attitude envers la concurrence
L'attitude envers un nouveau produit
L'attitude envers une catégorie de produit
(hôtel ou location d'appartements)

Mesure de préférence

Le classement par ordre de préférence

Mesure du comportement

Le processus de décision d'achat
Le comportement futur
Le comportement passé
La méthode de paiement

d'être un instrument de mesure défini par un certain nombre de questions. Les principales variables marketing les plus couramment mesurées à partir d'un questionnaire sont représentées dans le tableau 4-5.

■ *La forme des questions*

Il est possible de distinguer deux grandes catégories de questions :

● *Les questions ouvertes*   Dans ce genre de questions, les réponses sont libres et le répondant n'est pas tenu de se conformer à un modèle de réponse préétabli. *Exemple :* Que pensez-vous du Maroc en tant que destination de vacances ?

● *Les questions fermées*   Dans cette catégorie de questions, le répondant est tenu de respecter les choix des réponses tels qu'ils sont formulés dans le questionnaire. *Exemple :* Quelle est votre impression générale concernant votre séjour en Bretagne ? (Entourez le chiffre correspondant.)

Très satisfaisante	5
Satisfaisante	4
Plus ou moins satisfaisante	3
Insatisfaisante	2
Très insatisfaisante	1

Les questions dites fermées prennent la forme de questions dichotomiques, d'échelles à intervalles, de choix multiples ou de rangs. Les avantages et les inconvénients liés à l'utilisation de chacune de ces formes de questions sont représentés dans le tableau 4-6.

■ *La procédure de l'élaboration du questionnaire*

S'il n'y a pas de questionnaire idéal, il existe, néanmoins, certaines règles à suivre lors de sa conception permettant ainsi de réduire le risque d'erreurs. D'une manière générale, ces règles doivent s'inspirer des conditions suivantes :

● Le questionnaire doit être élaboré en gardant présent à l'esprit le point de vue du répondant;

● Le questionnaire doit être préparé de telle façon qu'il puisse être utilisé et interprété de la même manière par les interviewers ;

● Toutes les instructions nécessaires à une bonne compréhension des questions posées doivent être données aux répondants.

TABLEAU 4-6   Les avantages et les inconvénients des différentes formes de questions

	AVANTAGES	INCONVÉNIENTS	EXEMPLES
QUESTION OUVERTE	• Donne une information plus riche ou complémentaire • Moins de risque d'ambiguïté dans la question	• Difficile à codifier • Perte de temps (interview) • Danger d'une interprétation ambiguë lors de la codification • Lenteur du dépouillement	• Quelles sont les améliorations à apporter ?
QUESTION FERMÉE a) Dichotomique (oui-non, vrai-faux)	• Bonne introduction pour une question filtre • Donne une réponse claire • Codification facilitée • Facile à répondre • Durée limitée (temps de réponse) • Demande peu de compétence de l'interviewer	• Force le répondant à faire un choix • Ne donne aucun détail • Manque de précision	• Êtes-vous allé aux « sports d'hiver » au cours de l'année 1986 ? Oui ☐ Non ☐
b) Choix multiple	• Le répondant n'est pas amené à choisir arbitrairement • Possibilité de donner toutes les alternatives • Facile à répondre • Facile à codifier et à analyser	• Nécessité de connaître toutes les alternatives • Difficile pour le répondant de faire un choix • Le choix peut avoir des significations différentes parmi les répondants • L'ordre des alternatives peut entraîner un risque d'erreur	• Si vous partiez le mois prochain aux États-Unis, quelle compagnie aérienne choisiriez-vous ? • TWA ☐ • PAN AM ☐ • AIR FRANCE ☐

	Avantages	Inconvénients	Exemple

c) Échelle à intervalles	• Permet de mesurer l'intensité de la perception du répondant vis-à-vis de l'objet
	• Facile à codifier et à analyser
		• Les intervalles n'ont pas forcément la même signification pour les répondants
		• Les répondants peuvent interpréter différemment les termes utilisés
		• Le type de question n'autorise que l'évaluation d'une seule marque dans la même question
			• Comment évaluez-vous la qualité de la restauration dans la chaîne d'hôtel ?
			  • Très bonne □
			  • Bonne □
			  • Moyenne □
			  • Faible □
			  • Très mauvaise □

d) Échelle de rang	• Facile à prétester
	• Donne une information rapide
		• Le classement ne reflète pas la situation d'achat
		• Impossibilité d'inclure trop de marques
		• Accroît le temps de réponse du répondant
			• Classez par ordre de préférence les chaînes d'hôtels suivantes :
			  • *Hyatt* □
			  • *Sheraton* □
			  • *Méridien* □
			  • *Hilton* □
			  • *Intercontinental* □

Le chargé d'études pourra plus précisément respecter les dix étapes suivantes dans l'élaboration du questionnaire, soit :

1) Se référer aux objectifs de l'étude et déterminer quelles sont les informations nécessaires pour atteindre ces objectifs. Les seules informations intéressantes à recueillir sont celles qui permettent d'atteindre les objectifs de la recherche. Fréquemment, la personne en charge du questionnaire travaille sans tenir compte de la nature des objectifs de la recherche ou sans chercher à savoir si telle information serait intéressante à recueillir. Cette approche aboutit généralement à des questionnaires trop longs ou incomplets.

2) Déterminer le type de questionnaire à utiliser. Il existe différentes catégories de questionnaire : direct ou indirect, structuré ou non structuré. Dans le cadre d'une enquête, la forme la plus utilisée est celle du questionnaire structuré et direct. Le répondant, dans ce cas, répond directement à l'interviewer à une liste de questions bien spécifiques.

3) Déterminer le contenu des questions individuelles en partant toujours du principe que ces questions doivent couvrir les informations exigées par l'étude. Éviter les questions susceptibles d'alourdir le questionnaire, c'est-à-dire celles qui se répètent.

4) Déterminer (après avoir écrit toutes les questions qui vous paraissent utiles) le type de questions à utiliser : questions ouvertes ou fermées, choix multiples, échelles à intervalles, etc.

5) Déterminer le choix des mots à l'intérieur des questions en respectant les règles suivantes :
   — élaborer des questions courtes ;
   — utiliser des mots simples, éviter les mots ambigus et difficiles à interpréter ;
   — éviter les questions embarrassantes pour le répondant ;
   — utiliser des mots en adéquation avec les niveaux d'instruction, de connaissance et d'expérience du répondant ;
   — éviter de formuler des questions qui, en fait, en comportent plusieurs ;
   — respecter les règles grammaticales ;
   — énoncer les questions de manière directe.

6) Décider l'ordre des questions à privilégier et rédiger le questionnaire initial. L'ordre des questions doit aider le répondant à maintenir un certain niveau d'intérêt. C'est ainsi qu'il convient :
   — de commencer votre questionnaire par une question simple et intéressante ;
   — de le terminer par les questions les plus difficiles et par les renseignements signalétiques ;

— d'ordonner les questions du général au particulier.

La séquence des différentes questions doit éviter la confusion et faciliter la réflexion du répondant. De cette manière, la durée de l'interview pourra être réduite et le travail du répondant et de l'interviewer facilité.

7) Déterminer la mise en page du questionnaire. Le questionnaire est un outil de communication, sa présentation doit donc être attirante, claire et soignée. Cela est particulièrement vrai dans le cadre d'interviews par correspondance.

8) Prétester le questionnaire initial. Le prétest a pour objectif de vérifier la compréhension du questionnaire par les répondants. Il doit permettre de modifier le choix des mots utilisés, l'ordre des questions ou les échelles de mesure, cela afin d'éviter toutes les erreurs d'interprétation des répondants. Dans le prétest, il est bien sûr nécessaire d'administrer le questionnaire à un échantillon réduit (moins de 30 personnes) représentatif de la population visée par l'étude.

9) Réviser et développer le questionnaire final. Ce dernier peut ensuite être rédigé en tenant compte des résultats du prétest. Il pourra se composer de trois parties : une présentation, une partie consacrée aux données spécifiques de l'étude et une troisième partie signalétique. La phase de présentation pourra inclure :

— le nom de l'interviewer ;

— le nom de la société au compte de qui l'étude est menée (sauf circonstances particulières) ;

— le but de l'étude ;

— la manière dont elle peut résoudre les problèmes de l'éventuel répondant.

10) Formuler les instructions aux interviewers. La phase d'interview peut être considérée, à juste titre, comme la clef de réussite d'une bonne recherche. Il est donc nécessaire de consacrer du temps à la formation et à l'entraînement des interviewers. Pour chaque enquête, une séance d'information devra permettre d'informer les interviewers sur les objectifs de l'étude, sur le plan de l'échantillonnage et de vérifier qu'ils ont eux-mêmes bien compris le questionnaire. Des instructions écrites pourront leur être remises dans le but de préciser la manière dont l'interview doit être conduite, la méthode de sélection des répondants, le sens de chacune des questions ainsi que la méthode utilisée pour enregistrer les réponses. De cette façon, ces instructions permettent d'uniformiser la méthode d'interview pour l'ensemble des interviewers.

La procédure d'échantillonnage

La procédure d'échantillonnage, ou plan de sondage, est une étape complexe du plan d'enquête. Elle s'effectue avec beaucoup de rigueur, en faisant appel aux méthodes statistiques, mais elle doit aussi faire appel à beaucoup d'imagination, car le chargé d'études doit tenir compte des contraintes spécifiques de l'enquête (budget limité, manque de temps, etc.).

Cette procédure peut se subdiviser en six étapes, soit :

1) la définition de la population ;

2) la détermination de la base de l'échantillonnage ;

3) la détermination de la méthode de l'échantillonnage ;

4) la détermination de la taille de l'échantillon ;

5) la détermination du plan de sondage ;

6) la sélection de l'échantillon.

■ *La définition de la population*

La première étape du processus d'échantillonnage consiste à définir la population à partir de laquelle l'échantillon sera sélectionné. Cette population, parfois appelée « univers », doit être définie dans le temps et dans l'espace. Ainsi, quatre caractéristiques peuvent être utilisées pour définir une population, soit :

• *L'élément*   C'est une unité de la population dans laquelle l'information va être recueillie.

• *L'unité de sondage*   C'est l'unité selon laquelle repose la méthode d'échantillonnage (ménages, sociétés, quartiers). Une unité de sondage peut contenir un ou plusieurs éléments.

• *L'espace*   Ce sont les conditions restrictives de la définition de l'élément (géographique ou autre).

• *La période*   C'est la période de référence qui caractérise l'objet de l'étude.

Nous illustrerons par deux exemples la définition d'une population à partir de ces quatre caractéristiques. Le premier exemple concerne l'image d'un grossiste de voyages auprès d'agences de voyages allemandes :

— *L'élément :* agents de comptoir ;

— *L'unité de sondage :* dans une agence de voyages ;

— *L'espace :* en Allemagne ;

— *La période :* au cours de l'année 1986.

Le deuxième exemple concerne une étude dont l'objectif est d'identifier les besoins des hommes d'affaires en matière d'hébergement lors de leurs voyages nationaux. La population pourra se définir ainsi :

— *L'élément :* cadres supérieurs ;

— *L'unité de sondage :* entreprises de plus de *x* salariés ;

— *L'espace :* ayant eu une activité d'exportation dans les pays suivants ... ;

— *La période :* au cours des trois dernières années.

Parfois, il est extrêmement difficile de définir la population, en particulier, lorsqu'il n'est pas possible, *a priori,* d'identifier le rôle de chacun des membres de la famille dans le processus d'achat. Dans ce cas, une préenquête peut être nécessaire pour obtenir une définition précise de la population.

■ La détermination de la base de sondage

La base de sondage correspond à la liste exhaustive des éléments de la population. Cette liste peut être un annuaire téléphonique, un annuaire professionnel contenant les coordonnées de l'ensemble des entreprises. Également, la base de sondage peut être une carte géographique représentant les quartiers, les immeubles d'habitation ou les intersections. Lorsque la liste de la population existe, la sélection de l'échantillon est simplifiée, car il est possible d'utiliser une table de nombres aléatoires.

Par ailleurs, il arrive fréquemment que cette liste n'existe pas et la désignation de l'échantillon devient plus délicate. Toutefois, il est possible de répartir les enquêteurs par hasard dans une ville, tout en leur donnant des instructions précises concernant la manière de sélectionner les répondants. Cette méthode n'a pas le caractère parfaitement aléatoire d'une sélection de l'échantillon à partir d'une liste exhaustive de la population.

■ La détermination de la méthode d'échantillonnage

Les principales méthodes d'échantillonnage sont présentées au tableau 4-7. Ces méthodes peuvent se distinguer en fonction de la sélection aléatoire ou non aléatoire des éléments de la population. Ainsi, la méthode aléatoire se caractérise par une sélection au hasard des éléments de la population. La probabilité que l'élément appartienne à l'échantillon est alors connue. Par contre, dans la méthode non aléatoire les éléments sont sélectionnés à partir de règles prédéterminées. Ainsi donc, le choix entre un échantillon probabiliste ou un échantillon non aléatoire dépendra :

— de la valeur des informations données par l'étude ;

— de la précision exigée ;

— du risque financier d'une mauvaise décision à partir des informations obtenues ;

— de l'homogénéité ou de l'hétérogénéité de la population ;

— de l'existence d'une liste exhaustive des éléments de la population.

Si cette société décide, avant de réaliser un investissement important, de mener une étude de faisabilité destinée à estimer la demande future, elle aura intérêt, dans le cas d'une enquête, à utiliser un échantillon aléatoire, et ce, parce que la décision prise à partir des résultats de l'étude représente un risque financier important. Si, par contre, une station de ski souhaite mener une enquête destinée à identifier pour quelles raisons les skieurs sélectionnent la station, elle pourra alors utiliser un échantillon empirique.

TABLEAU 4-7   Les méthodes d'échantillonnage

Méthode aléatoire ou probabiliste	Méthode non aléatoire ou empirique
Échantillonnage aléatoire simple	Méthode des itinéraires
Échantillonnage à plusieurs degrés	Échantillonnage par commodité
Échantillonnage aléatoire systématique	Échantillonnage par quota
Échantillonnage stratifié	
Échantillonnage en grappes (*cluster analysis*)	

Les méthodes aléatoires ou probabilistes

● *L'échantillonnage aléatoire simple*

Dans l'échantillonnage aléatoire simple, chaque élément de la population a la même probabilité d'être sélectionné. Une station de ski désirant connaître le profil de sa clientèle décide de réaliser une étude. Elle dispose d'un fichier client composé de 3000 noms. On attribue à chaque client un numéro de code allant de 0001 à 3000. La taille de l'échantillon souhaitée pour cette étude est de 300 individus. Pour sélectionner aléatoirement les 300 répondants, on peut faire appel à une table de nombres au hasard, tirer 300 numéros et retenir dans l'échantillon les éléments correspondant aux numéros tirés.

Cette méthode d'échantillonnage suppose l'existence d'une liste exhaustive des éléments de la population, ce qui est peu fréquent dans la réalité. Elle a pour principal avantage de permettre l'estimation de la valeur d'une variable dans la population à partir de la valeur observée dans l'échantillon et de calculer un intervalle de confiance.

● *L'échantillonnage à plusieurs degrés*

Dans cette méthode, l'échantillon est extrait de la population en deux niveaux de tirage. Supposons que l'on veuille réaliser une étude auprès des agences de voyages françaises. On peut sélectionner l'échantillon de la manière suivante :

— tirer de manière aléatoire un certain nombre de villes françaises de plus de x habitants,

— à partir de ce tirage, on établit alors une liste d'agences de voyages situées dans les villes sélectionnées et on procède à un nouveau tirage pour déterminer les agences qui feraient partie de l'échantillon.

● *L'échantillonnage aléatoire systématique*

Cette méthode suppose une liste exhaustive des éléments de la population et une procédure systématique de sélection des éléments.

Pour illustrer cette approche, prenons l'exemple d'un complexe multi-loisirs situé dans une ville qui désire réaliser une étude de perception par l'intermédiaire d'une enquête téléphonique auprès de 200 habitants. On ne tiendra pas compte, dans cet exemple, du problème de la représentativité des abonnés par rapport à la population de la ville. La procédure utilisée pourra être celle qui suit : à partir de l'annuaire téléphonique de la ville, on choisit aléatoirement une page x, puis on sélectionne dans la première colonne de la page le dixième nom d'abonné, le quinzième, le vingtième, le vingt-cinquième, le trentième. On répète cette procédure pour la deuxième et la troisième colonnes. On retire ensuite aléatoirement une nouvelle page et on recommence la procédure de sélection jusqu'au deux centième nom. Si, par hasard, le numéro sélectionné correspond à un nom de société, on sélectionne le numéro personnel de l'abonné qui précède le numéro de société. Cette méthode a pour avantage d'être simple.

● *L'échantillonnage aléatoire stratifié*

Dans les méthodes précédentes, aucune attention n'était portée aux caractéristiques de la population. Dans l'échantillonnage aléatoire stratifié, la population est découpée en strates (catégories) et chaque strate est considérée ensuite comme une population particulière. Les éléments sont alors tirés aléatoirement dans chaque strate pour obtenir l'échantillon final. Le nombre des personnes interrogées dans l'échantillon pourra être défini proportionnellement à leur répartition dans la population. Par exemple, si on considère la population d'un pays en fonction de l'âge des habitants, il est possible de définir l'échantillon de la manière suivante :

Âge	Répartition nationale (en %)	Répartition dans l'échantillon
15 – 24 ans	19	190
25 – 34	20	200
35 – 49	27	270
50 – 64	18	180
65 et plus	16	160
		$n = 1\ 000$

Le choix d'une caractéristique pour stratifier la population est fonction de la nature de l'étude. Généralement, ce sont les variables socio-démographiques (âge, sexe, catégorie socio-professionnelle, revenus, etc.) qui sont les plus fréquemment utilisées. Dans certains cas, la répartition n'est pas proportionnelle ; le chercheur peut en effet volontairement « sur représenter » une strate particulière dans son échantillon. La méthode de l'échantillonnage stratifié suppose l'existence d'une liste des éléments de la population et la possibilité d'identification de ces éléments à partir d'une ou plusieurs caractéristiques.

● *L'échantillonnage en grappes (cluster analysis)*

L'échantillonnage en grappes se différencie des méthodes précédentes dans la mesure où cette technique ne sélectionne pas individuellement des éléments de la population, mais des groupes d'individus. La population est divisée en petits groupes et ces groupes sont ensuite sélectionnés de manière aléatoire pour constituer l'échantillon.

Dans le cadre d'une étude portant sur la population d'une ville, il est possible de partager la ville en un certain nombre de quartiers et de découper les quartiers par immeubles d'habitation. La procédure d'échantillonnage pourra alors être la suivante :

— tirer aléatoirement *n* quartiers qui feront l'objet de l'enquête ;

— à partir des quartiers sélectionnés tirer de manière probabiliste les *n* immeubles d'habitation ;

— sélectionner dans les immeubles d'habitation *n* individus qui constitueront l'échantillon final.

Les méthodes non aléatoires ou empiriques

Les différentes méthodes aléatoires que nous avons présentées supposaient l'existence d'une base de sondage à partir de laquelle on pouvait tirer aléatoirement un échantillon. Or, dans la plupart des cas, on ne dispose pas de base de sondage ; on a alors recours à des approches empiriques qui se caractérisent par une sélection non aléatoire de l'échantillon. Les éléments sont sélectionnés par le chargé d'étude.

● *L'échantillonnage par quota*

Le postulat sur lequel repose cette méthode est le suivant : si l'échantillon reproduit fidèlement certaines caractéristiques de la population (âge, sexe, catégorie socio-professionnelle), il sera alors « représentatif » même pour d'autres caractéristiques faisant l'objet de l'étude. Il est nécessaire d'avoir initialement la répartition de la population en fonction des critères de l'*INSEE* ou de *Statistique Canada*. On impose alors à l'enquêteur d'interroger pour chacune des caractéristiques un nombre déterminé de personnes (voir tableau 4-8).

TABLEAU 4-8   Feuille de quotas remise à l'enquêteur

ENQUÊTEUR n° ...			
Nombre d'interviews à faire	100		
Sexe de l'interviewé(e)			
Homme	48		
Femme	52		
Âge de l'interviewé(e)			
18 à 34 ans	28 dont	13 H	15 F
35 à 49 ans	30	14	16
50 à 64 ans	24	11	13
65 ans et plus	18	10	8
Catégorie socio-professionnelle			
Agriculteurs	8 dont	4 H	4 F
Commerçants			
Artisans	10	6	4
Cadres et professions libérales	12	6	6
Cadres moyens	16	7	9
Employés	22	10	12
Ouvriers	20	12	8
Inactifs	12	9	3

Cette méthode est similaire dans son principe à l'échantillonnage aléatoire stratifié. Mais comme il n'existe pas de liste exhaustive de la population, les répondants ne sont pas sélectionnés aléatoirement. Le choix du répondant est laissé à l'enquêteur.

● *L'échantillonnage par commodité*

Lorsque l'enquêteur est au début de son enquête, il n'a aucun problème à sélectionner les répondants. C'est lorsque certains quotas sont atteints que la sélection des personnes sera plus longue. La méthode d'échantillonnage par quota est celle qui est la plus couramment utilisée par les sociétés d'études marketing pour des raisons pratiques et financières. Elle demande néanmoins certaines précautions telles que :

— le choix des critères ou caractéristiques qui permettrait de fixer la répartition à obtenir dans l'échantillon doit être bien étudié en fonction du problème traité ;
— le contrôle des enquêteurs devra être strictement réalisé car, dans cette méthode, l'enquêteur pourra être encouragé en fin d'échantillon à choisir des solutions de facilité pour atteindre ces quotas (sélectionner des personnes de son entourage).

Dans cette méthode, les éléments de la population sont sélectionnés sur le principe d'une plus grande accessibilité. Les informations recherchées n'exigent pas une grande précision et le chercheur va privilégier une méthode qui lui permettra de sélectionner facilement l'échantillon. L'échantillon de commodité est fréquemment utilisé dans des recherches exploratoires lors de prétest de questionnaire ou de prétest de messages publicitaires par des agences. On sélectionne alors un nombre limité de personnes qui se caractérisent par leur accessibilité (personnes travaillant dans l'entreprise ou dans un proche voisinage). Il est évident que cette méthode est la plus sujette à des erreurs d'échantillonnage et, par conséquent, à des interprétations erronées.

● *La méthode des itinéraires*

Dans cette méthode empirique, on essaye de se rapprocher du tirage aléatoire en demandant à l'enquêteur de suivre une approche systématique dans la sélection des foyers : il commencera dans une rue par le numéro 2 puis par les numéros 5, 8, dans chaque immeuble il interrogera un foyer, etc.

■ *La détermination de la taille de l'échantillon*

Les méthodes permettant de déterminer la taille de l'échantillon diffèrent selon que l'échantillon est probabiliste ou empirique. Il est important de préciser que seules les méthodes aléatoires permettent de mesurer l'erreur d'échantillonnage. En règle générale, la taille de l'échantillon sera influencée par la précision statistique exigée et par le coût associé à l'étude.

● *Cas d'un échantillon aléatoire simple (probabiliste)*

Dans ce cas, on doit estimer une moyenne, soit plus particulièrement « une estimation de la durée moyenne des séjours pour les vacances ». Il existe une méthode spécifique à l'estimation de pourcentages, les lecteurs intéressés pourront consulter les ouvrages spécialisés sur la théorie des sondages de DESABIE[9] et de DE ROUX[10].

x la durée moyenne de séjour de l'échantillon

X la durée moyenne de séjour de la population

$X - x$ l'erreur d'échantillonnage

L'intervalle de confiance représente la probabilité que la vraie moyenne X se situe dans un intervalle déterminé. Généralement, en marketing, on retient un seuil de confiance de 95 %. Si, à l'intérieur de la population, nous prélevons un certain nombre d'échantillons, la distribution d'échantillonnage d'un paramètre (moyenne de la durée de séjour) possède les caractéristiques suivantes :

— La moyenne d'échantillon est distribuée normalement :

$$\frac{x_1 + x_2 + x_3 + ... + x_j}{j} = X$$

— L'écart-type de la moyenne d'échantillon x est égal au rapport entre l'écart-type dans l'échantillon et la racine carrée de la taille de l'échantillon.

$$S\overline{x} = \frac{S}{\sqrt{n}}$$

9. DESABIE, J. et A.M. DUSSAIX, *Théorie et pratique des sondages*, Paris, Dunod, 1966.

10. DE ROUX, G. et A.M. DUSSAIX, *Pratique et analyse des enquêtes par sondage*, P.U.F., 1980.

L'intervalle dans lequel se trouve la vraie moyenne se situe :

$$x \pm Z \frac{S}{\sqrt{n}}$$

où Z = constante (tirée d'une table normale) qui dépend du niveau de confiance exigé.

Pour un niveau de confiance de 95 % Z = 1,96.

Pour déterminer la taille de l'échantillon, il faut décider l'erreur tolérée $(x - X)$. L'erreur tolérée dépendra bien sûr des objectifs de l'étude et du coût associé à une plus grande précision.

$$\bar{X} - \bar{x} = Z \frac{S}{\sqrt{n}}$$

$$n = \frac{Z^2 S^2}{\bar{X} - \bar{x}^2}$$

Pour calculer la taille de l'échantillon n nécessaire pour une erreur tolérée $(x - X)$, il faut estimer l'écart-type soit par un prétest, soit en utilisant des résultats des études précédentes. Supposons, dans notre exemple, que nous souhaitions calculer la durée moyenne de séjour à 0,5 jour et que le seuil de confiance exigé serait de 95 %.

$X - x = 0,5$

$Z\alpha$ (pour α = 0,95) = 1,96

Par un prétest auprès de 30 vacanciers, nous avons pu observer que l'écart-type égale 3,94.

La taille d'échantillon nécessaire pour que notre marge d'erreur ne dépasse 0,5 jour pour une probabilité de 95 % sera :

$$n = \frac{Z^2 S^2}{(\bar{x} - \bar{x})^2} = \frac{(1,96)^2 (3,94)^2}{(0,5)^2} = 238$$

Il faudra alors interroger 238 personnes.

La méthode que nous avons vue précédemment correspondait à l'estimation d'une moyenne. Lorsqu'il s'agit de pourcentage, la formule permettant de déterminer la taille de l'échantillon est :

$$n = \frac{Z^2\, P\,(1{,}0\ -\ P)}{(p\ -\ P)^2}$$

dans lequel

Z = la constante tirée d'une table normale

p = la valeur estimée dans un prétest de la variable exprimée en pourcentage de l'échantillon

P = la valeur réelle de la variable dans la population

$p - P$ = l'erreur tolérée

La figure 4-4 montre comment après avoir estimé P il est possible de déterminer la taille de l'échantillon nécessaire pour une marge d'erreur autorisée au seuil de confiance de 95 %. Si P égale 45 % et que la marge d'erreur autorisée est de plus ou moins 5 %, la taille de l'échantillon devra être de 380.

● *Cas d'un échantillon non aléatoire (empirique)*

La théorie des sondages ne s'applique que dans le cas de sondages aléatoires. La décision concernant la taille d'un échantillon non aléatoire est déterminée de manière subjective. Généralement, la contrainte budgétaire est le facteur principal dans le choix de la taille de l'échantillon. Les sociétés de recherche en marketing ont élaboré des monographes qui permettent de lire directement la taille de l'échantillon plutôt que de la calculer. La figure 4-4 permet de lire la taille de l'échantillon dans le cas de l'estimation d'un pourcentage.

Supposons que la valeur de p soit estimée à 45 % et que la marge d'erreur autorisée soit de 5 % avec un intervalle de confiance de 95 %. Il suffit de tracer une ligne entre la valeur de P à 45 % et la valeur de l'erreur autorisée à 5 %. Cette ligne coupe la ligne correspondant à la taille de l'échantillon à n égale 400.

■ **La spécification de plan de sondage**

Cette étape se traduit par une spécification des procédures opérationnelles qui mènent à la sélection des éléments de l'échantillon. Il s'agit là de préciser aux enquêteurs comment chaque décision concernant le plan d'échantillonnage devra être mise en œuvre. Ces précisions pourront être contenues dans un manuel dans lequel seront indiqués tous les cas de figures auxquels l'enquêteur pourra être confronté. Par exemple : que faire lorsqu'un ménage préalablement sélectionné est absent ? Quelles sont les procédures de rappel ? Ce manuel pourra être utilisé pour la formation et le contrôle des enquêteurs.

FIGURE 4-4   Monographe pour déterminer la taille d'un échantillon aléatoire
simple dans le cas de l'estimation d'une variable exprimée
en pourcentage

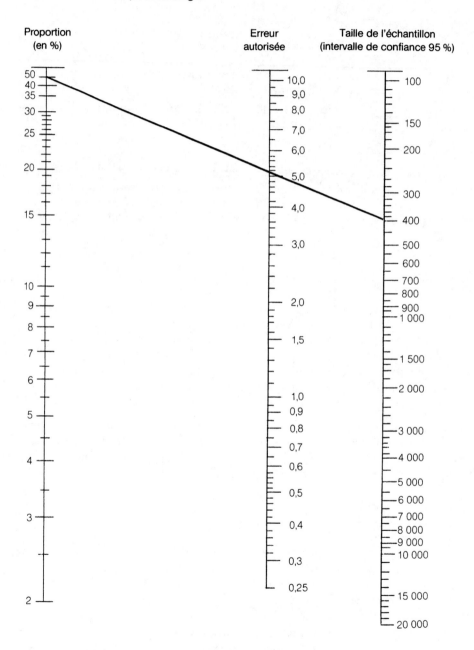

*Source : **Rapport**,* New York, Audits and Surveys Inc., 1975.

La méthode de collecte des informations

Dans le cadre d'une enquête marketing, le questionnaire peut être administré à partir de trois méthodes soit par correspondance, soit par interview individuelle ou par téléphone.

Nous examinerons les avantages et les inconvénients liés à chacune de ces méthodes.

■ *L'interview par correspondance*

Dans l'interview par correspondance, le questionnaire est adressé par voie postale et accompagné d'une lettre explicative à un échantillon d'individus généralement sélectionné à partir d'un fichier.

Les avantages de cette méthode ont trait au coût réduit par répondant. Elle permet de toucher un échantillon plus vaste et, dans la mesure où il n'y a pas de relation entre l'enquêteur et le répondant, elle autorise plus de confidentialité. D'autre part, la gestion de l'enquête est simplifiée, car il n'existe ni recrutement ni formation des enquêteurs.

Un certain nombre de facteurs peuvent influencer le taux de retour des questionnaires dans une enquête par correspondance :

● Notification à l'avance ;
● Promesse d'anonymat ;
● Notification de l'importance de la participation ;
● Personnalisation de la lettre ;
● Notification de la date du délai de remise ;
● Utilisation de primes à l'achat (*incentives*) ;
● Apparence du questionnaire ;
● Longueur du questionnaire ;
● Type d'affranchissement ;
● Identité de la société réalisant l'enquête.

Les inconvénients de cette méthode concernent la durée nécessaire à la réalisation de l'étude, au manque de certitude de l'identité du répondant, au taux de retour généralement faible et au taux élevé de questionnaires non complétés. D'autre part, la non-présence d'un enquêteur augmente le risque d'incompréhension du questionnaire et le risque de consultations extérieures.

Il est également permis de penser que le profil des non-répondants peut être, dans certains cas, différent de celui des personnes ayant effectivement répondu.

■ *L'interview individuelle*

C'est une méthode où l'enquêteur est en présence du répondant. L'interview peut se dérouler au domicile du répondant, dans la rue ou dans un centre commercial. L'interview individuelle est la méthode de collecte d'informations la plus flexible. Parmi les avantages, elle permet d'accroître l'intérêt du répondant ainsi que sa compréhension des questions, de même que d'utiliser des outils plus complexes (échelles d'attitudes, techniques projectives, et autres). Elle permet aussi à l'enquêteur d'être très sélectif quant à la définition de l'échantillon et d'obtenir ainsi un taux élevé de questionnaires complétés.

Les inconvénients de l'interview individuelle sont liés au coût élevé de la méthode. Le coût par interview varie selon la complexité de l'étude mais cette méthode reste de loin la plus coûteuse.

La présence de l'enquêteur a aussi ses inconvénients, car ce dernier peut influencer le répondant. Ce risque nécessite des actions de formation et de contrôle des enquêteurs ce qui rend plus complexe la gestion administrative de l'étude. L'interview individuelle est une méthode qui est aussi fortement consommatrice de temps.

■ *L'interview par téléphone*

Le taux élevé de ménages équipés d'un téléphone permet aujourd'hui une utilisation plus fréquente du téléphone pour la collecte des informations marketing.

Les principaux *avantages* de l'enquête téléphonique concernent la rapidité de la méthode, le faible coût par répondant et son caractère sélectif (sélection des répondants en fonction de l'échantillon). Le téléphone permet de conserver un certain anonymat dans la mesure où l'enquêteur n'est pas là en personne.

Parmi les avantages, il faut aussi noter l'utilisation de plus en plus fréquente des « vidéo questionnaires ». L'enquêteur lit le questionnaire au répondant à partir d'un écran cathodique et il inscrit immédiatement les réponses du répondant. Ainsi, la collecte et la saisie des données sont simultanées, ce qui diminue à la fois la durée de l'étude et le risque d'erreurs lié à une mauvaise codification ou à une mauvaise saisie des données.

Parmi les *inconvénients* de cette méthode, il faut citer :

— les heures d'interviews spécifiques à cette méthode ;

— l'impossibilité d'utiliser des supports visuels ou des échelles d'attitudes complexes ;

— la durée limitée de l'enquête (moins de 15 minutes) qui nécessite un questionnaire structuré et court.

En effet, l'enquête téléphonique est limitée par rapport au volume d'informations qu'elle permet de recueillir. Pour obtenir un échantillon représentatif de la population, il est nécessaire d'appeler après 18 h 30. Dans le cas contraire, l'échantillon risquerait d'être composé principalement de personnes n'appartenant pas à la population active.

Dans certaines enquêtes marketing, il est difficile d'atteindre les personnes qui font partie de l'échantillon parce que ces dernières sont peu disponibles. C'est le cas par exemple d'une enquête auprès des agences de voyages dont l'échantillon est constitué d'agents de comptoir. Afin d'augmenter le taux de non-refus de participer à l'enquête, il est possible de combiner les trois méthodes de collecte (interview individuelle, par téléphone, par correspondance). Le schéma ci-dessous présente différentes possibilités d'augmenter le nombre de questionnaires complétés.

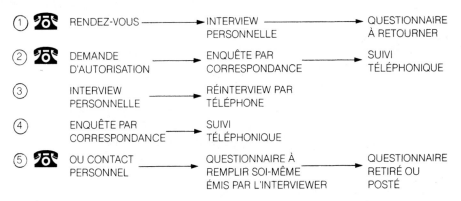

Les sources d'erreurs possibles dans l'enquête

Nous avons vu précédemment que l'enquête contrairement aux autres méthodes de recherche (l'observation, l'expérimentation) permet de recueillir plus d'informations. Mais les résultats d'une enquête ne peuvent être interprétés sans une connaissance des risques d'erreurs qui peuvent apparaître à tout moment dans le plan d'enquête. Il est possible de classer les sources d'erreurs relatives à l'enquête selon trois catégories.

● *L'erreur d'échantillonnage*

Nous avons examiné l'erreur d'échantillonnage dans une section précédente en précisant qu'elle ne pouvait être estimée que si l'échantillon avait été sélectionné de manière aléatoire.

● *Les erreurs qui incombent aux répondants*

Elles proviennent de l'impossibilité de certains éléments de l'échantillon à donner une information suffisante soit parce qu'ils refusent de répondre au questionnaire, soit parce qu'ils sont dans l'incapacité de formuler une réponse, ou encore parce que la question telle qu'elle est formulée est ambiguë.

Un nombre élevé de personnes refusent de participer parce qu'elles estiment que l'enquête est une intrusion dans leur vie privée ou parce qu'elles suspectent l'enquêteur d'être un démarcheur.

Certains répondants peuvent ne pas connaître la réponse à une question soit parce qu'ils ignorent la réponse, soit parce qu'ils l'ont oubliée. Par exemple : *En 1986, quel est le budget que vous avez consacré à vos vacances d'été ?* Il paraît évident que ce type de question doit être posé dans un délai très court après les vacances sans quoi le répondant pourra être dans l'incapacité de répondre correctement.

La recherche du prestige de la part du répondant à l'égard de l'enquêteur est également un facteur qui peut influencer ses réponses. C'est particulièrement le cas pour les questions relatives au revenu ou au statut social ou professionnel du répondant.

● *Les erreurs qui incombent à l'enquêteur*

Les risques d'erreurs dus à l'enquêteur varient en fonction des caractéristiques personnelles de l'enquêteur, de son expérience professionnelle, du style d'interview et de sa motivation. Généralement, l'enquêteur travaille à mi-temps et sa rémunération reste limitée. Son attitude professionnelle lors de sa rencontre avec le répondant aura donc un effet majeur sur l'intérêt qu'il pourra susciter auprès des répondants.

L'interaction entre l'enquêteur et le répondant reste une source d'erreur fréquente non seulement dans le cas où l'enquêteur influence indirectement la nature des réponses, mais également par sa présentation personnelle, son style, son âge, et autres. Les erreurs dues à une mauvaise interprétation ou à une mauvaise transcription des réponses sont aussi directement imputables à l'enquêteur. Ce type d'erreurs est plus fréquent lorsque le questionnaire comporte un grand nombre de questions ouvertes.

Enfin, les possibilités de fraude par l'enquêteur ne peuvent pas non plus être ignorées et nécessitent un contrôle systématique. On pourra vérifier sur un pourcentage de l'échantillon (10 %) si les répondants ont été effectivement interrogés. Ce contrôle doit être précédé par une sélection rigoureuse des enquêteurs et par des activités de formation qui leur permettront de maintenir un bon niveau de professionnalisme.

La codification et le traitement des données

La dernière étape de l'enquête avant l'analyse des résultats concerne le traitement informatique des questionnaires. Cette étape peut se diviser en quatre phases successives.

L'édition   Les réponses aux questionnaires sont revues, questionnaire par questionnaire, en identifiant les réponses ambiguës ou incohérentes, celles qui ont été mal transcrites. Ainsi, certains questionnaires pourront être retirés de l'étude.

La codification   Il s'agit dans cette phase d'attribuer des valeurs numériques aux réponses. Les questions ouvertes donnent lieu à une analyse de contenu qui aboutit à une codification.

La saisie   Les questionnaires retenus dans l'étude étant codifiés, ils peuvent être mis sur informatique. La saisie réalisée, il est souvent nécessaire d'imprimer la matrice des données originales pour vérifier les erreurs de codification ou de saisie.

Le choix de programmes statistiques   En fonction des objectifs de l'étude, il prévoit les logiciels à utiliser et particulièrement les outils statistiques nécessaires. Généralement, le premier traitement donne lieu à une analyse descriptive (fréquence ou moyenne). Cette analyse permet d'ailleurs de faire une nouvelle vérification. Lorsque l'analyse des fréquences ou des moyennes est réalisée, il est possible d'utiliser d'autres outils d'analyse binaire ou multivarié. Les lecteurs intéressés par les outils de traitement de données pourront consulter particulièrement le livre de PERRIEN, CHÉRON et ZINS[11].

CONCLUSION

La recherche s'appuie sur un processus scientifique et sur un ensemble de techniques de mesure et d'analyse fiables permettant au preneur de décision de se baser sur des informations précises et justes.

Toutefois, ces techniques ne doivent pas prédominer l'objectif qu'elles doivent atteindre, à savoir : donner de l'information qui permette d'identifier des solutions et des décisions à prendre pour la résolution de problèmes de marketing. D'autre part, ces techniques ne peuvent pas en elles-mêmes résoudre un problème non défini, ni indiquer clairement et sans équivoque une ligne d'action unique. Elles ne doivent donc pas être un écran chiffré derrière lequel le preneur de décision peut se réfugier et se soustraire à ses responsabilités.

Dans le chapitre 5, nous aborderons la partie décisionnelle. Après avoir analysé le concept de produit touristique, nous traiterons des décisions relatives à la gestion marketing des produits touristiques.

---

11. PERRIEN, J., E.J. CHÉRON et M. ZINS, *Recherche en marketing : méthodes et décisions*, Chicoutimi, Gaëtan Morin éditeur, 1984.

Chapitre 5

La stratégie du produit

LE CONCEPT DU PRODUIT
Définition
Les spécificités du produit touristique
Les éléments de base du produit touristique
Le mix du produit
Le produit comme ensemble de bénéfices
L'éventail des produits touristiques
Le concept de cycle de vie du produit

LA GESTION DU PRODUIT TOURISTIQUE
Définition
Le produit comme variable stratégique
Les décisions relatives aux produits

LE DÉVELOPPEMENT DE NOUVEAUX PRODUITS
La recherche d'idées de produits
Le filtrage des idées
Le test du concept
L'analyse commerciale
Le développement du produit
Le test du marché
Le processus d'adoption
La diffusion des innovations

CONCLUSION

* * *

LE CONCEPT DU PRODUIT

Définition

De toute évidence, le produit est l'élément central du marketing touristique, car il incarne l'offre qui est faite au touriste, présent ou potentiel, afin que celui-ci puisse satisfaire ses besoins et ses désirs. Cependant, le concept de produit a besoin d'être défini de façon particulière dans le contexte du tourisme. Ainsi, une définition que l'on peut qualifier d'intéressante est celle qui présente un produit comme un ensemble d'éléments, tangibles et intangibles, qui procurent certains « bénéfices » recherchés par un ou plusieurs clients donnés.

Dans cette démarche, qui convient parfaitement au domaine touristique, un produit se définit donc par rapport à ce qu'il offre à un ou plusieurs clients donnés ou, de façon plus opérationnelle, à des marchés cibles particuliers.

Les caractéristiques géographiques (plage, montagne, chute, climat, espace naturel) de même que l'infrastructure touristique (hôtel, restaurant, liaison aérienne) ne font pas en soi un produit touristique. Mais une savante combinaison de ces éléments, si elle est conçue pour offrir à un marché cible donné une satisfaction particulière, aboutira à la conception d'un produit.

Une définition, qui se veut aussi large que possible, a été formulée par KOTLER et TURNER[1] :

Un produit est tout ce qui peut être offert à l'attention, l'acquisition, l'utilisation ou la consommation d'un marché ; cela comprend les objets physiques, les sciences, les personnalités, les lieux, les organisations et des idées.

En règle générale, on distingue trois niveaux dans la conception d'un produit, soit :

— le *produit central ou essentiel* répond à la question : Qu'est-ce que l'acheteur désire véritablement obtenir ?

— le *produit formel* correspond au produit tel qu'il apparaît au moment de l'achat ou du choix ;

— le *produit élargi* comprend l'ensemble des éléments qui touchent le consommateur.

● *Le produit essentiel*

En ce qui concerne le produit essentiel, il constitue le cœur de l'offre faite au touriste ou au client. C'est un concept de produit qui pourrait être défini en une seule phrase ou mieux encore en une seule idée.

---

1.   KOTLER P. et R. TURNER, *Marketing Management — Analysis, Planning, and Control.* Canadian Fourth Edition, Prentice-Hall of Canada, Scarborough, Ontario, 1981.

Cependant, le produit essentiel ne doit pas être défini en fonction d'une composante « principale », mais plutôt en termes du principal besoin satisfait, ou de l'avantage différentiel majeur de ce produit par rapport aux produits concurrents (par exemple, une station de ski, un lieu de villégiature, un centre de golf, une croisière).

● *Le produit formel*

Quant au produit formel, il est en quelque sorte l'opérationnalisation du produit essentiel par des éléments ou des services accessoires concrets et tangibles tels des hôtels, des restaurants, et des équipements divers qui en font, plus qu'un concept, un produit fini commercialisable et utilisable, ou consommable, par le touriste.

Si, par exemple, le produit essentiel est un centre de ski, le produit formel sera l'ensemble des hôtels et des commerces à l'intérieur du village ainsi que les caractéristiques techniques reliées au domaine du ski.

● *Le produit élargi*

Pour ce qui est du produit élargi, il correspond au *produit résultant global* qui incorpore les éléments tangibles et intangibles de l'offre faite au touriste ou au client et, tout particulièrement, les bénéfices psychologiques apportés par le produit (dépaysement, extase, appartenance à l'élite, etc.) et l'élément « image » du produit qui s'appuie sur les mécanismes perceptuels subjectifs des touristes et clients.

Ainsi, le produit élargi est un produit intégré et adapté au client final. Il comprend tous les éléments constituant une expérience globale unique et attrayante pour le touriste. C'est l'image ou la personnalité du produit telle qu'elle est perçue et ressentie par le touriste. Il s'appuie sur des éléments variés et souvent difficiles à cerner et à opérationnaliser. L'image est constituée d'éléments physiques (architecture, climat, site naturel, etc.) et d'éléments d'ordre psychologique (ambiance, esthétique, style de vie, statut social de la clientèle).

Les spécificités du produit touristique

Le produit touristique est un produit d'une spécificité particulière, et ce, pour plusieurs raisons. Chacun de ces critères confère au produit touristique une nature particulière qui affecte, dans une large mesure, les stratégies et la commercialisation de celui-ci.

Cette spécificité se traduit à partir des critères suivants :

- la tangibilité et l'intangibilité ;
- la multiplicité des composantes ;
- la multiplicité des intervenants ;
- l'environnement géographique ;
- la multiplicité des types de produits ;
- les caractéristiques d'un service ;
- les caractéristiques d'ordre public et d'ordre social.

● La tangibilité et l'intangibilité

Le produit touristique est essentiellement un amalgame d'éléments tangibles et intangibles. Parmi les éléments tangibles, on retrouve principalement le cadre physique de base (panorama, montagne, ville) du produit, l'infrastructure spécifique (hébergement, restauration, complexe sportif et récréatif) et des produits connexes (location de voitures, excursions, etc.).

Quant aux éléments intangibles, ils se divisent en deux catégories :

— *Les services*   La restauration, les commerces, les cours, les activités, l'animation, entre autres ;

— *Les éléments psychologiques*   Le luxe, la classe sociale, l'ambiance, le confort, le statut, l'exotisme, pour n'en donner que quelques-uns.

L'importance qu'ont les éléments intangibles dans le produit touristique a pour conséquence de rendre plus difficile sa conception et sa commercialisation. En réalité, le produit touristique n'existe qu'à partir du moment où le consommateur a une représentation mentale de ce dernier.

● La multiplicité des composantes

La plupart des produits touristiques sont caractérisés par une multiplicité d'éléments majeurs qui les composent tels les infrastructures, l'hébergement, les divers services, etc. Cette multiplicité de composantes du produit touristique est parfois un obstacle à sa cohérence et à son intégrité.

● La multiplicité des intervenants

Un autre aspect relativement fréquent qui caractérise le produit touristique s'avère être la multiplicité des intervenants. En effet, la plupart des produits touristiques ne se trouvent pas intégrés, ni horizontalement ni verticalement, dans une organisation unique mais sont plutôt le résultat d'une entente souvent non formalisée, ou du moins très peu, entre une multitude d'intervenants dont les intérêts sont parfois divergents sinon carrément conflictuels.

Une des conditions préalables à la réussite d'un produit est l'intégration harmonieuse de ses éléments constitutifs : les propriétaires fonciers, les organismes de tutelle et de coordination, les collectivités locales, les hôteliers, les restaurateurs, les transporteurs, les commerçants et toutes personnes offrant des services divers.

Donc, il faut arriver :

— à faire coïncider et à rendre complémentaires les objectifs des intervenants ;

— à définir et à évaluer les apports de chacun à l'ensemble du produit touristique ;

— à définir le positionnement du produit touristique et ses marchés cibles et à les faire accepter collectivement par les intervenants ;

— à coordonner les actions marketing (produit, prix, accessibilité, vente et promotion) des divers intervenants.

Ces actions de coordination sont entre les mains soit d'un intervenant dominant, soit d'un regroupement des intervenants en un organisme de coordination.

● L'environnement géographique

Élément majeur, la géographie constitue aussi une contrainte déterminante. En effet, l'environnement géographique est difficilement modifiable. Il y a donc pour tout pays, région ou ville des éléments géographiques immuables. Le produit touristique peut rarement se déplacer vers les marchés. Ce sont les marchés qui doivent aller vers lui.

● La multiplicité des types de produits

L'expression « produit touristique » a un sens très large. En effet, elle recouvre une réalité qui va du simple hôtel ou restaurant à un pays ou à un continent, d'une simple forêt à un parc d'attraction thématique comme *Disney World*, d'un voyage à forfait à un événement particulier.

● Les caractéristiques d'un service

Comme nous l'avons souligné au début de cet ouvrage, le produit touristique est en réalité un service. La raison en est que l'élément constitutif du produit touristique n'est pas consommable, c'est-à-dire que sa jouissance n'entraîne pas sa destruction (par exemple, la mer, la montagne, la plage, le soleil, les musées, les monuments) et de nombreux éléments de support sont également des services en eux-mêmes (l'hébergement, la restauration, les transports, les loisirs, les cours, etc.).

De toute évidence, le fait qu'un produit touristique ait des caractéristiques de service entraîne des conséquences que nous jugeons utile de rappeler :

— la participation du touriste est indispensable à la réalisation du service. Le tourisme requiert le touriste pour exister (excursion, festival, danse, activités diverses, restauration) ;

— le produit touristique ne peut être stocké. En effet, une chambre d'hôtel, un siège d'avion non vendu ne peuvent être stockés ;

— l'inélasticité partielle de l'offre par rapport à la demande fait qu'on ne peut pas augmenter l'offre d'un produit touristique à court terme sans le dénaturer.

● Les caractéristiques d'ordre public et d'ordre social

Dans bien des cas, un produit touristique global dépend d'éléments qui relèvent du domaine public. Par conséquent, cet état de fait impose au produit touristique un certain nombre de contraintes particulières qui varient d'un pays à l'autre, mais plus que tout autre produit, le produit touristique est assujetti à des réglementations précises (lois sur les alcools, les heures d'ouverture, l'urbanisme, l'environnement, la sécurité publique, etc.). Ainsi, le produit touristique est soumis à une surveillance et à une intervention particulière des pouvoirs publics dans la mesure où il fait appel, en partie, à des subsides de l'État (infrastructure routière, aéroport, etc.).

Parfois, ce sont les pouvoirs publics qui sont à l'origine de la création de produits touristiques se substituant au secteur privé dans la phase initiale (la candidature de Paris pour les jeux Olympiques et la candidature de la Savoie pour les jeux Olympiques d'hiver).

Pour certaines réalisations importantes, l'État intervient directement pour obtenir l'implantation d'un complexe touristique (par exemple, *Disney World* à Marne-La-Vallée). Les États sont alors en concurrence (Espagne − France) et à l'intérieur des États, les régions sont elles-mêmes en compétition (Ardèche − Île de France).

Cependant, la réussite du produit touristique repose fréquemment sur de bons rapports entre l'entreprise touristique et le secteur public. Ainsi, l'importance du tourisme dans le domaine de l'économie et de l'écologie d'une région favorise auprès des pouvoirs publics une tendance interventionniste. Ces interventions rendent difficiles toutes modifications du produit touristique.

Les éléments de base du produit touristique

Comme tout autre produit, le produit touristique est composé de plusieurs éléments dont l'interaction va permettre à cet « ensemble produit » d'offrir au marché cible visé un ensemble de satisfaction et de bénéfices. Voici les éléments qui composent tout produit touristique global et que nous allons détailler ci-dessous :

- les éléments constitutifs de base ;
- l'environnement immédiat ;
- la population locale ;
- l'animation et l'ambiance ;
- les équipements collectifs de loisir ;
- les structures d'hébergement, de restauration et l'appareil commercial ;
- les infrastructures de transport ;
- l'image.

● Les éléments constitutifs de base

Tout produit touristique est composé d'un certain nombre d'éléments de base qui constituent le cœur du produit. Ces éléments sont des facteurs naturels ou créés par l'homme, soit :

— le site géographique et les phénomènes naturels (plages, montagnes, fleuves, îles) ;
— les villes ou villages situés sur le site ;
— les conditions climatiques ;
— les sites historiques.

Pour ce qui est des facteurs naturels, ils représentent un facteur dominant du produit touristique et sont à l'origine du succès de certaines destinations comme les chutes du Niagara, le Canyon du Colorado, les gorges du Verdon. Pour d'autres, ce sont des éléments construits par l'homme qui constituent l'élément de base du produit touristique, par exemple, les pyramides d'Égypte, la Grande Muraille de Chine.

● **L'environnement immédiat**

Si les éléments naturels sont souvent à l'origine du produit touristique, ils doivent s'inscrire dans un environnement immédiat attrayant. Cet environnement immédiat est constitué des paysages situés à proximité du site et ont une incidence positive ou négative sur le pouvoir de séduction du site.

● **La population locale**

Le tourisme favorise l'échange social entre une population qui se déplace hors de son domicile et une population d'indigènes. Généralement, ces deux populations ont des modes de vie et des cultures fort différents. Le contact entre ces deux populations peut être une source de conflits. L'attitude de la population indigène influence fortement la perception que le visiteur aura du produit touristique. Elle est une dimension essentielle du produit touristique et on ne peut la négliger.

● **L'animation et l'ambiance**

Il est certain que le tourisme comprend, en grande partie, un élément de jouissance mentale et sensorielle. Des aspects aussi intangibles que l'esthétique et l'ambiance deviennent alors des éléments déterminants dans l'appréciation d'un produit touristique.

Durant la période hors saison, le manque d'animation à l'intérieur d'une station quelconque est un handicap que même une réduction de prix ne peut totalement combler. À ce titre, le *Club Méditerranée* est un exemple de réussite pour ce qui est de la conception de l'animation. Cet élément est souvent imité par d'autres organismes touristiques mais sans succès. Ces concurrents ont voulu exploiter cette facette et l'offrir comme élément distinctif constituant leur produit touristique.

● **Les équipements collectifs de loisir**

Si les éléments de base du produit touristique sont difficilement transformables, par contre, les équipements collectifs peuvent modifier la nature du produit touristique et satisfaire les besoins de nouvelles clientèles.

Ainsi, la création d'un centre de congrès à l'intérieur d'une ville, d'un parc d'attractions, d'une marina, d'un complexe sportif, d'un golf sont des exemples de « produits » qui peuvent modifier sensiblement le produit touristique global d'une ville ou d'une station. Bien sûr, la création de ces équipements dépend du type de clientèle visée et un effort particulier de segmentation du marché devra être fait. Un inventaire précis de ces équipements permet de vérifier la capacité du produit touristique à satisfaire les nouvelles activités de loisirs recherchées par les touristes.

● **Les structures d'hébergement, de restauration et l'appareil commercial**

On définit une personne comme touriste quand cette dernière est éloignée de son domicile principal pour une période déterminée. L'hébergement et la restauration sont donc des éléments importants du produit touristique. Ainsi, le visiteur, pour satisfaire ses besoins d'hébergement, se voit offrir différentes possibilités, soit : l'hôtellerie, le camping-caravaning, la parahôtellerie et les gîtes ruraux.

Au cours des dernières années, la croissance de la parahôtellerie répond à une évolution des besoins du touriste. Chaque type d'hébergement a des besoins spécifiques, mais à l'intérieur d'un même mode l'offre peut être diversifiée et répondre également à des besoins différents.

Ainsi donc, les structures d'hébergement donnent le ton au reste du produit et déterminent, par conséquent, son positionnement en termes de niveau de luxe et de service, mais aussi en termes de prix. Sans conteste, il existe de magnifiques plages naturelles, mais il n'existe pas de plage de luxe. Ce sont les hôtels, les restaurants, les commerces situés au bord d'une plage qui donnent à une station balnéaire son caractère élitiste ou populaire.

● **Les infrastructures de transport**

Le tourisme implique un déplacement du visiteur hors de son domicile vers un lieu de séjour. Donc, l'accessibilité de ce lieu de séjour doit être facilitée par une bonne infrastructure routière, par la présence d'un aéroport. Le déplacement du touriste doit s'effectuer dans les conditions les meilleures (minimum de fatigue et de temps) et au moindre coût.

En l'occurrence, pour une station de ski, l'infrastructure routière devient un élément majeur du produit touristique qui aura pour effet de motiver ou non la visite du skieur. Pour une station touristique internationale, l'infrastructure aéroportuaire permettra ou non sa commercialisation sur des marchés éloignés. De même les moyens de transport à l'intérieur de la station (autobus, taxi, ou autres) et les conditions de circulation sont aussi des éléments à ne pas négliger à l'intérieur du produit touristique.

● **L'image**

Chez le touriste, l'intangibilité du produit touristique global se traduit par une représentation mentale du produit. Ainsi, la personne qui choisit un voyage à forfait construit cette représentation à partir d'informations obtenues auprès de l'agent de comptoir, de catalogues, de producteurs de voyages, ou encore auprès d'amis.

En somme, cette représentation mentale constitue l'image du produit touristique. Elle est influencée par tous les éléments cités précédemment. Celle-ci peut être aussi affectée par la clientèle du produit. La segmentation du marché et le choix des marchés cibles deviennent alors déterminants dans l'image que l'on souhaite véhiculer.

Le mix du produit

Le produit touristique global est donc, avant tout, un mix de produits indépendants dont le dosage équilibré va permettre de donner au produit touristique global son attrait particulier face à un marché cible donné. Le mix de produits est constitué de différents éléments qui, combinés, donnent un caractère équilibré, soit harmonieux et humain, au produit touristique ou, au contraire, déséquilibré donc incohérent et inhumain. Dans la conception du mix de produits, on ne doit pas considérer uniquement les composantes du produit, mais les résultats obtenus définis en termes de bénéfices apportés aux vacanciers.

Le produit comme ensemble de bénéfices

La notion fondamentale introduite au début du chapitre est la définition du produit comme un ensemble de bénéfices et de satisfaction. Cette définition doit être le point de départ de la conception d'un produit, de la manière de le gérer, de le distribuer et de le promouvoir. Les bénéfices recherchés par les touristes correspondent à leurs besoins et désirs, qui peuvent être sensoriels, esthétiques, psychologiques ou sociaux.

MASLOW, comme nous l'avons vu dans le chapitre 2, propose une hiérarchie de besoins qui permet au responsable du marketing de positionner son produit en fonction des types de besoins à satisfaire. Pour chaque type de besoins ou services on trouvera ci-dessous quelques exemples :

— **Besoins physiologiques**   Restauration, nourriture, hébergement de base, chauffage, etc.

— **Besoins de sécurité**   Équipement de sécurité, assurances, services de surveillance, guides, services de sécurité, etc.

— **Besoins d'appartenance**   Identification à une certaine clientèle, clubs, cours, organisation, accueil.

— **Besoins d'estime de soi**   Éléments de luxe, service personnalisé, clubs distinctifs, services exclusifs et chers, etc.

— **Besoins de réalisation de soi**   Possibilités de pratiquer des sports et des activités faisant partie de rêves (heliski, *rafting*, excursions, aventures, *yachting*, pêche hautière, etc.).

L'éventail des produits touristiques

Les produits touristiques sont multiples et peuvent se comparer sur de très nombreuses dimensions. Cependant, il y a cinq grandes catégories de produits relativement distincts et dont le marketing repose sur des aspects différents. Ces cinq grands types dont les critères sont examinés dans le tableau 5-1 sont les suivants :

— entités géographiques ;

— produits clés en main ou forfaits ;

— produits station et séjour ;

— événements ;

— produits particuliers.

Nous allons maintenant examiner brièvement les aspects particuliers relatifs à la commercialisation de ces divers types de produits.

Le produit touristique d'une entité géographique

La conception la plus globale du produit touristique s'exprime dans un macro-produit touristique représenté par une entité ou un ensemble géographique : continent, ensemble géographique multinational (les pays Andins, la Scandinavie, l'Asie du Sud-Est, etc.), pays, région particulière d'un pays, ville. Mais il est évident que pour donner vie à un produit touristique formel il faut une volonté organisée. C'est pour cette raison que le continent ou l'ensemble multinational n'ont pas d'existence concrète comme produit touristique commercial autonome. Ils sont cependant bien souvent la matière première sur laquelle des producteurs de voyages vont appuyer leurs propres produits.

Un tel type de produit touristique est souvent difficile à opérationnaliser et à coordonner. Cependant, certaines entités géographiques représentent de véritables produits touristiques (URSS et Chine, par exemple). Dans d'autres cas, le produit s'organise plutôt autour d'un système de transport (*Eurail Pass*, billets aériens forfaitaires), d'un système d'hébergement ou de parcs nationaux.

Les compagnies aériennes nationales sont des agents très actifs de promotion et de commercialisation des produits du type entité géographique. Mais on retrouve aussi les offices du tourisme nationaux, régionaux ou municipaux qui veillent, d'une part, à la promotion du produit géographique concerné sur des marchés cibles qui doivent être déterminés et à l'organisation du produit touristique, d'autre part. Une des difficultés de la gestion d'un produit touristique de type entité géographique repose sur la multiplicité de ses intervenants et l'absence d'une organisation centralisée de gestion. Les offices du tourisme, ou autres organismes apparentés, ont généralement pour objectifs de développer un produit touristique cohérent. Les principales tâches qui incombent à de tels organismes sont bien sûr la promotion du produit touristique, mais de façon plus fondamentale aussi sa conception, son développement, son organisation et sa coordination, sinon sa gestion. Dans une société de type planifié et centralisé une telle tâche est facilitée, car un office du tourisme ou autres organisations apparentées peuvent disposer de moyens légaux et financiers pour mener à bien leur fonction.

Dans une économie libérale, la tâche de coordination devient primordiale et très difficile. Elle est souvent l'œuvre de plusieurs organismes, de certains publics comme les offices du tourisme ou chambres de commerce, et d'autres de type privé, comme les associations professionnelles. Une des premières étapes à laquelle doivent se consacrer de tels organismes est souvent l'inventaire des éléments actuels et potentiels du produit touristique offert par l'entité géographique. La deuxième étape doit être l'identification des marchés potentiels, leur segmentation et la sélection de marchés cibles. La troisième étape doit être la définition d'un ensemble de produits et de leur positionnement sur les marchés cibles choisis. Après quoi, le produit doit être organisé et coordonné afin que le touriste visé puisse y trouver les bénéfices qu'il recherche. Finalement, le produit doit être mis sur le marché et bénéficier d'un système de vente et de promotion adéquat.

Vu l'importance du tourisme dans l'économie contemporaine, la plupart des pays, des régions et des villes s'efforcent de mettre en place des organismes et des plans de développement touristiques qui doivent favoriser la mise sur pied des produits touristiques attrayants destinés à des marchés clairement identifiés et appuyés par une promotion bien programmée.

Le produit « clé en main » (forfait)

À l'autre extrême, l'on trouve le produit complètement intégré dans un forfait. Ce type de produit peut recouvrir tous les autres types de produits examinés précédemment (hébergement, restauration, transport aérien, excursions, et autres).

La particularité de ce produit est que le touriste achète un produit fini, bien intégré à un prix déterminé. Les exemples de tels produits sont multiples : le *Club Med* pour des séjours divers, des séjours de ski tout compris offerts par des producteurs de voyages, ou des compagnies de transport, des safaris, des séjours avion-hôtel-auto, des circuits touristiques aériens ou terrestres, etc.

Les promoteurs de tels produits touristiques sont généralement des producteurs de voyages des hôtels ou des compagnies de transport. Certains offrents des catalogues complets de séjours ou de circuits, d'autre se spécialisent soit dans des destinations, soit dans des types de programmes. L'avantage de tels produits est qu'ils sont bien déterminés et intégrés et qu'ils s'assimilent bien en termes de mise sur le marché à des produits de grande consommation. Ils s'adressent souvent à des marchés de masse, mais ils peuvent aussi être conçus pour répondre aux besoins de créneaux particuliers sur le marché.

Le produit touristique de type « station »

Un autre type de produit touristique est le centre de séjour, intégré ou non, comme un centre de ski, une station balnéaire ou un centre thermal. On y retrouve généralement les précurseurs du tourisme, soit les stations des Alpes suisses ou les nombreuses stations balnéaires de la Côte d'Azur, comme Cannes, Nice et Juan-les-Pins. Elles sont souvent nées d'initiatives privées, dans le domaine de l'hôtellerie, qui visaient à offrir à une clientèle privilégiée la possibilité de venir se détendre au soleil ou à la montagne.

Le phénomène des vacances annuelles s'étant amplifié, ces centres ont grandi souvent de façon anarchique d'ailleurs et d'autres se sont développés de façon plus incohérente encore comme les plages de l'Adriatique, le littoral méditerranéen français, les côtes de l'Espagne, etc. Ces centre ont dû faire face, et doivent, de plus en plus, affronter une concurrence féroce. Ils doivent recourir à une promotion non plus individuelle de la part des divers établissements privés, mais regroupée à l'intérieur d'une entité géographique. Ainsi, pour les centres les plus anciens, la difficulté réside dans le morcellement de leur propriéte et souvent dans le manque d'intégration et l'incohérence du produit qu'ils ffrent ; alors, celui-ci a de la difficulté à trouver un positionnement attrayant sur le marché.

De plus en plus, l'on voit donc apparaître des centres de séjour intégrés développés de toutes pièces (Whistler, Alpes françaises, Colorado, Cancun, et autres) pour une clientèle particulière. De tels produits doivent absolument définir, avec précision, les marchés cibles qu'ils visent et déterminer un positionnement adéquat face à ces marchés.

TABLEAU 5-1   Les divers types de produits et leurs caractéristiques

Types de produits / Dimension	1 Entités géographiques	2 Produits clé en main ou forfait
Exemples	• Ville • Région • Pays	• *Club Med* • Semaine de ski • Forfait voile
Éléments	• Infrastructure • Attraits essentiels • Tout autre élément	• Produit complet • Transport • Hébergement • Activités • Excursions
Niveau d'intégration	• Généralement faible	• Totale
Impact de la composante mix	• Très variable • Difficile à mesurer et à contrôler	• Très fort • Forfaits tout compris • Facteur contrôlable
Impact de l'accessibilité	• Variable	• Important • Généralement complète-ment contrôlé
Impact de la vente et de la promotion	• Peu important directement • Système de vente diffus sauf pour les pays à direction centralisée	• Excessivement important • Généralement très intégré
Forces marketing du produit	• Peut bénéficier de relations publiques	• Intégration • Acessibilité facile • Prix contrôlé
Faiblesses marketing du produit	• Manque d'intégration • Difficulté de contrôle	• Manque de flexibilité • Mauvaise image auprès de certains marchés
Types d'organisation marketing	• Offices publics de tourisme	• Tour-opérateurs • Compagnies de transport • Chaînes d'hôtel
Types et niveaux de concurrence	• Autres pays et régions • Autres types de produits • Concurrence diffuse	• Autres forfaits du même type • Concurrence vive

3	4	5
Type de station et de séjour	**Événement**	**Types particuliers**
• Village de vacance • Station de ski • Séjour sur une île • Stations balnéaires • Hébergement • Parfois activités • Parfois transport	• Carnaval de Rio • Grand Prix de Monaco • Coupe America • Festival • Un événement connu • Parfois activités • Parfois hébergement • Parfois transport	• Activité sportive • Cours et séminaires • Retraite • Généralement une activité • Parfois transport • Parfois hébergement
• Intégration variable	• Variable	• Variable
• Variable • Difficile à contrôler lorsque le produit n'est pas intégré	• Variable • Peut être difficile à contrôler dans certains cas	• Variable • Difficile à contrôler dans certains cas
• Très important • Doit être contrôlé ou facilité	• Très important • Parfois difficile à contrôler	• Très important
• Excessivement important	• Variable • Parfois primordial pour nouveaux événements	• Variable • Parfois très important
• Segmentation facile • Argument de vente majeur difficile à trouver • Produit passif	• Fortes relations publiques • Argument de vente majeur précis • Unicité et concentration dans le temps	• Besoins spécifiques précis • Segments de marché réduits
• Organisme public • Tour-opérateurs • Station intégrée • Transporteur	• Organisme public • Office de promotion privé • Tour-opérateurs • Hôtel • Transporteur	• Organisme privé et organisme public spécifiques
• Autres séjours du même type • Autres formules • Voyages excursions	• Autres événements • Autres intérêts	• Autres activités

Le produit touristique de type événement

Les événements sportifs, culturels, récréatifs, ou autres, constituent un autre type de produit touristique. L'inconvénient de ce type de produit est sa ponctualité. La plupart de ces produits n'ont qu'une vie annuelle allant de quelques jours à un mois au maximum. Les exemples les plus connus sont : le Carnaval de Rio, le Festival de Cannes, le Marathon de New York, le Grand Prix de Monte-Carlo et les concerts.

Ces produits sont généralement risqués à cause de leur brièveté et, également, à cause de la concurrence très grande qui existe actuellement. Des forfaits peuvent être conçus pour de tels produits, mais une grande partie du marché y accède directement. Les bénéfices recherchés sont souvent limités à l'attrait principal de l'événement et les offreurs de produits éprouvent des difficultés à récupérer cet attrait vers d'autres produits secondaires.

Les organismes chargés de la gestion et de la mise en marché de ces produits sont soit des organismes privés, soit des organisme publics, ou encore des organismes à but non lucratif éventuellement appuyés par un personnel permanent. Il est très difficile de gérer un tel produit qui demande une très longue période d'organisation, qui requiert un effort promotionnel important et qui ne génère des profits que sur une très courte période. D'autre part, ce sont des produits qui ont un caractère annuel répétitif et qui, si leur attrait diminue, sont très difficiles à adapter et à modifier.

Les produits touristiques particuliers

D'autres types de produits touristiques particuliers peuvent être conçus et vendus autour d'activités telles que la pratique de sports (voile, canot, équitation, deltaplane, mongolfière, etc.), d'activités de retraite ou de cours (artisanat, musique, yoga), ou dans des buts particuliers comme des congrès, la gastronomie, le jeu. Ces produits sont très spécifiques et s'adressent à des segments particuliers. Ils correspondent à la définition générale des produits touristiques et doivent être conçus et commercialisés comme tels. Somme toute, ils représentent un ensemble de bénéfices recherchés par une certaine clientèle et les responsables de leur commercialisation ne doivent pas perdre de vue cette dimension.

Le concept de cycle de vie du produit

La stratégie marketing appliquée à un produit doit être périodiquement reformulée. En effet, un produit évolue constamment selon la position relative qu'il occupe sur le marché. Un des éléments moteurs de cette évolution est le cycle de vie du produit. Tout concept de produit passe, en effet, par un cycle de vie caractérisé par les stades d'introduction, de croissance, de maturité et de déclin. À chacun de ces stades correspondent des opportunités et des problèmes différents en termes de stratégie marketing et de potentiels de ventes et de profits. Ainsi, le cycle de vie du produit est généralement représenté par une courbe en forme de S (voir figure 5-1).

FIGURE 5-1   Le cycle de vie du produit

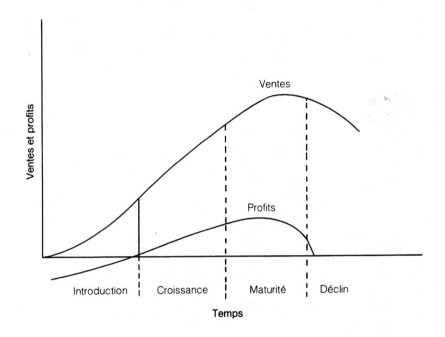

Le stade *d'introduction* est une période de croissance lente et difficile caractérisée par un taux d'échec et un niveau de risque d'échec élevés. Généralement, l'absence de profits est attribuable au marché restreint et aux efforts importants requis pour développer la demande primaire (investissements matériels liés à la conception et à la réalisation du produit et investissements publicitaires destinés à le faire connaître).

En ce qui concerne la *croissance*, elle résulte d'un déblocage de la demande sur le marché. Le produit est connu et accepté par une partie croissante du marché, les ventes augmentent et le niveau de profits s'accroît.

Quant au stade de *maturité*, la croissance des ventes ralentit, car le produit a été accepté par la plupart des acheteurs et des utilisateurs potentiels. La compétition s'accroît entre les divers concurrents offrant des produits similaires et les profits tendent à baisser, car des efforts marketing, de plus en plus coûteux, sont requis pour chaque concurrent qui désire maintenir sa position concurrentielle.

Finalement, au stade du *déclin* les ventes et les profits baissent, car le concept de produit voit son attrait s'éroder et il est généralement concurrencé par un nouveau concept ou type de produit.

Tous les produits ne passent cependant pas par un cycle de vie ayant la forme d'une courbe idéale en forme de S. Certains produits connaissent une croissance rapide et soutenue dès leur introduction, d'autres connaissent une maturité rapide avec une introduction réussie mais atteignant rapidement un plafond. D'autres passent du stade de maturité non pas à celui de déclin, mais à une nouvelle croissance (type cycle − recycle, voir figure 5-2).

FIGURE 5-2   Cycle - recycle

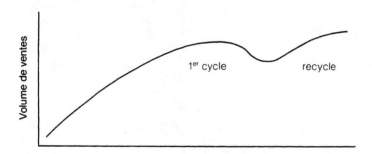

Le concept de cycle de vie du produit doit être considéré différemment selon les divers contextes dans lesquels il peut se situer :

— une classe ou un concept de produit (centres de ski) ;

— un type de produit (centre de ski de haute montagne) ;

— un produit spécifique (val d'Isère, Copper Mountain, Whistler) ;

ou encore :

— le temps partagé (concept de produit) ;

— le temps partagé de luxe en montagne (type de produit) ;

— le temps partagé à la Baie des Anges sur la Côte d'Azur ou à l'Ocean Club à Fort Lauderdale en floride.

Finalement, la durée et le cycle de vie de produits spécifiques sont plus erratiques, car ils sont directement influencés par une multitude de facteurs spécifiques, et particulièrement par les actions stratégiques et tactiques de la concurrence.

De plus, il faut aussi distinguer deux schémas particuliers (voir figure 5-3 et 5-4), soit : les *engouements* (*fads*) et les *modes* (*fashions*). Les *engouements* ont des cycles pointus très courts ; ils naissent très vite, sont rapidement adoptés et atteignent très vite une pointe, puis ils déclinent rapidement. Leur cycle est très court et ils n'attirent qu'un nombre limité d'adeptes qui recherchent des sensations et des façons de se distinguer des autres. Par contre, les *modes* apparaissent et disparaissent lentement et leur cycle ressemble plus au cycle de vie théorique normal.

Il est difficile de prévoir la durée des engouements et celle des modes. En fait, plus ces phénomènes trouvent à leur base un besoin réel, plus leur durée sera longue. Il en est de même s'ils correspondent à d'autres tendances majeu-

FIGURE 5-3   Le cycle de vie d'un produit de type « mode »

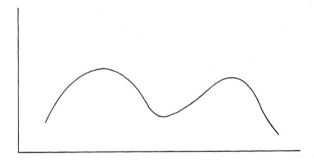

FIGURE 5-4   Le cycle de vie d'un produit de type « engouement »

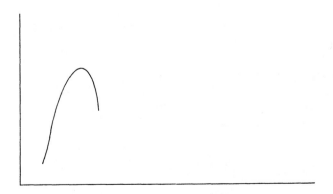

res dans la société, s'ils sont compatibles avec les normes et les valeurs de la société et s'ils ne rencontrent pas de limites technologiques dans leur développement[2].

LA GESTION DU PRODUIT TOURISTIQUE

Définition

Le produit, en tant que concrétisation de l'offre faite au client potentiel ou actuel, est au cœur de la gestion marketing et représente la composante centrale et principale de toute stratégie.

La plupart des écrits en marketing traitent surtout de la gestion de nouveaux produits (c'est-à-dire leur lancement ou leur introduction sur le marché), et il est vrai que c'est l'une des activités les plus intéressantes. Cependant, comme nous l'avons vu dans la pratique, il faut sans cesse innover et modifier les produits afin que, d'une part, ils restent en accord avec l'évolution de l'environnement et que, d'autre part, ils gardent un avantage différentiel par rapport à la concurrence.

Le produit comme variable stratégique

L'utilisation stratégique du produit n'est pas une chose facile. L'ampleur et la nature des innovations nécessaires dépendent, en partie, des réponses aux questions suivantes[3] :

1) Quel est le niveau d'insatisfaction du marché envers le produit actuel et qu'est-ce qui cause cette insatisfaction ?

2) Quelles sont l'importance et la nature des modifications du produit actuel nécessaire pour maintenir l'égalité ou la supériorité de l'attrait du produit par rapport à la concurrence ?

3) Quelles modifications ou innovations est-il possible, technologiquement ou économiquement, d'apporter au produit ?

Analyse de la position actuelle du produit

Dans cette analyse, les trois questions les plus pertinentes trouveront leur réponse dans le *feedback* du marché :

---

2. RAYNOLDS, W.H., « Cars and Clothing : Understanding Fashion Trends », *Journal of Marketing*, juillet 1968, p. 44-49.

3. LUCK, D.J. et D.C. FARELL, *Marketing Strategy and Plans*, Englewood Cliffs, New Jersey, Prentice-Hall, 1979, p. 167.

— De quelle façon notre produit satisfait-il les demandes identifiées sur le marché ?

— Quelle est la pertinence et l'efficacité des produits concurrents ou substituts de ce point de vue ?

— Quelle est la position de notre produit dans son cycle de vie ?

Lorsque le produit ne satisfait pas les demandes sur le marché et que les raisons en sont déterminées, il y a alors des opportunités pour améliorer le produit existant ou pour en développer un nouveau. Cependant, si les usagers sont souvent très critiques lorsque quelque chose ne les satisfait pas, dans la majorité des cas ces critiques ne sont pas formulées et il revient aux responsables de l'organisation de les rechercher. En fait, même si les critiques faites par un client ou un touriste sont souvent difficiles à accepter, elles ne doivent pas être rejetées, mais au contraire encouragées, car les critiques sont nécessaires pour l'amélioration future du produit.

Également, une partie du *feedback* peut être obtenue par un système d'information marketing routinier. Il est cependant nécessaire de recourir à des études spécifiques auprès des touristes ou des vacanciers, ou auprès d'intermédiaires pour obtenir des informations pertinentes. Quelques éléments importants du *feedback* à considérer dans la gestion d'un produit sont les perceptions, les attitudes et les préférences des usagers ou des clients. Ainsi donc, il est nécessaire de trouver des réponses aux questions suivantes :

— À partir de quelles dimensions le consommateur évalue-t-il les produits touristiques ?

— Comment les divers produits existant sur le marché sont-ils positionnés dans les perceptions des clients ?

— Dans quelle mesure chacune des dimensions est-elle déterminante dans le choix d'un produit ?

Ce caractère déterminant dans la motivation et dans le choix des touristes est une considération vitale pour décider des améliorations ou innovations à apporter au produit. L'analyse de la position actuelle du produit doit aussi s'appuyer sur le cycle de vie de celui-ci et sur les changements perçus actuellement dans l'environnement (culturels, légaux, technologiques).

Évaluation de la position future du produit

Comme les changements ou l'innovation dans un produit peuvent être relativement longs à mettre en œuvre, le responsable du marketing doit faire un effort particulier pour anticiper ce qui pourrait se produire et affecter la position de son produit sur le marché.

La position du produit peut être affectée par l'évolution technologique (dans les modes de transport, dans les équipements et produits de loisir, dans les équipements hôteliers, etc.), par l'évolution normale du cycle de vie du produit (pays, régions, activités, mode d'hébergement, etc.) ou par des changements économiques et sociaux importants (taux d'intérêt, taux de change des monnaies, inflation, chômage, augmentation de la durée des vacances, etc.) ou, enfin, par des événements politiques (zones géographiques sensibles au terrorisme international).

La position relative d'un produit peut aussi changer en fonction de l'évolution de la concurrence elle-même, soit par des déplacements stratégiques des concurrents actuels (expansion du produit, modernisation, changements divers, repositionnement), ou soit par l'apparition de nouveaux concurrents (développements touristiques dans les pays en voie de développement, ouverture de la Chine, développement de nouvelles stations de ski ou balnéaires comme Whistler et Cancun).

Recherche d'une stratégie de produit

Si les phases d'analyse de la position actuelle ou future du produit révèlent que le produit actuel a des faiblesses et ne permettra pas d'atteindre des objectifs recherchés, il est nécessaire de se tourner vers la recherche de nouvelles stratégies de produit.

Ainsi, l'innovation ou la modification du produit doit être guidée par l'évaluation faite de l'état du marché et des changements, actuels ou prévisibles, dans l'environnement. Lorsque l'on innove ou modifie un produit, l'objectif est toujours d'obtenir un avantage différentiel unique perçu comme tel par les touristes et qui sera pour eux une motivation supplémentaire.

Cependant, un critère doit être appliqué avant de choisir définitivement les innovations ou les changements, soit l'organisation : est-elle capable de développer un tel produit ou de procéder aux modifications requises ?

Les décisions relatives aux produits

Les questions concernant le ou les produits offerts jouent des rôles clés dans la plupart des décisions tactiques et des décisions stratégiques à court terme. Mais elles sont le cœur même de la plupart des stratégies à long terme, parce que toute modification du produit nécessite des investissements importants sur une longue durée.

L'importance des investissements dans les éléments tangibles d'un produit touristique (hôtels, marinas, pistes de ski, etc.), qui sont en fait des éléments difficiles à changer à court terme et très coûteux à transformer, donne aux produits touristiques, à l'exception des forfaits qui sont une combinaison de divers produits, un caractère d'inertie assez contraignant. Les éléments intangibles qui souvent relèvent de la perception des individus sont encore plus difficiles à changer à court terme (ambiance, standing, image), car ils nécessitent un certain temps pour être concrétisés et acceptés.

Le positionnement du produit

L'élément clé de la stratégie de produit est le positionnement de celui-ci. Le positionnement d'un produit est à la fois un état de fait et un objectif. Tout produit connu a un positionnement, c'est-à-dire qu'il occupe dans l'esprit de cette personne une place déterminée par ses caractéristiques perçues. Si un produit n'est pas ou est mal connu, il n'a pas de positionnement clair dans l'esprit des gens et les touristes ont de la difficulté à évaluer le produit, à le comparer, en fait, à le positionner sur la carte de leurs perceptions par rapport aux produits concurrents.

Il est important de bien choisir le positionnement que l'on veut donner à un produit, car s'il est dangereux pour un produit de ne pas avoir de positionnement clair, il est encore plus grave d'avoir un mauvais positionnement. Le positionnement d'un produit s'opère généralement sur deux plans : le premier plan est relatif à la dimension sur laquelle on va positionner le produit et le second concerne la position du produit sur cette dimension. Par exemple, on peut positionner le produit comme un centre de ski « compétition » (premier plan) à l'opposé d'un centre de ski familial. Ce choix du positionnement catégoriel va déterminer les stations concurrentes (deuxième plan).

Les décisions concernant le mix de produit

Nous avons vu précédemment que tout produit touristique global est en fait constitué d'un ensemble d'éléments (hébergement, activités, restaurants). Par contre, il est bien entendu que chacun de ces éléments peut éventuellement constituer un produit en soi et être géré comme tel à un autre niveau d'aggrégation. La gestion de ces éléments doit être cohérente avec la gestion du produit global (la gestion et la conception des hôtels, appartements, commerces par rapport à l'image de la station).

Pour atteindre des marchés cibles différents, il est possible de définir une politique de gamme de produits. Par exemple, dans une station touristique, différents types d'hébergement pourront être proposés afin d'élargir la clientèle. Chaque hôtel a son positionnement qui n'influence pas nécessairement l'image de la station.

L'analyse de *cashflow* pour les divers produits

Lorsque l'on est en face d'un produit global qui peut se subdiviser en un ensemble de produits indépendants, qui peuvent être organisés en centres de profit, il est important, pour être en mesure de gérer de façon rentable l'ensemble, de comprendre la contribution actuelle et potentielle de chacun des produits.

Tous les produits ne seront pas rentables de la même façon, et certains pourraient devoir être maintenus même s'ils ne sont pas rentables au cas où leur présence est indispensable pour améliorer la performance globale du produit (bars, discothèques, restaurants dans certains hôtels ou centres de séjour, certaines parties du domaine skiable dans un centre de ski, etc.). Toutefois, l'ensemble doit être viable et les profits retirés des produits les plus lucratifs devraient être, en partie, réinvestis dans de nouveaux produits pour maintenir l'attrait du produit global dans l'avenir.

Lorsque l'on a réussi à décomposer un produit touristique global en sous-produits opérationnels tels des hôtels, des condominiums, des stations de ski, une marina, des restaurants et diverses activités, il est possible de classer les sous-produits (ou, en fait, les produits individuels) d'après leurs ventes et leurs profits, ainsi que la perspective future dans laquelle ils se situent. Mais il est peut être encore plus intéressant de considérer les liquidités (*cash*) générées. Il est ainsi possible de classer les produits individuels selon leur effet sur le *cashflow*, et ces produits individuels peuvent être analysés d'après leur *cashflow* prévisible.

Le *Boston Consulting Group*[4] a proposé une grille de classification des produits d'après leur *cashflow* et leur a donné des titres très évocateurs (voir figure 5-5) :

— Les « *produits vedettes* » (*stars*) sont des produits relativement nouveaux, dans leur phase de croissance, qui gagnent du marché mais requièrent encore des investissements pour financer leur croissance. Ils absorbent plus de liquidités qu'ils n'en génèrent.

— Les « *produits vaches à lait* » (*cash cows*) sont les « produits vedettes » d'hier qui ont eu du succès et qui sont bien établis avec des parts de marché solides. Ils sont généralement dans leur phase de maturité, ne requièrent qu'un financement d'appoint et génèrent beaucoup de recettes.

— Les « *produits dilemmes* » (*problem children*) sont des produits qui se trouvent dans une situation peu enviable où leur part de marché est constamment menacée. Ce sont fréquemment des nouveaux produits. Ils

4. HENDERSON, B.D., *The Experience Curve Reviewed : The Growth-Share Matrix or the Product Portfolio*, Boston, Boston Consulting Group, 1973.

FIGURE 5-5   La matrice du portefeuille de produits

	PRODUITS VEDETTES (STARS)	PRODUITS DILEMMES (PROBLEM CHILDREN)
Élevé	• Produits prometteurs • Produits peu profitables actuellement	• Produits difficiles et coûteux • produits qui ont des possibilités de reprendre vigueur et de devenir profitables
Faible	PRODUITS VACHES À LAIT (CASH COWS) • Produits au stade de maturité • Produits peu coûteux • Produits fortement générateurs de profits	PRODUITS POIDS MORTS (DOGS) • Situation difficile • Produits coûteux • Produits qui ont peu de chance de reprise

Taux de croissance du marché

Élevée   Basse

Dominance de la part de marché

requièrent plus de liquidités qu'ils n'en génèrent, mais ils méritent d'être encore soutenus, car ils sont sur un marché porteur et pourraient redevenir lucratifs.

— Les « *produits poids morts* » (*dogs*) ont de petites parts de marché sur des marchés en déclin. Leur avenir est sombre. Si l'on réduit fortement leur support, on peut cependant encore en tirer certaine recettes (*cash*). À notre connaissance, cette approche n'a pas été utilisée dans le secteur du tourisme. Néanmoins, elle pourrait être d'un certain intérêt pour les producteurs de voyages.

La formulation d'une stratégie de produit

Tout responsable du marketing d'une entreprise ou d'un centre touristique doit s'atteier à la tâche prioritaire qu'est la formulation d'un stratégie de produit. Un élément principal du développement d'une telle stratégie est représenté par l'ensemble des avantages différentiels des produits et de l'organisation dont ils relèvent. En fait, le responsable du marketing va se trouver devant un dilemme : va-t-il tenter d'accroître la demande pour les produits actuels en exerçant une pression plus forte sur le marché ou va-t-il décider de modifier les produits qu'il offre au marché ?

Somme toute, il existe quatre grands types de stratégies liés au couple produit − marché qui sont envisageables :

— La *pénétration du marché* peut se traduire par des efforts de stimulation du marché actuel en gardant le produit tel qu'il est. Par exemple, des forfaits fin de semaine pour les hommes d'affaires qui veulent emmener leur famille ou leur compagne.

— Le *développement de marché*, sans modification du produit, se traduit par :

  • la découverte et la promotion de nouveaux usages pour les produits actuels sur les marchés actuels ;

  • l'attraction de marchés relativement similaires aux marchés actuels. Par exemple, attirer le marché des femmes d'affaires qui est en plein expansion ;

  • la conquête de marchés entièrement nouveaux. Par exemple, pour un hôtel destiné principalement aux hommes d'affaires s'attaquer au marché des congrès ou aux groupes.

— Le *développement de produit* peut consister à :

  • rendre un produit plus attrayant en pratique pour les utilisateurs actuels sans changements très profonds ou trop risqués (installation ou construction d'une piscine, ou d'un centre de conditionnement physique) ;

  • opérer des changements importants dans le produit sans en changer la nature (agrandissement d'un hôtel avec changement du niveau de luxe).

— La *diversification* en changeant modérément ou radicalement de couple produit − marché, c'est-à-dire ce que le produit représente pour un marché donné, et en se retrouvant avec un produit différent offrant d'autres bénéfices à d'autres marchés (par exemple, une chaîne hôtelière spécialisée sur le marché des hommes d'affaires et qui décide d'ouvrir un hôtel de séjour).

Le choix d'une orientation stratégique va fortement dépendre de l'organisation responsable, de ses objectifs et de ses ressources d'une part, et de son marché, de son produit actuel et de sa situation concurrentielle, d'autre part.

La stratégie de « produit à long terme »

La stratégie de produit à long terme implique des considérations ayant un effet majeur sur le devenir de l'organisation et se déroule dans un espace-temps relativement long. Cela est d'autant plus vrai pour un produit touristique impliquant une infrastructure lourde. Il faut donc que la stratégie de produit soit développée dans cette perspective à long terme, afin que le produit conçu et mis en œuvre puisse être amorti en termes économiques et financiers à l'intérieur de la période de sa durée de vie prévisible sur le marché.

La plupart des produits touristiques (centres de ski, stations balnéaires, hôtels, etc.) nécessitent une période de temps relativement élevée pour être développés et mis en œuvre, et également pour atteindre un niveau satisfaisant de pénétration du marché. Ces produits doivent obligatoirement faire l'objet d'une réflexion stratégique à long terme et le marché qu'ils doivent satisfaire est moins le marché actuel que le marché qui existera au moment où le produit sera commercialisé. Cette nécessité a des conséquences majeures sur l'analyse du marché qui doit être conduite et qui doit tenir compte du marché actuel certes, mais surtout de la situation qui y prévaudra en termes de demande et de concurrence dans un futur assez éloigné.

L'importance de l'adéquation produit − marché

Dans l'ensemble des décisions qui concernent le produit, l'élément le plus important est l'adéquation du produit à un marché cible. Comme nous l'avons vu lors de la définition du concept de produit touristique et lors de la discussion du concept de positionnement du produit, l'essence marketing d'un produit réside dans ce qu'il représente, en termes de bénéfices, de satisfaction et de jouissance pour les touristes qui composent son marché cible.

Un marché est essentiellement constitué d'un ensemble de besoins et désirs qui se traduisent en attentes et exigences. Un produit, s'il veut espérer survivre ou prospérer commercialement, doit les satisfaire. Le principal souci des concepteurs, promoteurs et gestionnaires de produits touristiques doit donc être l'adéquation des produits dont ils ont la responsabilité aux attentes et aux exigences des marchés visés, d'où l'importance de bien définir les marchés visés et les comportements particuliers des touristes qui les composent.

L'identification du produit

Le problème de l'identification du produit aura une importance particulière lors du développement de la stratégie de communication et de promotion (graphisme de marque). Si cette identification du produit peut être assez simple lorsqu'il s'agit d'un produit tangible, comme dans le marketing des produits de consommation, elle est dans le domaine du tourisme relativement complexe.

Pour être commercialisable, un produit doit être identifié, c'est-à-dire qu'il doit avoir une identité formelle concrète et visuelle. L'identification d'un produit se traduit par un nom, par un logo, par un emblème ou par tout autre signe qui est propre au produit.

Cette identification formelle doit cependant refléter une identité fondamentale sous-jacente qui est reliée au positionnement unique du produit, à ses attributs différentiels et aux bénéfices particuliers qu'il offre au touriste. L'identification formelle doit d'abord traduire cette identité sous-jacente. Elle doit ensuite permettre de reconnaître le produit, de le promouvoir et de le distinguer de la concurrence.

Dans le cas de produits complexes, composés de multiples sous-produits, tels les produits du type « entité géographique » ou « station », l'identification est plus délicate et doit être incarnée et véhiculée par une entité organisationnelle de coordination, par exemple, organisme de promotion. Sans l'existence d'un tel organisme, l'identification qui en résulte n'aura pas le caractère unique requis pour qu'elle soit efficace.

LE DÉVELOPPEMENT DE NOUVEAUX PRODUITS

La notion de nouveau produit peut porter à confusion. En effet, un nouveau produit peut correspondre à la conversion ou à l'adaptation d'un produit déjà existant. Mais nous traiterons ci-dessous du développement de nouveaux produits définis de manière plus stricte.

Ainsi, le nouveau produit est conçu à « partir de rien ». Donc, la nouveauté est indiscutable et elle provient généralement de la détection sur le marché d'un besoin non satisfait ou mal satisfait. De plus, le cheminement du lancement du nouveau produit se caractérise par les étapes suivantes :

- la recherche d'idées de produits ;
- le filtrage des idées ;
- le test du concept ;
- l'analyse commerciale ;
- le développement du produit ;
- le test du marché ;
- le processus d'adoption ;
- le processus de diffusion.

La recherche d'idées de produits

Un produit naît généralement d'une idée et, sans conteste, c'est l'imagination de personnes courageuses et inventives qui est à l'origine de la plupart des produits touristiques sur le marché. Cependant, il est vrai que les éléments de base en tourisme, contrairement à l'industrie manufacturière, sont présents à l'état naturel. Ainsi, l'idée porte sur l'exploitation qui peut en être faite au bénéfice du tourisme et des touristes.

Il existe diverses méthodes et techniques spécialisées pour générer des idées telles que la liste d'attributs, les relations forcées[6], l'analyse morphologique[7], le *brainstorming*[8] et la créativité opérationnelle parfois appelée synectique[9]. Mais les principales sources d'idées restent les touristes, les spécialistes ou experts, les concurrents, les personnes en relation avec les touristes : les vendeurs, les agents de voyage et les producteurs de voyages, ainsi que la direction de l'organisation.

Le filtrage des idées

Bien que tout développement d'un produit nouveau à succès réside dans l'imagination créative de ses responsables (ou dans leur aptitude et leur capacité à recueillir des idées auprès des touristes et des gens qui leur parlent), la plupart des idées ne sont pas commercialement viables, ou du moins elles se heurtent à des difficultés qui les rendent non opérationnelles. Il est important pour les responsables du marketing de l'organisation qui cherchent à développer un nouveau produit, ou à adapter un produit ancien, d'être capable de filtrer le plus tôt possible les idées qui ne sont pas viables afin de perdre le moins d'énergie et de capital possible sur une idée qui au mieux n'aboutira pas, mais au pire peut être un échec commercial ruineux.

Le test du concept

Une fois le filtrage des idées effectué, il est nécessaire pour le responsable marketing de pousser plus loin le développement du concept du produit afin d'être capable de préciser ses caractéristiques et ses éléments et de se faire une meilleure idée de ses possibilités de réalisation et de son attrait potentiel pour les touristes visés. Mais un concept de produit va plus loin que l'idée d'un produit qui n'est qu'une description factuelle et fonctionnelle. Le concept du produit représente l'idée que la compagnie souhaite voir perçue par les touristes visées.

---

5. Voir ARNOLD, J.E., « Useful Creative Techniques », dans *Sources Book for Creative Thinking*, S.J. PARNES et H.F. HARDING, éditeurs, New York, Charles Scribner's Sons, 1962, p. 255.

6. Voir OSBORN, A.F., *Applied Imagination*, 3ᵉ éd., New York, Charles Scribner's Sons, 1963.

7. ARNOLD, J.E., *op. cit.*, p. 255.

8. ARNOLD, J.E., *op. cit.*, p. 255.

9. LINCOLN, J.W., « Defining a Creativeness in People », dans S.J. PARNES et H.F. HARDING, *op.cit.*, p. 255.

Afin de pouvoir développer un concept du produit cohérent qui aura du succès, les responsables du marketing doivent tester systématiquement les concepts des produits qu'ils développent. Le test d'un concept de produit devra comprendre les questions suivantes[10].

1) Le concept avancé est-il clair et facile à comprendre ?

2) Le concept du produit offre-t-il des bénéfices distinctifs par rapport aux produits concurrents ?

3) Est-ce que le concept est préféré aux principaux produits concurrents ?

4) Le produit sera-t-il facilement adopté ?

5) Le produit satisfait-il de véritables besoins et désirs du touriste ?

6) Quelles sont les améliorations à suggérer sur les divers aspects du produit ?

Par le fait même, un test du concept permettra aux responsables marketing de préciser le concept développé et de définir un produit mieux positionné et répondant mieux aux attentes des touristes.

L'analyse commerciale

L'objectif de tout développement de produit dans une perspective commerciale est d'engendrer des recettes et de faire des profits. Cet objectif ne peut être atteint que si le produit peut attirer un marché suffisamment important dans des délais acceptables.

Il devient donc essentiel de procéder, dès les premières étapes du développement d'un concept de produit, à une analyse commerciale détaillée afin d'estimer le potentiel de ventes et la courbe que celles-ci vont suivre à partir du moment où celui-ci sera commercialisé.

Dans l'estimation des ventes potentielles, il faut distinguer les premières ventes à un touriste, qui généralement considérera ce premier achat comme un essai, et les ventes répétées au même touriste, lorsque celui-ci aura apprécié et adopté le produit. Dans cette même analyse, il faudra faire des projections de coûts et de profits afin de pouvoir évaluer la viabilité à court et à long terme du produit.

Le développement du produit

Si l'analyse commerciale démontre que le produit envisagé est commercialement viable et qu'il permettra de dépasser le seuil de rentabilité, avant de

---

10. Voir TAUBER, E.M., « Reduce New Product Failures : Measure Needs as Well as Purchase Intention », *Journal of Marketing*, juillet 1973, p. 61-64.

connaître des problèmes de trésorerie, on peut alors procéder au développement du produit conçu et testé. Ce processus de développement peut être assez long selon le produit. On prévoit généralement plusieurs années à négocier des ententes (tours, circuits, etc.) ou à mettre en place des infrastructures (hôtels, stations de ski, etc.).

La complexité d'un produit touristique, et souvent la multiplicité des intervenants, nécessitent dans sa phase de développement un effort particulier de planification et de coordination. Bien que, dans la plupart des cas, un produit touristique puisse être développé en phases successives, il ne faut pas oublier qu'il doit dépasser un seuil critique de développement sans quoi il ne sera pas commercialisé comme le produit conçu, mais comme un produit de transition. Cela représente un risque commercial important dans la mesure où les premiers touristes à l'essayer ne pourront pas évaluer le produit définitif. De bouche à oreille, ils transmettront une évaluation négative qui pourra entraîner une confusion dans l'esprit des visiteurs potentiels.

Le test du marché

Certains aspects particuliers du produit et les détails de la stratégie de son lancement ne sont souvent développés que dans les phases finales de la mise en œuvre du produit. Cependant, dans le développement du produit, il est prudent, sans tomber dans l'irréalisme, d'être aussi précis que possible quant aux étapes à suivre et aux décisions à prendre relativement au lancement commercial du produit.

Avant de procéder au lancement commercial sur une grande échelle, on conseille de faire un test du marché et une planification rigoureuse du lancement. Cela peut être un exercice assez difficile dans le cas d'un produit touristique surtout en ce qui concerne le test de marché. L'objectif du test de marché consiste à mesurer et à évaluer la réaction des touristes à l'offre qui leur est faite par rapport au produit dont la commercialisation est envisagée et ce, autant du point de vue de l'offre elle-même que de la façon dont elle est communiquée et concrétisée.

Diverses approches sont disponibles pour la conduite d'un test de marché et pour la prévision des ventes. Cependant, dans la plupart des cas, il est difficile de procéder comme dans le secteur des produits de consommation à la commercialisation sur un marché restreint d'une quantité limitée du produit et d'en observer le développement. Certaines formules particulières de forfaits, de prix, ou de méthodes de vente peuvent être ainsi testées dans le domaine du tourisme. Elles peuvent l'être par la mise sur le marché d'une unité pilote (hôtel, condominium) ou d'un service sur une base réduite (une nouvelle liaison aérienne, un circuit, une excursion, la location de voitures, de motos, d'avions et de bateaux, etc.).

De plus, un marché test devra se dérouler sur une période assez longue pour pouvoir en tirer des conclusions valables et éventuellement prévoir la diffusion qui va s'opérer et le niveau d'achat répété qui sera engendré. Le test de marché ne doit cependant pas être étiré en longueur, car il coûte très cher, entraîne dans le cas de réponse positive un coup d'opportunité élevé par rapport à une commercialisation immédiate à grande échelle, et éveille l'attention de la concurrence.

À titre illustratif, voici quelques exemples démontrant l'utilisation de la recherche marketing dans la commercialisation de nouveaux produits. Ainsi :

— le *Club Med* teste de manière empirique ses nouveaux produits (stage de micro-informatique) dans un ou deux villages avant de les mettre à la disposition de ses G.M. (gentils membres) sur une grande échelle. Le village correspond à un marché test dans lequel sera réalisée une série de mesures destinées à évaluer la performance du produit et ses chances de succès ;

— la chaîne hôtelière *Holiday Inn* teste différents modèles de chambres avant de concevoir de nouveaux hôtels ;

— de même *Thomson Holidays*, le producteur de voyages britanniques, teste les nouveaux produits par ses catalogues. Le produit est maintenu l'année suivante si les résultats du test sont jugés satisfaisants.

Le processus d'adoption

Cette notion de l'existence d'un processus d'adoption par les touristes est très importante dans la planification du lancement d'un nouveau produit et dans la gestion d'un produit nouvellement introduit sur le marché. Notamment, elle stipule qu'un produit, dans de nombreux cas, n'est pas acheté mais adopté. La nuance est que l'adoption sous-entend une attitude positive stable envers le produit, une intention de répétition dans son utilisation et, éventuellement, la transmission d'informations positives à son égard.

Le processus d'adoption par les consommateurs, tel que l'a proposé ROGERS[11], suppose l'existence de cinq étapes :

La prise de conscience   Le touriste prend conscience et connaissance de l'innovation mais n'a pas beaucoup d'information sur celle-ci.

L'intérêt   Le touriste est motivé pour rechercher de l'information sur l'innovation.

L'évaluation   Le touriste essaie d'estimer s'il serait valable pour lui de faire un essai du produit.

---

11. ROGERS, E.M., *Diffusion of Innovations*, New York, The Free Press, 1962.

L'essai   Le touriste essaie l'innovation à petite échelle afin d'améliorer l'évaluation personnelle de son utilité et des bénéfices qu'il peut en tirer.

L'adoption   Le touriste décide de passer à une utilisation régulière et réelle de l'innovation.

Bien entendu, il y a des différences individuelles principalement liées à la perception et à l'acceptation du risque dont les conséquences seront examinées dans la section suivante. D'autre part, un certain nombre de caractéristiques reliées au produit vont en favoriser l'adoption[12] :

- l'*avantage relatif* de l'innovation par rapport aux produits actuels, qui favorisera l'adoption ;

- la *compatibilité* de l'innovation avec les valeurs et les expériences, actuelles et passées, du touriste qui facilitera l'adoption ;

- la *complexité* de l'innovation pour le touriste, principalement en termes de comportements nouveaux requis et de compréhension. Elle freinera l'adoption ;

- la *divisibilité* de l'adoption, c'est-à-dire la possibilité de l'essayer sans engagement majeur, ce qui favorisera l'adoption ;

- la *communicabilité* des bénéfices nouveaux apportés par cette innovation qui stimulera son adoption.

Le responsable du lancement d'un produit nouveau devra donc veiller à augmenter les caractéristiques qui faciliteront l'adoption de celui-ci et à réduire autant que possible les frais qui y sont liés.

Le processus de diffusion

Après avoir considéré le processus d'adoption des innovations sur le plan individuel, il faut considérer la diffusion des innovations sur le marché. Dans ce cas, elle se présente comme un processus impliquant des groupes d'individus. Les études de ROGERS ont permis de distinguer, parmi les individus, cinq catégories qui se différencient par la vitesse d'adoption d'une innovation (voir figure 5-6).

- Les *innovateurs* qui adoptent immédiatement une innovation et qui ont pour caractéristiques principales : une tolérance élevée au risque, une avidité de la nouveauté, une soif d'information même commerciale, le cosmopolitisme et une propension à diffuser l'information.

---

12. LAMPERT, S.I., « World of Mouth Activity during the Introduction of a New Food Product », dans *Consumer Behavior : Theory and Implication*, J.V. FAIRLEY, J.A. HOWARD et L.W. RUIG, éditeurs, Boston, Allyn and Bacon Inc., 1974, p. 67-88.

FIGURE 5-6   Catégories d'adopteurs en fonction du temps d'adoption

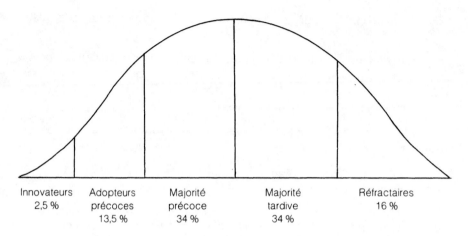

Innovateurs	Adopteurs	Majorité	Majorité	Réfractaires
2,5 %	précoces	précoce	tardive	16 %
	13,5 %	34 %	34 %	

Source : ROGERS, E.M., *Diffusion of Innovations*, New York, The Free Press, 1962. Figure adaptée.

- Les *adopteurs précoces* qui adoptent relativement vite un nouveau produit et qui ont des caractéristiques très proches des innovateurs, mais ont un accès moins rapide à l'information et une réaction un peu plus longue face à une innovation.

- La *majorité précoce* qui est plus prudente et attend de voir le résultat de l'utilisation d'un nouveau produit par les innovateurs et les adopteurs précoces.

- La *majorité tardive* qui attend que la majorité des gens ait adopté une innovation pour l'adopter à son tour.

- Les *réfractaires* qui sont généralement très conservateurs et n'ont aucun goût pour le changement et la nouveauté. Ils représentent un segment du marché qu'il est illusoire de vouloir convertir.

Lorsque le lancement d'un nouveau produit est envisagé, il est bon que les responsables se réfèrent au processus de diffusion des innovations pour, d'une part, déterminer quels sont les innovateurs sur le marché et, d'autre part, développer une première stratégie qui leur est destinée. Ils viseront les groupes suivants par phases successives en passant de l'argument de nouveauté à celui plus rassurant de produit déjà adopté par de nombreux touristes.

CONCLUSION

Le produit est l'élément moteur du marketing du tourisme, car il « répond » à la demande touristique et il est aussi l'élément le plus complexe de la stratégie marketing.

Un produit touristique a des caractéristiques particulières qui le distinguent des autres produits et services : il intègre des aspects humains et psychologiques plus que tout autre produit ; il nécessite dans sa conception l'intervention de plusieurs partenaires. Ces caractéristiques rendent difficile toute standardisation du produit touristique. Notons que même dans le cas d'une chaîne hôtelière internationale, chaque hôtel est unique parce qu'il est situé dans un environnement différent.

Le responsable marketing doit s'assurer que le produit touristique corresponde à une attente du marché. Il doit suivre attentivement l'évolution de son cycle de vie et développer de nouveaux produits susceptibles de satisfaire une nouvelle demande.

La conception du produit est la première étape dans l'élaboration d'un programme marketing. L'étape suivante a trait à l'accessibilité de ce produit sur le marché. C'est précisément de cette problématique dont il sera question dans le chapitre suivant.

Chapitre 6

L'accessibilité
et la distribution
des produits touristiques

LA GESTION DE L'ACCESSIBILITÉ
 L'information
 Le système de réservation et de vente
 Le transport
 L'hébergement
 Les infrastructures locales
 Les conditions climatiques

LA STRATÉGIE DE DISTRIBUTION DES PRODUITS TOURISTIQUES
 Les différents canaux de distribution
 Les différents intermédiaires dans l'industrie touristique
 Le rôle des différents intermédiaires

CONCLUSION

* * *

Dans le domaine du tourisme, le concept de distribution doit être analysé sur deux plans: d'une part, l'accessibilité du produit touristique, c'est-à-dire l'absence d'obstacles à la consommation du produit touristique et, d'autre part, l'acheminement du produit touristique du producteur aux consommateurs finals.

LA GESTION DE L'ACCESSIBILITÉ

Le concept d'accessibilité recouvre plusieurs éléments qui doivent opérer de façon satisfaisante pour faciliter l'accès au produit. Certains de ces éléments peuvent d'ailleurs faire partie intégrante du produit, à savoir :

- l'information ;
- le système de réservation et de vente :
- le transport ;
- l'hébergement ;
- les infrastructures locales :
- les conditions climatiques.

L'information

Choisir une destination est une décision parfois complexe. C'est l'information relative à une destination qui permet au touriste de se faire une idée du produit. La définition, que nous avons donnée précédemment du produit touristique, stipule que le produit existe dès que le consommateur a une représentation mentale de l'offre qui lui est faite. Ainsi, l'information doit donc être facilement accessible et le processus de choix d'une destination se fait généralement en deux étapes :

— une première phase d'élimination où le touriste rejette toutes les options qui ne correspondent pas à ses besoins ou à ses possibilités financières ;
— une deuxième phase dans laquelle les alternatives acceptables sont comparées à partir de critères variant selon les individus et selon leur situation.

Par contre, un manque d'information provoque généralement l'élimination du produit dès la première phase du processus. En somme, la condition première d'accessibilité d'un produit est l'existence d'information qui permet au touriste de faire un choix.

Le système de réservation et de vente

Un système de réservation a pour but de permettre au touriste, ayant fait un choix parmi plusieurs destinations, d'effectuer les démarches pour s'assurer de la concrétisation de ce choix dans les conditions prévues. Ces démarches doivent être très simples et dénuées de toutes sources de tracas et de complications pour le touriste.

Ainsi, dans les années 60-70, le client était en contact direct avec le vendeur (agence de voyages, producteurs de voyages…). Ces méthodes de réservation traditionnelles nécessitaient que le personnel ait des connaissances techniques mais aussi commerciales afin de fournir toutes les informations relatives au produit touristique.

Du milieu des années 70 à nos jours, le traitement en lignes a donné aux utilisateurs plus de liberté : ils peuvent interagir avec le système informatique central pour effectuer des transactions électroniques. Avec l'avènement de l'approche des réseaux locaux et de l'architecture client-serveur, nous rentrons au sein d'une nouvelle vague. On y trouve la technologie Internet et les nouveaux Systèmes informatisés de réservation (SIR) qui rendent la recherche plus rapide et plus efficace. Ces SIR regroupent l'offre d'une chaîne hôtelière ou d'une destination. La création d'un tel système inclut généralement celle d'un bureau de réservation que le client peut appeler par téléphone.

Le transport

Nous ne ferons pas ici une analyse du transport des passagers qui pourrait faire l'objet d'un ouvrage entier. Nous nous limiterons cependant à souligner son importance du point de vue de la gestion de l'accessibilité.

Certains critères liés au transport tels que le coût, la commodité, la durée, les correspondances, etc., doivent être une priorité pour le responsable marketing. D'ailleurs, pour une majorité d'individus, l'attrait d'un produit touristique serait lié aux conditions de transport.

L'hébergement

Comme le transport, l'hébergement est à la fois un élément de base du produit touristique et un élément essentiel de son accessibilité. D'une part, sur le plan quantitatif une station touristique, dont les capacités d'hébergement ne peuvent répondre à la demande, devient inaccessible pour une grande partie des visiteurs potentiels. D'autre part, sur le plan qualitatif les conditions de l'hébergement peuvent être jugées inacceptables et constituer un obstacle à la « consommation » du produit.

Précisons que la notion d'hébergement « adéquat » est fortement liée aux facteurs culturels. Par exemple, un touriste nord-américain exige généralement des chambres plus spacieuses que le touriste européen, si bien qu'il est insatisfait par les espaces restreints offerts dans certaines stations de ski européennes.

Les infrastructures locales

L'hébergement n'est en fait que la partie la plus visible de l'infrastructure nécessaire pour rendre un produit touristique accessible, car d'autres éléments de l'infrastructure font également partie de ce que nous avons appelé l'accessibilité du produit. Ces éléments qui relèvent souvent de la responsabilité des autorités locales sont les voies d'accès, les aires de stationnement, les transports collectifs locaux, les équipements portuaires et aéroportuaires, les services publics.

Les conditions climatiques

Finalement, pour un certain nombre de produits touristiques, l'accessibilité peut être rendue plus difficile pour des raisons climatiques saisonnières, par exemple, la saison des pluies (la plupart des safaris en Afrique, des circuits en Inde), la chaleur excessive (le Sahara, Death Valley en Californie), le froid et l'enneigement (le Nord Canadien, Le Groënland) et les tempêtes (saison des tornades dans les Caraïbes).

Par contre, il est parfois possible de compenser ces inconvénients par des réductions de prix que l'on offre aux touristes. Mais, généralement, les contraintes climatiques qui réduisent l'accessibilité du produit sont des obstacles difficilement contournables.

De plus, la plupart des considérations que nous avons développées concernant l'accessibilité sont, il va de soi, fortement contingentes aux caractéristiques et à la localisation des marchés cibles. Ainsi, un produit touristique est constitué d'ensemble d'avantages (points positifs recherchés par les touristes) qui ont parfois des contreparties négatives (le prix et la difficulté d'accès).

Donc, le gestionnaire marketing doit à la fois augmenter les attraits du produit, mais également réduire les inconvénients qui y sont reliés, en particulier, ceux qui concernent l'accessibilité. Les efforts du responsable doivent tenir compte du marché cible, car la gestion de l'accessibilité est justement la gestion du lien quasi physique entre le produit touristique et son (ou ses) marché(s) cible(s).

Ainsi, il est nécessaire de considérer l'accessibilité et les différents éléments qui la composent comme devant faire partie du produit global. Cette intégration est parfaitement présente dans les produits proposés par les organisateurs de voyages, dans lesquels l'accessibilité fait partie du service offert (voyage à forfait). Malheureusement, la gestion de l'accessibilité et son intégration au produit global demeurent le plus souvent un casse-tête chinois. En effet, les équipements ou les moyens de transport relèvent généralement d'organismes ou d'entreprises indépendantes de ceux qui gèrent le produit touristique.

La multitude des intervenants rend difficile la coordination des éléments de l'accessibilité et leur intégration. En conséquence, l'offre globale devient beaucoup moins attrayante pour le touriste. Ce manque de coordination se trouve fréquemment à l'origine des difficultés de développement des stations touristiques.

LA STRATÉGIE DE DISTRIBUTION DES PRODUITS TOURISTIQUES

Les différents canaux de distribution

Les canaux de distribution et de vente des produits touristiques jouent un rôle extrêmement important dans la stratégie marketing.

Le marketing du tourisme se caractérise par une offre importante constituée par une multitude de produits touristiques et par une demande importante répartie sur un vaste territoire géographique.

Cet aspect de l'offre et de la demande touristique accentue le rôle et le pouvoir des intermédiaires. La figure 6-1 présente les différents circuits de distribution et de vente des produits touristiques.

La première étape d'une politique de distribution consiste à analyser le marché cible et à comparer le nombre de touristes « indépendants » par rapport à ceux qui utilisent un voyage à forfait. La décision de distribuer directement ces produits aux consommateurs ou, au contraire, d'utiliser des intermédiaires dépend en partie du volume de visiteurs par canal de distribution (voir tableau 6-1).

Pour la Grèce et l'Espagne, près de 80 % des visiteurs britanniques proviennent des organisateurs de voyages. La gestion des intermédiaires pour les offices du tourisme de ces pays devient extrêmement importante.

FIGURE 6-1 Circuits de distribution et de vente des produits touristiques

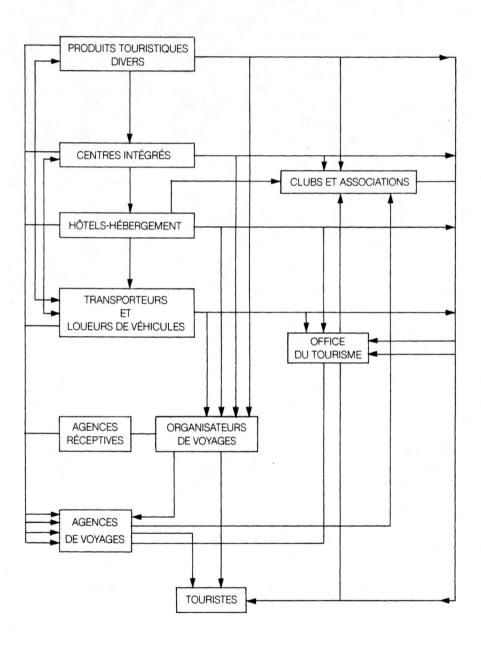

TABLEAU 6-1   Classement des destinations des Britanniques — Marché des voyages à forfait versus marché indépendant (année 1983)

ROYAUME-UNI

Voyages à forfait (%)	Voyages à forfait / Voyages indépendants (%)	Voyages indépendants (%)
1) Espagne 31	78	1) Espagne 33
2) France 11,5	26	2) France 14
3) Grèce 10,5	82	3) Autriche 6,5 Suisse
4) Italie 9,7	31	4) Italie 6
5) USA 3,5	33	5) Grèce 6

Pour la Grèce et l'Espagne, près de 80 % des visiteurs britanniques proviennent des organisateurs de voyages. La gestion des intermédiaires pour les offices du tourisme de ces pays devient extrêmement importante.

D'après une étude réalisée par SABBAGH et TOCQUER[1], les critères utilisés par les organisateurs de voyages pour évaluer les destinations, sont les suivants :

• le potentiel de la destination ;
• la capacité aérienne ;
• la politique tarifaire des transports aériens ;
• la promotion des offices nationaux du tourisme auprès du grand public ;
• le support des offices nationaux du tourisme auprès de la distribution ;
• les voyages de familiarisation auprès des agents de voyages ;
• les relations avec les agences réceptives ;
• la politique de paiement et d'annulation.

Les offices nationaux du tourisme doivent s'assurer que l'image de leur destination est bien évaluée à partir de ces critères. Ils doivent considérer le marché de la distribution comme un marché spécifique vers lequel il faut con-

---

1.   SABBAGH,R. et G. TOCQUER, *Image des destinations européennes auprès des tour-operators américains,* CERAM, Sophia Antipolis, Valbonne, France.

cevoir et mettre en œuvre certaines actions marketing pour consolider la position de la destination par rapport à la concurrence.

L'analyse du marché grand public et du marché de la distribution doit mener à la définition des objectifs de la politique de distribution. Ces objectifs doivent évidemment découler des objectifs marketing définis en nombre de visiteurs, en taux d'occupation, en durée moyenne de séjour. Parmi les objectifs relatifs à la distribution mentionnons :

• assurer une couverture géographique (par exemple, villes de plus de 100 000 habitants) ;
• faire supporter les investissements promotionnels par les distributeurs ;
• s'assurer du contrôle du circuit de distribution ;
• accroître le nombre de distributeurs ;
• stimuler les intermédiaires ;
• s'assurer que le circuit de distribution délivre un service de qualité aux consommateurs finals.

Les différents intermédiaires dans l'industrie touristique

Comme nous l'avons vu précédemment, le produit touristique peut être commercialisé par une multitude de canaux de distribution. Par exemple, un hôtel peut être vendu :

• par sa propre force de vente ;
• par l'intermédiaire d'un office de tourisme ;
• par l'intermédiaire d'une centrale de réservation ;
• par l'intermédiaire de clubs ou d'associations ;
• par l'intermédiaire d'un bureau de représentation hôtelière ;
• par l'intermédiaire d'un producteur de voyages, puis par des agences de voyages ;
• par l'intermédiaire d'agences de voyages sans passer par un producteur   de voyages.

En réalité, les deux systèmes de distribution les plus courants dans le tourisme sont (voir figure 6-2) :

• la distribution directe ;
• la distribution par l'intermédiaire d'un producteur de voyages (détaillant).

FIGURE 6-2   Les deux systèmes de distribution les plus utilisés dans l'industrie touristique

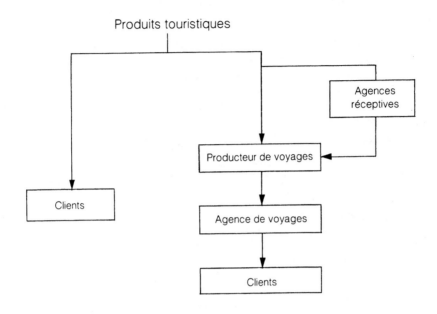

La distribution directe

Le principal avantage d'une distribution directe peut être financier. La rémunération des intermédiaires peut représenter entre 8 et 25 % du prix de vente du produit touristique, d'où la volonté de certaines entreprises touristiques de supprimer tout intermédiaire.

C'est le cas des compagnies aériennes qui créent leurs propres agences et des hôtels qui ouvrent un centre de réservation. Mais, c'est aussi le cas de certains producteurs de voyages qui vendent directement leur produit auprès de la clientèle ou qui développent leur propre réseau de distribution (intégration verticale). Les exemples du *Club Méditerranée*, de *Nouvelles Frontières* en France, de *Sun Jet* en Belgique, de *Martin Rook, Tjaereborg, Portland* en Grar de-Bretagne, illustrent la volonté des producteurs de voyages de suivre cette politique.

Cependant, pour de nombreux produits touristiques (entité géographique, stations, etc.) cette méthode représente des inconvénients et n'est qu'une illusion de gains à court terme. Tout d'abord, sans intermédiaires la tâche de la mise en marché devrait être plus complexe étant donné que le nombre de contacts clients est multiplié. D'autre part, l'économie réalisée relativement aux commissions est souvent à moyen terme dépassée par les coûts supplémentaires encourus pour la gestion de son propre système de distribution.

Les investissements nécessaires pour faire connaître le produit et le promouvoir sont à la charge exclusive du producteur. Cette politique de distribution nécessite donc des investissements marketing importants. De plus, cette politique est difficilement applicable dans le cas de forte saisonnalité du produit touristique.

En effet, pour une station balnéaire ou de ski, il est très difficile de vendre directement la station durant les périodes de pointes (vacances scolaires). Par contre, en dehors de ces périodes, il est nécessaire d'obtenir le soutien des intermédiaires pour pouvoir espérer un certain taux de fréquentation. Ces stations sont alors dans l'obligation d'utiliser des systèmes de vente différents mais complémentaires.

Cependant, un élément qui pourrait dans l'avenir permettre le développement d'une autre forme de distribution directe est la « télématique ». Les ménages ainsi dotés d'équipement pourraient sélectionner les produits touristiques et effectuer leurs réservations à domicile.

La distribution par l'intermédiaire de producteurs de voyages et d'agences de voyages

Dans ce système de distribution, les frais de distribution sont partagés entre les différents partenaires. L'hôtel ou la station concernée peuvent ainsi accéder à de nouveaux marchés qui seraient inaccessibles par une distribution directe en raison des investissements nécessaires d'ordre publicitaire.

Pour une région ou pour une ville qui souhaite commercialiser ses produits touristiques par des intermédiaires, c'est l'occasion :

- de concentrer les efforts dans l'identification et la concrétisation de produits locaux sous la forme de forfait ;
- de sélectionner des distributeurs performants ;
- de préparer les offres et de stimuler les intermédiaires ;
- d'assurer un minimum d'investissements d'ordre publicitaire pour faire connaître la région ;
- de veiller à une meilleure accessibilité de la destination ;
- d'informer la population locale pour qu'elle ait la meilleure attitude vis-à-vis des activités touristiques ;
- de planifier et de gérer l'activité touristique de manière cohérente et d'assurer ainsi le développement des différents partenaires locaux ;
- de réaliser des programmes de visites et de familiarisation *(Eductours, Famtrips).*

Il est bien sûr important de connaître les fonctions et les rôles des différents intermédiaires et d'anticiper leur évolution.

Le rôle des différents intermédiaires

Le producteur de voyages (*tour-operator*)

Le producteur de voyage est un organisateur de voyages qui fait office de producteur dans l'industrie touristique. Ainsi, le produit conçu par ce dernier peut intégrer différents services : du simple transport aérien (vol nolisé) à un produit plus global comprenant le transport aérien, l'hébergement, la restauration, la location de voitures, etc.

Les producteurs de voyages se différencient selon le niveau d'intégration des produits touristiques et selon la capacité de leur offre. Cependant, ils peuvent également se différencier selon leur positionnement, et en particulier :

- selon la destination   *Havanatour, JET AM, Austro-Pauli, AFRICATOURS, SUNQUEST, EXOTIC TOUR* ;
- selon le profil socio-démographique de la clientèle   *U.C.P.A.* en France, *Single* aux États-Unis ;
- selon les activités offertes   *JET TOURS* (chasse et pêche), *Golf HOLIDAYS, VACANCES YACHTING* (voile), *LA FUGUE* (musique), *EXPLORATOR* (aventures, découvertes), *JET TONIC* (cures), *CRIMÉE VOYAGES* (pèlerinage), *CLUB AVENTURE* (Québec), *SKIMANIA.*

Dans la structure d'un producteur de voyages, le service de production joue un rôle essentiel. Selon DE BEAUCHAMP[2], il a pour mission, en fonction des objectifs et de la stratégie du producteur de voyages, de concevoir et de créer des produits. Il remplit quatre fonctions, soit :

— une fonction d'étude de marché et de prévision ;

— une fonction de recherche de produits ;

— une fonction technique, celle de fabrication des produits ;

— une fonction économique liée à la fixation des prix.

Le processus de production d'un producteur de voyages couvre une période qui peut varier entre 12 et 13 mois. Ce processus est présenté au tableau 6-2 (exemple d'une brochure ÉTÉ).

---

2. DE BEAUCHAMP J.-Ls, *L'activité de production dans le domaine du tourisme,* document interne, Paris, JUMBO SOTAIR, 1986.

TABLEAU 6-2   Processus de production d'une brochure d'un producteur de voyages — *Brochure été 1987*

OCTOBRE 1985

Étude de marché et planification

— Analyse du marché
— Étude de concurrence
— Élaboration d'une stratégie

FÉVRIER - AOÛT 1986

Mission des forfaitistes

- Visite et rencontre
  — Offices de tourisme
  — Hôteliers
  — Loueurs de voitures
  — Agences réceptives

- Négociation de prix et type de contrat
- Appel d'offres à plusieurs agences réceptives

SEPTEMBRE 1986

- Synthèse de la mission

OCTOBRE - DÉCEMBRE 1986

- Conception des produits
- Fabrication des catalogues
- Construction des stocks

15 JANVIER 1987

- Sortie du catalogue

30 JANVIER 1987

- Catalogue *«été»* disponible pour le réseau de distribution

La structure des coûts d'un voyage à forfait (voir tableau 6-3) montre que le coût du produit touristique représente près de 70 % du prix de vente du forfait ; l'hébergement et le transport aérien pesant énormément sur ce coût.

Les négociations avec les hôteliers et les transporteurs constituent donc une phase importante dans la conception du produit touristique.

La rémunération du producteur de voyages (entre 8 et 12 % du prix de vente) doit lui permettre de couvrir ses coûts marketing (3,7 % du prix de vente)

TABLEAU 6-3   Structure des coûts d'un voyage à forfait – Marché Grande-Bretagne

	(en %)
Prix des brochures	100
Hébergement	36
Transfert local	0,8
Transport aérien	34
Personnel local	1,2
Coût du forfait	72
Marketing	
Promotion	
(environ 1,2 % du prix de vente)	1,2
Huit brochures par réservation	1,7
Recherche, éducation, etc	0,8
	3,7
Administration	5,3
Marge du producteur de voyages	
(9 % du prix de vente au détail)	9
Commission de l'agence de voyages	
(10 % PV)	10
	100

Source : International Tourism Quarterly, Londres 1985.

dont les frais d'édition et les charges de structures (5,3 % du prix de vente). La marge nette du producteur de voyages est donc très étroite et une fluctuation défavorable des taux de change peut avoir un effet dramatique sur sa profitabilité. Les marges restreintes des producteurs de voyages expliquent aussi la faiblesse de leurs activités marketing. En effet, elles n'autorisent que peu d'investissements en publicité media ce qui empêche les producteurs d'accroître leur marché.

L'évolution actuelle des producteurs de voyages se traduit par :

• une tendance à une intégration verticale. Certains producteurs de voyages intègrent en effet leur propre réseau d'agences de voyages par un système de franchise ou d'association ;

- une tendance à «vendre directement» les produits aux consommateurs potentiels supprimant ainsi les coûts de distribution rémunérés à l'agence de voyages. En 1985, les ventes de «voyages à forfait» par distribution directe représentaient en Grande-Bretagne 10 % du marché total.

L'agence de voyages

Dans l'industrie touristique, l'agence de voyages joue le rôle du détaillant. En réalité, de nombreuses agences de voyages font aussi office de producteur et commercialisent leur propre produit. Dans la gestion des agences de voyages, en tant qu'intermédiaires, il est donc important de distinguer deux notions largement utilisées dans le marché des produits de grande consommation :

- *La distribution numérique*   C'est le pourcentage entre le nombre de points de vente (agences) dans lequel le produit est effectivement présent par rapport à l'ensemble des agences sur un territoire donné.

- *La distribution valeur*   C'est le chiffre d'affaires des points de vente (agences) dans lequel le produit est présent par rapport au chiffre d'affaires total de l'ensemble des agences sur le territoire. (Il s'agit du chiffre d'affaires de la catégorie de produits concernés).

En effet, tous les points de vente n'offrent pas le même potentiel de vente et il vaut mieux être présent dans les agences à fort potentiel, tout en prenant la décision de ne pas être commercialisé dans tous les points de vente. Ces deux notions sont primordiales dans la gestion de la distribution.

Les agences de voyages se différencient aussi par rapport à la répartition de leur chiffre d'affaires selon le poids du secteur «affaires» et selon le poids du secteur «tourisme» et en particulier, selon le chiffre d'affaires voyage à forfait.

La structure des coûts d'une agence de voyages est représentée au tableau 6-4. Près de 50 % des coûts proviennent des frais de personnel et l'on peut estimer le coût direct d'un agent de comptoir entre 30 FF et 50 FF par heure. L'agence de voyages perçoit une commission de l'ordre de 10 % sur un forfait. Toutes les campagnes de réduction de prix menées actuellement par les producteurs de voyages ont un impact considérable sur les résultats financiers de l'agence, pouvant mener à la disparition de certaines d'entre elles ce qui peut à moyen terme avoir des résultats néfastes pour la mise en marché de nombreux produits touristiques si le réseau indépendant de distribution devait éventuellement disparaître.

FIGURE 6-4   Structure des coûts d'une agence de voyages

PERSONNEL	58,7
TÉLÉPHONE	12,6
TAXES LOCALES	6,1
ÉNERGIE	2,6
PUBLICITÉ	4,8
AUTRES (équipements, amortissements)	15,2
	100,00

Source : **Agence de voyages Sélectour**, Dunkerque (France) 1996.

Cette structure de coût ne peut être qu'indicative. En effet la profession se restructure de façon importante (réseau, concentration), les métiers de la distribution évoluent vers l'information et le conseil tandis que les systèmes de distribution sont de plus en plus directs avec la montée en puissance des systèmes informatiques. Tous ces facteurs posent le problème des frais de distribution et des commissions face par exemple à des compagnies aériennes qui s'emploient de plus en plus à limiter leurs frais.

L'agence de voyages joue en rôle spécifique dans la distribution du produit touristique. Elle est une source d'information et de conseil pour le visiteur éventuel. Sur le marché américain plus de 90 % des voyages à forfait sont vendus par l'intermédiaire des agences de voyages. Il semble néanmoins que les agences ne jouent pas toujours le rôle qu'elles devraient avoir auprès de leurs clients.

Une enquête[3], menée en France par *50 millions de consommateurs*, montre que trop souvent les agences se contentent de distribuer les brochures sans conseils pertinents. De plus, les agents de comptoir ne connaissent pas véritablement les produits touristiques et la formation permanente est limitée. Ainsi, le public risque de se détourner des agences et se diriger vers des méthodes de vente plus directes et peut-être moins coûteuses… Si les agences de voyages sont indispensables dans l'industrie du tourisme, elles doivent par contre jouer mieux leur rôle de conseiller auprès de leurs clients.

Les partenaires du tourisme (compagnies aériennes, hôtels, producteurs de voyages…), qui commercialisent leur produit par les agences de voyages, se posent fréquemment la question suivante : *L'agent de voyage influence-t-il le visiteur dans le choix de la destination ?*

---

3. Agences de voyages. Vogue la Galère, *50 millions de consommateurs*, février 1986, p. 28-34.

Deux études réalisées par HODGSON[4] et GRAY et HERBERT[5] sur le marché britannique semblent montrer que cette influence est très limitée. HODGSON indique que près de 50 % des clients qui se rendent dans une agence de voyages ont un seul choix en tête, l'autre moitié ayant plusieurs alternatives. L'agence arrive à satisfaire, immédiatement, un peu plus de la moitié de ses clients (53 %). Que propose l'agent de voyages lorsque le client ne peut accéder à son choix initial? Selon cette étude, l'agent de voyages propose un autre producteur de voyages ou un changement d'hôtel, mais rarement une modification de la destination. Mais il faut tenir compte du fait que le marché britannique des voyages à forfait peut avoir des caractéristiques qui lui sont propres ; il serait donc dangereux de généraliser ces résultats.

Une réponse à la question précédente semble néanmoins être très importante, car si les agents de comptoir jouent effectivement un rôle de prescripteur, ils doivent faire partie de la cible de communication de l'organisation touristique. Dans le cas contraire, il faut limiter toute action de communication vers ce marché cible.

L'évolution actuelle des agences de voyages se caractérise surtout par une concentration horizontale sous la forme d'associations (réseau *SELECTOUR* en France, *THOMAS COOK, LUNN POLY* en Grande-Bretagne, *CLUB VOYAGES* au Québec).

Sur le marché britannique, 30 % du marché des voyages à forfait est réalisé par les chaînes d'agences de voyages. Les agences indépendantes locales voient leur part diminuer d'année en année.

Les agences réceptives (voir figure 6-2) ne sont pas des détaillants. Elles ont en réalité une activité de production. Elles intègrent, sur le plan local, différents services touristiques (hôtels, restauration, excursions, transport local) sous la forme d'un forfait qu'elles revendent ensuite aux producteurs de voyages.

Les partenaires doivent bien connaître ces agences. Elles ne sont pas toujours implantées sur le lieu de destination. En effet, certains producteurs de voyages américains, qui commercialisent la destination France, achètent à des agences réceptives britanniques le produit France. Les régions, les villes, les stations intéressées par une commercialisation sur le marché américain doivent donc démarcher auprès des agences réceptives et non auprès des producteurs de voyages américains.

---

4.   HODGSON, P. *Research into the Complex Nature of the Holiday Choice Process*, Helsinski, ESOMAR, 1983.

5.   GRAY C. et M. HERBETT, *Choosing a Country for a Holiday Knowledge versus Fantasy*, Seminar on the Importance of Research in the Tourism Industry, Helsinski, ESOMAR, 1983.

CONCLUSION

L'accessibilité du produit touristique recouvre deux aspects, celui de la facilité avec laquelle le touriste peut accéder au produit et en jouir, et un élément particulier de cette accessibilité, soit le réseau de distribution et de vente des produits touristiques.

Le premier aspect de l'accessibilité est parfois négligé par les professionnels du tourisme. Pourtant, il est d'une extrême importance. La gestion du réseau de distribution, qui concerne le deuxième aspect de l'accessibilité, a trait à la sélection des canaux de distribution et à la gestion des intermédiaires. Ces canaux de distribution sont en pleine évolution et subissent à la fois l'influence des nouvelles technologies de l'information (télématique) et celle d'une concurrence de plus en plus intensive au sein de l'industrie touristique.

Lorsque les marchés cibles ont été sélectionnés, le produit conçu est rendu accessible. Ce système de vente et de distribution mis en place, il faut alors communiquer l'existence et l'avantage du produit aux marchés cibles et aux membres du réseau de distribution.

Dans le chapitre 7, nous exposerons les grandes lignes de la stratégie de communication dans le domaine du tourisme.

Chapitre 7
La stratégie
de communication

LES OBJECTIFS DE COMMUNICATION

LE GRAPHISME DE MARQUE

LA PUBLICITÉ MEDIA
Les étapes d'un plan de publicité
Le rôle de la publicité à l'intérieur de la stratégie marketing
La détermination du budget publicitaire
La sélection des cibles de communication
La définition des objectifs publicitaires
La stratégie créative
L'élaboration du plan media
Les mesures d'efficacité des campagnes publicitaires
La sélection d'une agence de publicité

LES RELATIONS PUBLIQUES
Les différences entre les relations publiques et la publicité media
Les différents publics de l'organisation touristique
L'élaboration d'un programme de relations publiques
Les moyens d'information des relations publiques

LA PROMOTION DES VENTES
Les objectifs de la promotion des ventes
Les outils de la promotion des ventes
Mieux faire connaître son produit
L'incitation à l'achat ou à la réservation du produit
Le renforcement de la fidélité envers la marque

LE MARKETING DIRECT
Comment faire un publipostage
Le marketing par téléphone

LE PARRAINAGE OU COMMANDITE (*SPONSORING*)
Les mécanismes du parrainage
Les conditions de réussite du parrainage

CONCLUSION

* * *

Les décisions relatives aux activités de communication dans l'industrie touristique sont d'une extrême importance si on en juge par les investissements qu'elles représentent. Précisons que ces investissements sont rendus nécessaires par l'étendue géographique des marchés, par la concurrence internationale et par le caractère intangible du produit touristique.

Pour rejoindre le marché et afin d'assurer un lien avec ce dernier, l'organisation touristique dispose de différents moyens. Tout d'abord, elle doit faire une sélection des moyens qui lui permettront d'atteindre les objectifs de communication fixés initialement. Une fois la sélection réalisée, l'étape suivante portera sur la définition du contenu des moyens de communication retenus. L'ensemble des moyens de communication utilisés représente ce qu'on appelle **le mix de communication** (voir tableau 7-1).

Dans ce chapitre, nous insisterons tout d'abord sur la définition des objectifs de communication avant de préciser les différents moyens de communication.

TABLEAU 7-1   Le «mix de communication» représente l'ensemble des moyens de communication

• **La publicité media**	• **Le marketing direct**
• Grand public	• Le publipostage (*mailing*)
• Professionnelle	• La vente par téléphone
• Institutionnelle	• La vente par télématique
• **La promotion des ventes**	• **Le graphisme de marque**
• La distribution	• Le logotype
• Les consommateurs	• L'emblème
• La force de vente	• La phrase évocation
• **Les relations publiques**	• **Le parrainage** (*sponsoring*)
• Externes	
• Internes	
• **La force de vente**	• **Les salons professionnels**

LES OBJECTIFS DE COMMUNICATION

En définissant ses objectifs de communication, l'organisation touristique précise les buts qu'elle désire atteindre auprès de publics cibles sélectionnés. Souvent, il existe une confusion entre les objectifs marketing (exprimés en chiffres d'affaires, en nombre de nuitées, en nombre de visiteurs) et les objectifs de communication. Il est important de remarquer que la stratégie de com-

FIGURE 7-1   Processus d'élaboration de la stratégie de communication

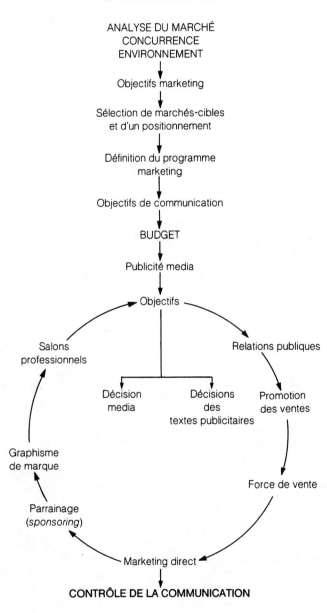

munication ne représente qu'une partie des efforts marketing de l'entreprise. Ainsi donc, mesurer l'efficacité d'une campagne de communication à partir des objectifs marketing serait une erreur. La figure 7-1 représente les différentes étapes qui mènent à la définition de la stratégie de communication.

FIGURE 7-2   Étapes inhérentes à la stratégie de communication

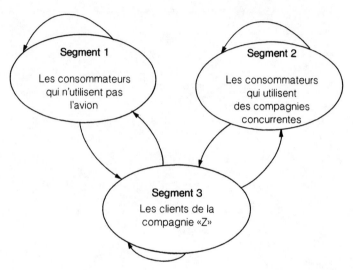

Dans ce schéma, on voit que les objectifs de communication ne peuvent être précisés que lorsque la stratégie marketing a été définie. Ainsi, si une compagnie aérienne a pour objectif d'augmenter son nombre de passagers, elle a recours à quatre stratégies marketing différentes (voir figure 7-2) :

1) Attirer des nouveaux consommateurs qui, pour certaines raisons, ne prennent pas l'avion ;

2) Attirer des consommateurs qui utilisent les compagnies concurrentes ;

3) Renforcer la fidélité des consommateurs qui utilisent déjà la compagnie «Z» ;

4) Accroître l'occasion d'utiliser la compagnie «Z» en créant de nouvelles liaisons aériennes.

À ces différentes stratégies marketing correspondent des stratégies particulières de communication et la cohérence des actions de communication ne sera respectée que si celles-ci sont définies à partir de la stratégie marketing.

COMMENT DÉFINIR LES OBJECTIFS DE COMMUNICATION?

En ce qui concerne les objectifs de communication, ils doivent préciser quantitativement la tâche de communication que l'on veut atteindre et le délai fixé. Pour cela, les modèles de persuasion (voir tableau 7-2) montrent que le consommateur passe successivement par trois stades avant de répondre favorablement ou non à un produit «touristique». Il s'agit du stade cognitif (connaissance), du stade affectif et du stade conatif (comportemental).

TABLEAU 7-2   Processus de persuasion selon le modèle d'apprentissage

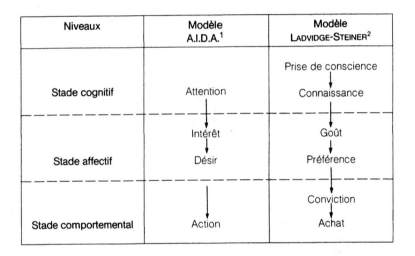

Niveaux	Modèle A.I.D.A.[1]	Modèle LADVIDGE-STEINER[2]
Stade cognitif	Attention	Prise de conscience ↓ Connaissance
Stade affectif	Intérêt ↓ Désir	Goût ↓ Préférence
Stade comportemental	↓ Action	Conviction ↓ Achat

La communication efficace est celle qui fait passer le consommateur du stade cognitif ou du stade affectif au stade conatif (comportemental), c'est-à-dire à l'achat final. Ainsi, les objectifs publicitaires seront définis différemment selon que le public cible se situera au premier, au deuxième ou au troisième niveau. Les objectifs seront formulés de la manière suivante :

Niveau 1   Notoriété et connaissance

1) Accroître, au cours de l'année 1986, la notoriété de notre chaîne d'hôtels de 20 à 30 % auprès des voyageurs internationaux.

2) Faire connaître en 1986, auprès de 70 % de notre clientèle actuelle, l'existence de notre nouveau produit «Service affaires».

---

1. STRONG. E.K., *The Psychology of Selling,* New York, McGraw-Hill, 1925, p. 9.
2. LAVIDGE. R.J. et G. STEINER. «A Model for Predictive Measurements of Advertising Effectiveness», *Journal of Marketing*, 1961, vol. 61.

3)   Faire en sorte qu'au cours du 1er trimestre 1986, 80 % des agents de comptoir connaissent notre nouveau mode de réservation.

Niveau 2   Aspect affectif

1)   Au cours de l'année 1986, faire progresser de 25 % à 35 % le nombre de consommateurs ayant une attitude favorable vis-à-vis de la société.

2)   Faire en sorte que le pourcentage de consommateurs potentiels qui préfèrent notre station aux stations concurrentes passe de 10 % en 1985 à 30 % en 1986.

3)   S'attacher à faire augmenter le pourcentage de consommateurs potentiels en citant notre destination comme une destination acceptable pour de futures vacances soit de 40 % en 1985 à 55 % en 1986.

Niveau 3   Aspect comportemental (conatif)

1)   Faire passer le pourcentage de l'intention à l'achat (de séjour) de 15 % en 1985 à 25 % en 1986.

2)   Faire en sorte que 80 % des réservations soient réalisées en mai 1986.

3)   Accroître de 20 % le nombre de forfaits vendus sur une destination par rapport à l'année précédente.

Les objectifs formulés selon ces divers stades doivent être quantifiés. Pourtant, il est fréquent dans l'industrie touristique de trouver des objectifs énoncés comme suit :

1)   promouvoir l'arrière-pays ;

2)   persuader les agents de voyages de vendre la destination ;

3)   donner une image valorisante de la région.

Ces objectifs non quantifiés ne permettent pas à l'organisation touristique de contrôler l'efficacité de ses investissements publicitaires. Ils ne sont pas opérationnels et doivent par le fait même être évités.

Nous allons aborder successivement divers éléments de la communication tels le graphisme de marque, le plan et le budget publicitaires, les objectifs publicitaires, la stratégie créative, le plan media, la mesure de l'efficacité des campagnes de publicité et la sélection d'une agence de publicité.

Le graphisme de marque que nous décrirons tout d'abord occupe une place importante dans le mix de communication. Pourtant, il est trop souvent négligé et c'est pour cette raison que nous le traiterons en premier lieu.

LE GRAPHISME DE MARQUE

Le graphisme d'une marque correspond à différents éléments qui permettent l'identification visuelle d'une société ou d'un produit. Il représente la signature de l'entreprise et évoque sa culture, sa personnalité. Cette signature est composée au moins de l'un des éléments suivants :

- **Le logotype**   Choix de caractères d'imprimerie qui constituent un ensemble typographique personnalisé. C'est la façon immuable d'écrire le nom de l'entreprise.

- **L'emblème**   Moyen de reconnaissance rapide et distinctif. Lorsque la raison sociale est trop longue, il peut être constitué d'un sigle (U.T.A., T.W.A., S.A.S.), d'un symbole ou d'un cartouche. Ajoutons que le cartouche est une forme qui permet d'intégrer certains éléments visuels de manière à mieux en organiser la disposition.

- **La couleur**   Choix d'une couleur pour le logotype et pour l'emblème.

- **La phrase évocation**   Quelques mots qui, ajoutés au graphisme de marque, évoquent un trait de la personnalité de la marque (voir *Festival d'été de Québec* et *Savoie Olympique 1992*).

Il est important que ces différents éléments soient traités de manière distinctive et cohérente si l'on veut donner à l'organisation touristique une personnalité précise. Certaines sociétés (compagnies aériennes, chaînes hôtelières et autres) élaborent un manuel de normes contenant toutes les instructions et les règles nécessaires à une communication cohérente. Ces règles s'appliquent à la conception des différents supports présentés dans le tableau 7-3.

Le programme d'identification concerne l'architecture intérieure et extérieure, la signalisation, les moyens de communication internes et externes, et la publicité media. Il doit, par conséquent, s'étaler sur plusieurs années. Les modifications doivent être envisagées en fonction de l'évolution de l'environnement social et de l'environnement culturel.

Par contre, un nouveau programme d'identification constitue un facteur de motivation pour le personnel. C'est une indication que le type de gestion n'est pas statique mais progressif et qu'il ne se satisfait pas des solutions passées.

LA PUBLICITÉ MEDIA

La publicité est une forme impersonnelle de communication pour le compte d'un ou plusieurs annonceurs qui paient différents media pour diffuser un message auprès d'un ensemble de consommateurs dont les caractéristiques sont clairement définies.

Reproduit avec l'aimable autorisation du *Festival d'été de Québec* et de *Stratégie Communication SCM inc.*

Éléments de base

1.1 Signature couleur

Le symbole

Le symbole exprime l'entreprise
sans l'énoncer.
Il ne doit jamais être utilisé seul
en tant que signature d'entreprise.
Il peut être utilisé seul en rappel
de l'entreprise lorsque celle-ci a
déjà été représentée par la signature complète à l'intérieur d'un
même support.

Le logotype

C'est la façon immuable d'écrire
le nom de l'entreprise.

La signature

L'association du symbole
(flamme) et du logotype (typographie) forme la signature.
C'est la façon immuable d'écrire
le nom de l'entreprise.
Toutes reproductions de la signature doivent se faire à l'aide de
bromures.

Couleurs — Ref Pantone

symbole : rouge
trait n°1 : bleu
trait n°2 : rouge
typographie : bleu
date : rouge

Dans cette signature, le symbole
domine le logotype.
C'est une volonté de l'entreprise.
Cette signature est applicable
aux dossiers de presse, vêtements,
badges, signature d'annonces et
brochures pour stations.

SAVOIE OLYMPIQUE
ALBERTVILLE **1992**
CANDIDATURE AUX
JEUX OLYMPIQUES
D'HIVER
FRANCE

Reproduit avec l'aimable autorisation du *Conseil Général de la Savoie*..

TABLEAU 7-3   Liste du matériel utilisé par les compagnies dans leur programme d'identification

1. Fournitures de bureau	2. Publications
- Cartes de vœux - Enveloppes - Papier à lettres - Cartes d'affaires - Factures - Mémorandum - Calendriers	- Journal d'entreprise - Rapport annuel - Rapport trimestriel - Catalogues - Brochures - Communiqués de presse - Revues de prestige
3. Moyens de transport	4. Techniques marchandes (*merchandising*)
- Véhicules du personnel et vendeurs - Avions - Camions - Équipements de manutention	- Cadeaux publicitaires - Insignes - Tee-shirts - Sacs - Écharpes - Stylos - Cendriers - Allumettes - Drapeaux - Blousons - Autocollants
5. Architecture intérieure et extérieure	6. Signalisation
- Architecture extérieure - Architecture intérieure (décoration) - Hall d'entrée - Bureau de réception - Bureaux - Restaurant	- Affichage extérieur - Affichage intérieur - Annuaires - Répertoires
7. Marketing et ventes	8. Relations humaines
- Manuel de ventes - Uniformes - Porte-documents - Textes publicitaires (télévision, magazines, etc.) - Diaporama-vidéo - Publipostage (*mailing*) - Insignes - Présentoirs	- Livre de procédures - Guide de l'employé - Manuel de sécurité - Médailles - Journal d'entreprise

La publicité fait partie intégrante du plan marketing et sa mise en œuvre doit être parfaitement coordonnée avec, d'une part, les autres moyens de communication (promotion des ventes, relations publiques, marketing direct, etc.) et, d'autre part, les autres activités marketing liées à la politique de produit, de prix et de distribution.

De plus, la publicité se caractérise par un achat d'espace à l'intérieur des supports ; elle doit donc être considérée comme un investissement auquel peuvent s'appliquer certaines notions de rendement économique. À titre d'exemple : en 1983, aux États-Unis, l'ensemble des annonceurs du secteur tourisme a investi 260 millions de dollars par le biais du media télévision (voir tableau 7-4).

TABLEAU 7-4   Investissements publicitaires des dix premiers annonceurs du secteur tourisme dans le media télévision (États-Unis 1983)

Annonceurs — secteur tourisme	Année 1983 (en dollars)
1. UNITED AIRLINES	31 408 800
2. AMERICAN AIRLINES	30 033 000
3. EASTERN AIRLINES	21 364 000
4. AVIS RENT A CAR	11 589 700
5. DELTA AIRLINES	10 829 200
6. HERTZ	10 171 100
7. HOLIDAY INN	9 338 800
8. TWA	8 434 800
9. REPUBLIC AIRLINES	7 228 400
10. AIR CALIFORNIA	7 094 300
11. AUTRES	112 772 000
TOTAL	260 264 100

Les étapes d'un plan de publicité

L'élaboration d'une campagne de publicité se caractérise par un certain nombre d'étapes (voir figure 7-3).

FIGURE 7-3   Processus de décision dans l'élaboration d'une campagne de publicité media

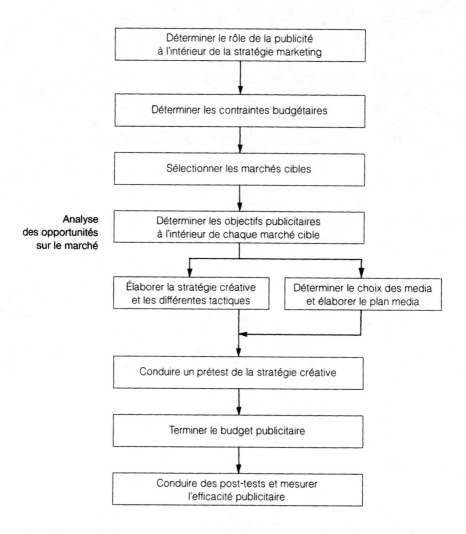

Source : CRAVENS. D.W., G.S. HILLS et P.B. WOODRUFF. *Marketing Decision Making : Concepts and Strategy,* Homewood, Illinois, Richard D. Irwin, 1976.

Le rôle de la publicité à l'intérieur de la stratégie marketing

Le rôle de la publicité à l'intérieur de la stratégie marketing peut varier d'une période à une autre. Elle peut être utilisée pour :

— promouvoir la notoriété d'un nouveau complexe touristique ;

— susciter assez d'intérêt envers une destination ;

— annoncer une réduction de prix sur une destination au cours d'une période creuse ;

— inciter la distribution (les agences de voyages) à vendre la destination (campagne de presse professionnelle) ;

— promouvoir un événement ;

— développer une image de marque de la société ;

— assurer la fidélité des clients.

De manière générale, la publicité vise à attirer le consommateur vers le point de vente, c'est-à-dire vers les agences de voyages ou centre de réservation (stratégie d'aspiration). Elle est opposée aux techniques de promotion des ventes qui visent à inciter le vendeur ou le distributeur à proposer le produit au client (stratégie de pression).

La détermination du budget publicitaire

Parce que le budget consacré à la publicité influence toutes les décisions, la détermination de ce budget est la première étape dans l'élaboration du plan de campagne.

Ainsi, lorsque l'organisme touristique relève du secteur public, la méthode d'élaboration du budget obéit à des règles liées au fonctionnement des établissements publics, tandis que dans le cas d'organismes privés quatre méthodes peuvent être employées :

• la méthode fondée sur les ressources disponibles ;

• la méthode d'alignement sur la concurrence ;

• la méthode du pourcentage du chiffre d'affaires ;

• la méthode liée aux objectifs publicitaires.

Notons que chacune de ces méthodes correspond aux questions suivantes, c'est-à-dire :

1. Quelles sont les ressources que mon organisme peut consacrer à la publicité?

2. Quelles sont les dépenses publicitaires de mes concurrents?

3. Qu'avons-nous à retenir des campagnes publicitaires des trois dernières années?

4. Quels sont les objectifs de la campagne de publicité?

Par conséquent, en ayant les réponses à ces questions, le responsable de la publicité a déjà de bonnes informations pour déterminer son budget publicitaire.

La sélection des cibles de communication

En ce qui concerne la cible de communication, elle s'apparente à la population des consommateurs que l'on veut atteindre par la publicité. Toutefois, il y a une différence entre la *cible marketing* qui correspond aux consommateurs que l'on veut satisfaire et la *cible de communication* qui représente, non seulement les acheteurs ou visiteurs potentiels, mais aussi les groupes d'individus qui peuvent influencer le consommateur dans sa décision finale. Ainsi, une chaîne hôtelière pourra distinguer dans sa cible de communication plusieurs segments dont les hommes d'affaires, les secrétaires de direction et les agents de comptoir.

Donc, la cible de communication doit être définie à partir du moment où l'on aura bien compris le rôle de certains groupes dits de référence (amis, famille, vendeurs, et autres) qui influencent la décision d'achat. Comme nous l'avons vu au chapitre 2, qui traite de la segmentation des marchés, les cibles de communication sont définies et décrites à partir de critères socio-démographiques et géographiques, de critères de consommation et de critères de style de vie.

La définition des objectifs publicitaires

Au début de ce chapitre, nous avons abordé comment définir les objectifs de communication. L'objectif publicitaire est un objectif de communication. Il précise la tâche spécifique que doit remplir la fonction publicité indépendamment des autres moyens de communication utilisés. Très souvent, objectifs de communication et objectifs publicitaires se confondent, et ce, en particulier, lorsque le budget publicitaire représente une part importante du budget de communication. Précisons que les exemples des objectifs de communication cités en début de chapitre peuvent alors correspondre à des objectifs publicitaires.

La stratégie créative

Lorsque le budget publicitaire et les objectifs publicitaires sont établis, l'annonceur et l'agence de publicité élaborent une stratégie créative qui se décompose en trois étapes, soit : la conception du message, l'évaluation du message et la production du message.

La conception du message et la copy-stratégie

La copy-stratégie est un document élaboré par l'agence de publicité à partir de la stratégie marketing de l'annonceur et qui sert de guide ou de cadre au développement des idées en matière de communication publicitaire. Cette copy-stratégie est souvent objet de controverse, car elle sous-entend que tout processus de création doit être délivré de toutes contraintes. Ainsi, laisser le processus de création publicitaire libre de toute contrainte, c'est penser (à tort ...) que la stratégie publicitaire n'est pas reliée à la stratégie marketing. Dans la pratique courante, la plupart des agences utilisent la copy-stratégie tout en y apportant certaines variantes (voir les copy-stratégies d'*Air France* et du *Club Méditerranée*).

BROCHAND et LENDREVIE[3] donnent cinq critères pour juger d'une bonne copy-stratégie :

1) elle est imaginative ;

2) elle est stratégique car elle découle de la «stratégie marketing» ;

3) elle est compréhensible immédiatement ;

4) elle est originale par rapport à celle de ses concurrents ;

5) elle est durable et déclinable dans le temps.

La sélection des messages

Comment sélectionner le message publicitaire parmi un grand nombre de possibilités? La réponse à cette question nécessite la formulation de critères d'évaluation des messages publicitaires.

Selon TWEDT[4], il recommande que les messages soient évalués à partir de trois critères :

• **L'attrait**   La capacité qu'a le message à attirer l'attention.

• **L'exclusivité**   Le message doit être unique, c'est-à-dire distinct du message des concurrents.

• **La crédibilité**   Le message doit apporter la preuve de ce qui est annoncé.

Toujours d'après TWEDT, la combinaison de ces trois critères accroît le pouvoir de communication du message. Néanmoins, ces critères restent

---

3. BROCHAND, B. et J. LENDREVIE, *Le Publicitor*, Paris, Dalloz, 1983.
4. TWEDT, D.W. «How to Plan New Products, Improve Old Ones, and Create Better Advertising», *Journal of Marketing*, janvier 1969, p. 53-57.

Copy strategy.

Annonceur : *CLUB MEDITERRANEE*	Equipe commerciale :
Produit : *VILLAGES DE VACANCES*	Equipe créative : **Date** : *1986*

Fait principal.
Elément principal qui décrit la situation actuelle de la marque ou du produit dans son environnement.

Dans le marché des vacances, le Club Méditerranée garde le leadership avec un produit unique, sans identique mais fortement concurrencé par les imitateurs.

Positionnement.
Place que doit occuper la marque ou le produit dans l'esprit des consommateurs par rapport à la concurrence.

Le Club Méditerranée est un concept de vacances qui offre la gamme d'activités la plus complète dans un contexte psychologique qui allie prise en charge et respect de la liberté.

Objectifs de la communication.
Ce qu'il faut faire au niveau de la notoriété et/ou de la connaissance et/ou de l'attitude et/ou du comportement pour réduire l'écart existant entre le fait principal et le positionnement, ou pour conforter une situation déjà acquise.

Donner au Club Méditerranée une personnalité propre et forte reposant sur son attitude volontariste à l'égard des vacances.

La cible.
Préciser les éléments constitutifs de la cible selon les différents critères : socio-économiques, de comportements, de sources de marché, de possession d'équipement... Préciser si possible le "cœur de cible".

Toutes les catégories sont concernées par le Club.
Coeur de cible : les hommes et les femmes au style de vie caractérisé par l'attitude favorable à l'ouverture, la découverte et l'apprentissage.

La promesse publicitaire.
Bénéfice essentiel qui doit être communiqué au consommateur.

Le Club Méditerranée offre une vraie rupture avec la vie quotidienne citadine et grise.

La justification principale.
La plus-value marque/produit (objective, psychologique, historique...) qui peut être utilisée pour rendre la promesse publicitaire la plus exclusive et la plus crédible possible. Préciser, éventuellement, les justifications secondaires.

plus de choix, plus de liberté.

La tonalité de la communication.
(A préciser si elle revêt une importance déterminante.) Ambiance qui doit transparaître au travers des messages.

Simple, sobre, spectaculaire.

Contraintes.
Préciser, s'il y en a, les contraintes budgétaires, légales, média, distribution, saisonnalité, etc.

OK commercial.	OK client.	OK créatif.	OK média.

Synergie.

Reproduit avec l'aimable autorisation du *Club Méditerranée* et de l'agence de publicité *Synergie*, Paris, 1986.

COPY-STRATÉGIE-IMAGE

Objectif de communication

Fidéliser la clientèle affaires à *Air France*.

Promesse

Quel que soit votre problème concernant un voyage d'affaires, *Air France* a réponse à tout.

Support

— *Air France*, le plus grand choix d'horaires au départ de la France.

— *Air France* a tous les produits au départ de la France : de la classe économique à la première classe.

— *Air France* propose tous les services liés au voyage aérien au départ de la France : avion, hôtel, voiture, marchandise.

— *Air France* vous assure au départ de la France l'assistance des hommes d'*Air France*.

TON

— Langage de performance.

— Langage factuel.

Source : Reproduit avec l'aimable autorisation d'*Air France* et de l'agence *M.C.M.*, Paris, 1985.

Courtoisie d'*Air France*.

Derrière ce billet, le premier vol sans escale Paris-Tokyo.

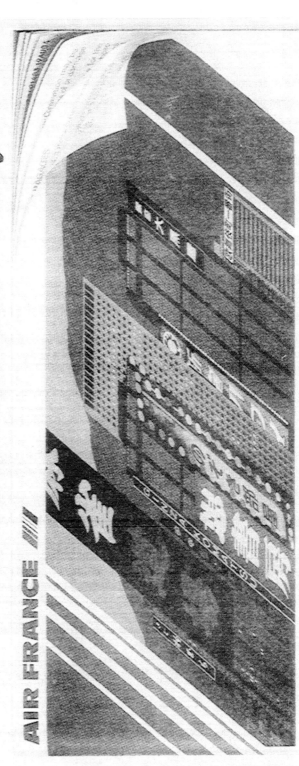

AIR FRANCE ////

Depuis le 6 avril 1986, Air France vous emmène de Paris à Tokyo sans escale.

C'est rapide. Très bientôt vous...

Avec, sont ajoutés 2 à 15 nœuds par rapport à la route intérieure, vos horaires et l'A3s sont par rapport à la route publicité, le temps de repos avant les rendez-vous de travail.

samedi de Tokyo, avec arrivée le samedi dans les deux sens, ce qui...
Le billet Air France sur le soleil avant, c'est avec une classe très moderne et de nouveaux jardins en Première classe.
Le billet Air France sans escale sans escale, c'est offrir de se...

service sur tous d'Orleans.

Le billet tous services.

incomplets et le pouvoir de communication du message peut être évalué à partir des valeurs suivantes :

- la valeur d'attention ;
- la valeur de compréhension ;
- la valeur de conviction ;
- la valeur de crédibilité ;
- la valeur d'incitation à l'achat ;
- la valeur d'originalité par rapport à la concurrence ;
- la valeur d'adaptation par rapport à la cible ;
- la valeur de durabilité du message ;
- la valeur affective ;
- la valeur de mémorisation ;
- la valeur d'attribution à la marque.

Notons que ces critères peuvent être utilisés dans la justification du choix ou dans l'amélioration d'un message auprès de l'annonceur, mais aussi dans l'élimination de certaines alternatives.

Quant aux prétests, ils correspondent à des procédures qui visent à tester le pouvoir de communication des messages avant leur diffusion. Ces prétests peuvent s'appliquer à des concepts et stratégies de communication, de même qu'à des annonces publicitaires.

En définitive, les prétests, conçus pour vérifier la pertinence d'un concept de communication, sont généralement réalisés à partir d'interviews personnelles (50 à 100 personnes) ou de réunions de groupe (8 à 12 personnes). L'objectif consiste à vérifier l'adéquation entre le concept et le produit. Ces méthodes de recherche sont décrites dans le chapitre traitant des études qualitatives (voir chapitre 2).

Signalons que les prétests les plus souvent utilisés sont surtout ceux d'annonces publicitaires, sous forme de maquettes plus ou moins finalisées, bien que les créatifs d'agences y soient généralement opposés. Le tableau 7-5 décrit les différentes méthodes de prétest pouvant être utilisées par les agences de publicité ou sociétés d'études spécialisées. Ainsi donc, le choix d'une méthode par rapport à une autre est fonction des objectifs de communication, des objectifs du test et du budget disponible.

ROMAN et MAAS[5] ont suggéré un certain nombre de facteurs qui doivent être pris en considération dans un prétest. Voici les principales recommandations :

---

5. ROMAN, P. et S. MAAS, *How to Advertise*, New York, St. Martins, 1976, p. 104-105.

TABLEAU 7-5   Principales méthodes de prétest

OBJECTIF DU TEST	MÉTHODES UTILISÉES
Mémorisation	• Technique de reconnaissance *(Daniel Starch)* • Technique de rappel *(Day after Recall)*

Communication
(visibilité)
	• Techniques de laboratoire
	  • Tachitoscope
	  • Diaphanomètre
	  • *Eye-camera*

(mémorisation)	• Test de reliure *(folder test)* • Système A.M.O.

Attitude vis-à-vis
du message
	• Test en salle
	  • Test *Clucas*
	  • Méthode *Schwerin*
	
	• Test individuel
	  • *Conpad*
	  • *ICR*
	
	• Test postal
	
	• Interview semi-directive
	• Réunion de groupe

1) Déterminer sur quels critères le message publicitaire doit être évalué (la mémorisation, la persuasion ou la crédibilité).

2) Ne pas communiquer aux personnes soumises au test son véritable objectif. Faire en sorte qu'elles se comportent en consommateur et non en expert publicitaire.

3) Vérifier si l'échantillon des personnes soumises au test correspond à votre cible.

4) Ne tester qu'une seule chose à la fois.

5) Faire preuve de bon sens quant à l'interprétation des résultats.

La production du message

La sélection des messages (prétest) est réalisée à partir de maquettes appelées :

— «*rough*» pour les messages imprimés (presse — magazine — affichage) ;

— «*story-board*» pour les films, la télévision et le cinéma.

Lorsque le client a donné son accord pour une proposition créative, on peut alors passer à l'étape suivante, soit la production du message. Cette phase de production est une étape importante, d'une part, parce que c'est au cours de cette étape que le message va être finalisé et, d'autre part, parce que l'agence devra faire appel à des prestataires de service extérieurs (maisons de production).

Ainsi, l'agence devra sélectionner ces prestataires et faire en sorte que ces derniers respectent les programmes de réalisation et que les copies publicitaires soient remises aux supports le jour «J».

Quant aux lecteurs intéressés par les processus de production des messages, ils pourront consulter des revues spécialisées telles que *Média, Stratégies*.

L'élaboration du plan media

Les décisions prises lors de l'étape relative à l'élaboration du plan media concernent :

— la sélection des différents media et la répartition du budget ;

— la sélection des supports à l'intérieur des media retenus ;

— la programmation de la campagne dans le temps.

La figure 7-4 illustre la séquence d'élaboration d'un plan media.

La définition du marché cible

Cette étape se situe en amont du plan de communication. De plus, une définition précise de la cible est essentielle pour sélectionner les supports en fonction des caractéristiques de leur audience. La première étape de la stratégie media consiste donc à revoir quelles sont les caractéristiques de la cible de communication.

Les objectifs du plan media

Les objectifs du plan media doivent être quantifiés et peuvent être définis, pour une période spécifique, en termes :

• **D'audience cumulée**   C'est la somme des audiences des supports inclus dans le plan media. Elle peut être exprimée en nombre d'individus ou en

FIGURE 7-4   Les séquences de l'élaboration du plan media

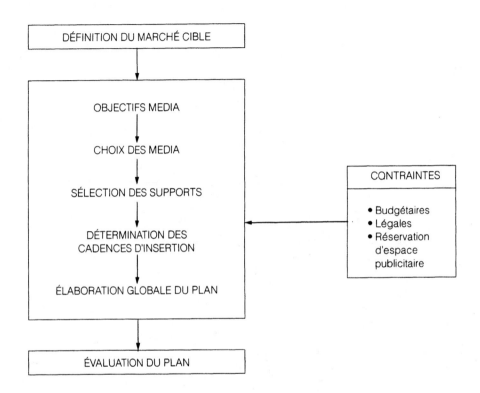

pourcentage par rapport à la population. Notons que l'audience d'un support représente l'ensemble des individus exposés à un support.

- **De répétition moyenne**   C'est le nombre de fois, en moyenne, qu'un individu appartenant à la cible devra être exposé aux supports inclus dans le plan media.

- **D(· couverture géographique**   C'est la localisation géographique de la cib ? de communication. Le plan media devra donc couvrir, prioritairement, cette zone.

Le choix des media

Dans le tableau 7-6, on présente les principales caractéristiques des différents media.

TABLEAU 7-6   Principales caractéristiques des différents media

MEDIA	AVANTAGES	INCONVÉNIENTS
PRESSE QUOTIDIENNE	— couverture élevée — souplesse d'emploi — délais limités de remise des typons — lien affectif (lecteur — journal)	— peu sélectif — ponctuel — peu prestigieux — coût élevé si utilisation nationale
RADIO	— grande souplesse d'utilisation — répétition importante	— couverture nationale faible — pas de visualisation du produit
TÉLÉVISION	— couverture élevée — excellente communication — puissance de pénétration	— pas sélectif — coût élevé — délais importants
AFFICHAGE EXTÉRIEUR	— bonne visualisation — couverture élevée — répétition importante — souplesse d'emploi — sur le plan géographique — coût au contact faible	— coût élevé pour une campagne nationale — non sélectif — peu de place pour argumenter
CINÉMA (en Europe)	— excellent véhicule de communication — pénétration bonne pour les moins de 25 ans — très fort impact en mémorisation	— coût élevé pour une campagne nationale — puissance de pénétration faible
MAGAZINE	— permanence du message (reprise en mains) — ambiance valorisant le produit — forte sélectivité	— pénétration peu rapide — délais importants

Les media ont des capacités différentes à modifier, soit le niveau de connaissance, l'attitude ou le comportement du consommateur envers le produit.

Observons au tableau 7-7 l'influence des media sur ces trois plans :

TABLEAU 7-7   Media et schéma d'apprentissage

NIVEAU D'APPRENTISSAGE \ MEDIA	TÉLÉVISION	RADIO	PRESSE QUOTIDIENNE	MAGAZINE	AFFICHAGE	CINÉMA (Europe)
CONNAISSANCE	+++	+	+	+++	+	+++
ATTITUDE • Quantité d'informations • Aspect affectif	(−) ++	(−) +	++ (−)	++ +	(−) +	(−) +++
COMPORTEMENT À L'ACHAT	+	+++	+++	+	++	(−)

Légende : (+) signifie une action positive du media sur le niveau d'apprentissage
(−) signifie une action nulle ou très limitée

La sélection des supports

Lorsque la répartition du budget entre les différents media sélectionnés est faite, l'étape suivante consiste à choisir les supports spécifiques dans chaque type de media. Dans la sélection des supports six critères peuvent être utilisés, soit :

* **La courbe d'accumulation d'audience**   C'est-à-dire les caractéristiques de l'audience cumulée après plusieurs parutions.

* **La duplication d'audience**   C'est-à-dire l'audience commune à deux supports.

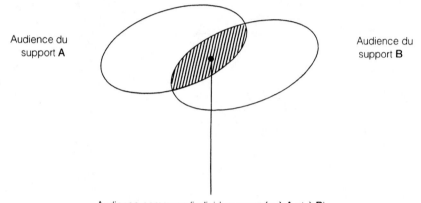

Audience du support **A**

Audience du support **B**

Audience commune (individus exposés à **A** et à **B**)

* **La puissance de pénétration**   C'est le rapport entre l'audience utile du support et la population cible. L'audience utile est l'audience du support dont les caractéristiques correspondent à notre cible.

* **La spécificité du support**   C'est le rapport entre l'audience utile du support et l'audience totale du support. C'est donc une mesure d'affinité du support par rapport à la cible.

* **Le coût au mille lecteurs**   C'est le coût d'une insertion dans le support pour une audience utile de mille personnes. Ce critère permet de classer les supports sur un plan économique.

* **Le critère qualitatif**   Ce critère est lié au contenu rédactionnel du support.

La détermination des cadences d'insertions

L'industrie touristique se caractérise par une forte saisonnalité de la demande. Chaque année, la pression publicitaire des annonceurs se fait au cours d'une période précise. Par contre, les chaînes hôtelières, qui s'adressent aux hommes d'affaires, ont une pression publicitaire plus continue durant l'année. Ainsi, on doit donc prendre en considération la saisonnalité de la demande pour la répartition des insertions dans le temps.

Un autre élément essentiel, dont il faut tenir compte, concerne la taille du budget publicitaire. Plus le budget est limité, plus les insertions devront être concentrées dans le temps afin d'obtenir une pression publicitaire suffisante.

De plus, l'objectif de communication influence également les cadences d'insertions. Une campagne promotionnelle, sur une période spécifique (courte), nécessitera une pression publicitaire élevée. À l'opposé, une campagne destinée à modifier l'image de marque d'une destination devra être plus continue.

Enfin, la nature des media doit être prise en compte dans la détermination des cadences. Le médium « radio » nécessite une plus forte concentration des messages sur une période déterminée, à l'opposé du médium « magazine ».

L'évaluation du plan media

Un plan media représente une combinaison de supports. Plusieurs combinaisons peuvent être formulées et il s'agit alors de retenir l'une d'entre elles en fonction de certains critères :

- **La couverture utile**   C'est la somme des audiences des supports retenus dans le plan media. Seule l'audience utile, correspondant aux caractéristiques de la cible, est retenue.

- **La répétition moyenne**   Mathématiquement, c'est le rapport entre la couverture utile brute d'une combinaison de supports et la couverture utile nette. Cette expression représente le nombre de fois, en moyenne qu'un prospect est exposé aux supports inclus dans le plan media.

- **Le *G.R.P.* (*Gross Rating Point*)**   C'est un indicateur de la pression publicitaire sur une période mensuelle. Il correspond au nombre d'expositions à un plan de supports pour 100 individus de la cible. Ainsi, un *G.P.R.* de 150 représente, en moyenne, 1,5 exposition par individu appartenant à la cible.

- **La pénétration mémorielle**   Armand MORGENSZTERN[6] a identifié une relation mathématique entre la mémorisation du message publicitaire et le nombre d'insertions. La mémorisation dépend d'un coefficient qui diffère d'un media à un autre.

---

6. MORGENSZTERN, A., *Démémorisation et durée de vie des campagnes,* IREP, étude n°31.

Le pourcentage d'invididus ayant mémorisé le message est donné par la formule suivante :

$$Sn = 1 - (1 - \beta)^n$$

où

Sn est le pourcentage de l'audience qui a mémorisé le message après n insertions

β est un coefficient unique mais qui diffère selon les media égale :

 5 % Radio
10 % Magazine
17 % Télévision
70 % Cinéma

Après une insertion dans le médium télévision, le pourcentage de l'audience qui aura mémorisé le message sera donc :

$$Sn = 1 - (7 - 0,17)^7 = 17\,\%$$

Après deux insertions :

$$Sn = 1 - (1 - 0,17)^2 = 31,1\,\%$$

Il est donc possible, d'après MORGENSZTERN, de généraliser ce principe à une combinaison de supports et de calculer la pénétration mémorielle de différents plans media.

Les calculs liés au *G.R.P.*, à la répétition moyenne ou à la pénétration mémorielle sont aujourd'hui réalisés par l'intermédiaire de modèles mathématiques qui permettent de mesurer, de manière peu coûteuse, les performances de différents plans media.

Les mesures d'efficacité des campagnes publicitaires

La mesure de l'efficacité publicitaire est fréquemment un objet de controverse. En effet, certains préconisent que l'effet de la publicité doit se mesurer à partir des ventes. À cela on peut leur rétorquer que d'autres facteurs tels que le produit, le prix, la distribution, la concurrence influencent également les ventes et qu'il est difficile d'isoler l'effet de la publicité. Par contre, d'autres pensent qu'il n'est pas possible de mesurer l'effet de la publicité.

TABLEAU 7-8   Objectifs de communication et mesures d'efficacité

Stades de communication (concepts)	Objectifs — type de publicité	Méthode de mesures d'efficacité
Exposition	Faire en sorte que le consommateur soit exposé au message	Mesure d'audience Test de rappel
Attention	Provoquer l'attention	Test de reconnaissance Rappel assisté (voir Daniel STARCH)
Information	Accroître la connaissance de la marque	Test de reconnaissance Test d'information
Importance des attributs	Changer l'importance des caractéristiques du produit	Échelle d'importance
Perception	Maintenir ou changer la perception d'une destination Donner de l'information sur la destination	Échelle de sémantique différentielle
Attitude	Provoquer une attitude favorable	Modèle d'attitude Mesure de préférence
Intention d'achat	Favoriser un essai du produit	Échelle d'intention
Achat	Montrer que l'achat ou la réservation est facile	Panels Études
Dissonance après achat	Minimiser la dissonance Rassurer l'individu	Mesure de satisfaction

Courtoisie de STARCH INRA HOOPER, Inc.

* Les tests de reconnaissance permettent de mesurer l'attention du lecteur vis-à-vis de la copie publicitaire.

41 % des lecteurs ont remarqué cette annonce.

33 % des lecteurs l'ont attribué à la marque annoncée.

15 % des lecteurs l'ont lu en entier.

High Adventure

From the roiling, boiling fury of white water and country to the sublime retreats of summer lodges, Canada has plenty of adventure to go around for a superb experience.

More and more visitors consider a Canadian vacation in rewards where the American dollar enjoys a healthy premium – as much as 30-35% extra at financial institutions.

Surprise yourself with a Canadian vacation. For information, check the phone numbers in the picture captions, or call your favourite travel agent. We're sure you'll fall for us.

Canada
The Endless Surprise

Mais en réalité, la condition essentielle pour mesurer l'efficacité d'une campagne de publicité media consiste à définir au préalable des objectifs de communication quantifiés. Dans le cas contraire, il est impossible de mesurer l'efficacité publicitaire. Lorsque les objectifs publicitaires sont clairement définis, il est possible de sélectionner une méthode de mesure adaptée à la nature des objectifs.

Le tableau 7-8 montre, à partir des objectifs et des axes de communication, les méthodes de mesure qui peuvent y être associées.

La sélection d'une agence de publicité

La sélection d'une agence de publicité est une décision importante pour l'annonceur, puisque par la mise en place d'une procédure de sélection, il réduit les risques d'une incompréhension future dans ses relations avec l'agence.

Cette procédure doit tout d'abord commencer par une identification précise des besoins de l'annonceur :

- L'annonceur recherche-t-il une agence susceptible de traiter tous les aspects de la communication (publicité media, relations publiques, promotion des ventes, etc .)?

- Souhaite-t-il confier ses activités de communication à une agence qui possède des filiales ou des correspondants à l'étranger?

- Désire-t-il que l'agence de publicité lui fournisse une aide en amont de la création publicitaire (études de marché)?

Ensuite, lorsque les besoins ont été clairement identifiés, l'annonceur peut procéder à une première sélection à partir des services offerts par l'agence selon les critères suivants :

- *Le rapport entre le budget de l'annonceur et la taille de l'agence (une agence importante risque de ne pas donner beaucoup d'importance à un petit budget)*

Certains annonceurs, à tort ou à raison, considèrent que travailler avec une grande agence est une sorte d'assurance et surtout une source de prestige personnel. Par excès d'orgueil, ils sont souvent incapables de gérer efficacement leurs relations avec l'agence et ils perdent ainsi tout sens critique.

- *L'expérience de l'agence dans le secteur du tourisme*

Beaucoup d'agences traitent leur budget tourisme de manière similaire à ceux relatifs aux «produits de grande consommation». C'est une erreur. Le marché tourisme a ses propres particularités. Somme toute, le comportement lié au choix d'une destination de vacances ne peut être comparé à celui d'un achat d'un produit.

Quant à la prise de décision, elle est plus complexe. Les circuits de distribution (grossistes de voyages, agences de voyages) ne peuvent être considérés comme des distributeurs conventionnels.

● *Les clients actuels de l'agence*

L'agence est-elle recommandée par un client?

L'agence a-t-elle de nombreux clients dans le secteur des services?

Quelle est la fidélité des clients envers l'agence?

L'analyse des clients de l'agence permet de se faire une idée sur la disponibilité future de l'agence.

● *Le style de création de l'agence*

L'analyse des dernières créations de l'agence permet à l'annonceur de se faire une idée sur la qualité créative et la philosophie de l'agence.

● *Les services de l'agence*

Dans l'examen des différents services offerts par l'agence, la qualité des services est plus importante que la quantité.

Néanmoins, trois services doivent être particulièrement examinés :

● Le service *Études et Recherche* qui fournit aux créatifs les informations pertinentes du marché.

● Le service *Media* qui doit gérer de la manière la plus efficace et la plus écono   mique les moyens pour atteindre les marchés cibles.

● Le service *Gestion* qui coordonne tous les efforts à l'intérieur de l'agence, maximise la communication entre les différents services, et ce, dans l'intérêt de l'annonceur.

LES RELATIONS PUBLIQUES

Les différences entre les relations publiques et la publicité media

Aujourd'hui, les relations publiques connaissent un développement considérable. Cela peut s'expliquer par :

• une plus grande sensibilisation de l'entreprise à son environnement ;

• l'importance des mouvements de consommateurs ou de groupement d'intérêt ;

• l'influence de plus en plus grande des media ;

• la crise économique qui modifie à la fois le comportement des consommateurs et celui du personnel des entreprises ;

• l'attitude plus critique des consommateurs vis-à-vis des activités promotionnelles classiques (publicité media, ventes, promotion des ventes, et autres).

Cependant, il existe toujours auprès des professionnels du tourisme une confusion entre la publicité media et les relations publiques. La délimitation entre ces deux activités de communication peut se faire en regard de certains points, notamment :

• la publicité media se caractérise par un achat d'espace publicitaire et par un contrôle du contenu du message ;

• les relations publiques ne permettent pas toujours un contrôle du message ;

• la publicité media est une activité à court ou moyen terme ;

• les relations publiques sont des activités orientées vers le long terme ;

• la publicité media souligne, de la manière la plus convaincante, les avantages particuliers d'un produit ;

• les relations publiques sont par nature plus objectives ;

• le but ultime de la publicité est de faire vendre ;

• l'objectif des relations publiques est de créer ou de renforcer le climat de confiance entre l'entreprise et ses publics.

Si l'horizon des relations publiques est généralement à moyen ou long terme, par contre, certaines activités doivent être menées dans l'immédiat. C'est notamment le cas lorsque l'organisation touristique connaît un événement dramatique. Par exemple, une avalanche dans une station de ski, un accident d'avion, un attentat terroriste dans une région, etc. Il s'avère alors nécessaire de réagir immédiatement avant que l'information «négative» diffusée par les media ait une influence telle auprès des différents publics qu'il soit par la suite très difficile et très coûteux de corriger l'image de l'entreprise.

La philosophie des relations publiques est fondée sur une communication interactive. Elles cherchent à informer les publics les plus significatifs de l'entreprise, mais aussi à les écouter. Les relations publiques permettent ainsi de suggérer à la direction de l'entreprise les moyens d'établir et de maintenir les relations les plus favorables.

Nous donnerons ainsi aux relations publiques la définition suivante :

L'ensemble des efforts conscients, planifiés et suivis qui visent à établir, à maintenir et à développer une compréhension et une confiance mutuelle entre une organisation et ses différents publics.

Les différents publics de l'organisation touristique

Une démarche nécessaire à toute action de relations publiques consiste à identifier les différents publics. Ces publics peuvent se répartir en deux catégories :

• les *publics internes* constitués du personnel de l'organisation ;

• les *publics externes* qui appartiennent à l'environnement de l'organisation.

À titre d'exemple, le tableau 7-9 présente les différents publics d'un producteur de voyages.

Les publics externes sont généralement les plus nombreux, ce sont eux qui ont été les premiers à être l'objet d'actions des relations publiques, puisqu'il fallait informer les actionnaires, sensibiliser le réseau de distribution, entretenir de meilleures relations avec la presse ...

Par contre, aujourd'hui et particulièrement dans les entreprises de services, les relations publiques se préoccupent davantage des publics internes. En effet, il ne peut exister de marketing efficace sans motivation du personnel. L'image de l'entreprise est principalement véhiculée par l'ensemble de son personnel, par exemple :

— un agent de comptoir démuni de toute courtoisie suscitant des commentaires critiques de la part des clients au fur et à mesure que la file d'attente s'accroît, ou encore

— un employé de restaurant incapable de renseigner un client au sujet d'un mets inscrit au menu.

Ces deux exemples «négatifs» illustrent l'importance de l'attitude du personnel en contact avec la clientèle et la nécessité de mettre en place des sup-

TABLEAU 7-9   Les différents publics d'un organisateur de voyages

Les publics internes	Les publics externes
Le personnel (cadres, employés, collaborateurs)	Le grand public
Les syndicats	Les clients
Le comité d'entreprise	Les agences réceptives
La force de vente	Les syndicats professionnels
Les délégués du personnel	Les transporteurs
	Les actionnaires
	Les media grand public et professionnels
	Les banques
	Les associations de consommateurs
	Les pouvoirs publics

ports de communication internes destinés à améliorer ce contact. Faire en sorte que le service rendu corresponde aux besoins des clients et qu'il soit meilleur que celui offert par la concurrence, cela nécessite la mobilisation de tout le personnel de l'entreprise touristique. Ainsi, créer auprès de ce personnel un esprit d'équipe, de même qu'une forte identification avec les buts de l'entreprise, doit donc être une tâche déterminante des relations publiques.

L'élaboration d'un programme de relations publiques

L'élaboration d'un programme de relations publiques se fait en quatre étapes et se traduit par le sigle *RACE* [7].

R comme *Recherche*

Lorsque l'organisation touristique décide de mettre en place un programme de relations publiques, c'est qu'elle a manifestement un passé. Ainsi, la première décision est donc d'examiner la situation de l'organisation et de formuler les questions suivantes :

---

7. MARSTON. J. et R. LUSK, *Public Relations Marketing Manager's Handbook*, New York, S.M. Britt Editor, 2ᵉ édition, 1980.

- Quelle est l'histoire de l'organisation?
- Quelles sont les caractéristiques de son personnel?
- Quels sont les mérites de ses produits ou services?
- Quelles sont les activités de communication menées dans le passé? Avec quels effets?
- Quel est le profil des dirigeants?

Cette première étape permet de mieux comprendre l'organisation. La seconde consiste à mesurer l'image que donne l'organisation touristique auprès des différents publics internes ou externes. Les mesures de l'image ou de la perception sont réalisées par des enquêtes d'opinion et les conditions de réalisation de celles-ci sont décrites dans le chapitre relatif à la recherche marketing (voir le chapitre 4).

Quant aux mesures d'opinion auprès des publics internes, elles sont souvent plus délicates, en particulier dans les entreprises où le climat social est relativement tendu. Le personnel peut alors refuser de s'exprimer.

A comme *Action*

La recherche permet de connaître la situation de l'entreprise touristique, c'est-à-dire son image auprès des différents publics.

De fait, si le grossiste de voyages est mal perçu par les agences de voyages, il est nécessaire de réagir et de planifier un certain nombre d'actions dans le temps, car cette mauvaise image ne peut disparaître immédiatement. Il faut alors consacrer du temps, de l'énergie et des moyens financiers pour modifier cette perception. Par ailleurs, lorsque l'image est favorable, les actions de relations publiques doivent avoir comme objectif de maintenir cette image.

C comme *Communication*

Dès que les actions de communication sont décidées, il est important de garder à l'esprit que la communication n'existe que lorsque le message est effectivement reçu et a l'effet attendu. Il ne suffit pas de publier un journal d'entreprise, une brochure ou une circulaire pour que la communication existe.

Nous recevons tous aujourd'hui une multitude de messages, mais nous ne sommes pas pour autant attentifs à tous. Nous décidons de ne pas lire tel communiqué parce que le titre ne nous concerne pas, ou encore nous refusons de lire tel message parce qu'il vient d'une personne envers laquelle nous avons peu d'estime. Ainsi donc, les individus sélectionnent les informations, d'une part, en fonction de leur intérêt et, d'autre part, en fonction de leur attitude première.

Décider de lancer une action de relations publiques, c'est d'abord concevoir des messages en tenant compte de tous les obstacles à une communication efficace. C'est aussi sélectionner les media qui véhiculeront les messages. Ainsi, une action auprès des journalistes de la presse professionnelle peut être réalisée par un communiqué de presse, une conférence ou un voyage de presse. Tandis que la communication auprès du personnel pourra se faire par le truchement d'un journal interne, une lettre d'information ou un séminaire. Somme toute, le choix du media dépendra bien sûr de l'information que l'on voudra faire passer de même que des caractéristiques du public visé.

E comme *Évaluation*

Les relations publiques, comme nous l'avons souligné précédemment, correspondent à un processus de communication interactif. Ce processus implique :

- une définition précise des objectifs de communication ;
- la formulation d'informations pertinentes par rapport aux publics auxquels elles sont destinées ;
- le choix de supports qui véhiculent l'information avec efficacité ;
- une volonté permanente d'être à l'écoute des publics et d'évaluer les effets de chaque action de communication.

Notons que l'évaluation de ces actions est souvent négligée. Elle est pourtant essentielle à la conception de nombreux programmes de relations publiques. De plus, cette évaluation peut se faire de manière informelle. Par exemple, le fait d'observer que le nombre de plaintes de la part des clients a diminué à la suite d'une action menée auprès des employés. Dans d'autres cas, il est nécessaire de mener des sondages d'opinion qui permettront de mesurer les changements d'attitude des publics concernés. Ces sondages deviennent alors un outil efficace d'aide à la décision.

Les moyens d'information des relations publiques

Le choix des moyens d'information (voir tableau 7-10) dans une opération de relations publiques dépend bien sûr des objectifs de communication, des caractéristiques du public visé et du type d'information à faire passer.

TABLEAU 7-10   Les moyens d'information utilisés dans les relations publiques (publics internes et publics externes)

Communication interne	Communication externe
• Tableau noir	• Conférence de presse
• Lettre d'information	• Visite des journalistes
• Notes internes	• Communiqué de presse
• Journal interne	• Lettre aux actionnaires
• Revues de presse	• Journal et distributeurs
• Brochure d'accueil	• Portes ouvertes
• Rapport de gestion	• Création d'événements
• Séminaires	• Réceptions
• Réunions	• Activités de parrainage (*sponsoring*)
• Conférences	• Participation des associations
• Fêtes d'entreprise	• Service aux consommateurs
• Manifestations culturelles	• Bulletin d'information périodique
• Voyages	

LA PROMOTION DES VENTES

La promotion des ventes est un moyen de communication dont l'objectif est de stimuler les ventes auprès des consommateurs, des distributeurs et des vendeurs.

Ainsi, l'*American Marketing Association* définit la «promotion des ventes» de la manière suivante :

> *... Les aspects du marketing autres que la vente personnelle ou la publicité, qui incitent le consommateur à l'achat et qui stimulent l'efficacité du distributeur ou du vendeur ...*

En somme, la promotion des ventes complète donc la publicité media et la vente personnelle et augmente l'efficacité des efforts marketing. Bien que les techniques de promotion des ventes aient été créées à l'origine pour stimuler les ventes des produits de grande consommation, elles sont aujourd'hui de plus en plus utilisées en tourisme. Voici quatre raisons qui expliquent le développement de ces techniques :

- **La concurrence de plus en plus importante**   Parmi le grand nombre d'alternatives proposées aux vacanciers, les destinations ont de plus en plus de difficulté à se différencier sur le plan marketing.

- **L'importance de la distribution des agences de voyages** (90 % des vols internationaux aux États-Unis)   La distribution devient un écran entre le producteur et le consommateur.

- **La crise économique** a modifié le comportement du vacancier   Aujourd'hui, le vacancier est plus exigeant et est à la recherche de prix d'aubaine.

- La nécessité de ne pas limiter le personnel qui est en contact avec la clientèle à un rôle technique, mais de lui accorder une responsabilité commerciale et de le stimuler.

Les objectifs de la promotion des ventes

Ces objectifs découlent des objectifs de communication qui, comme nous l'avons vu précédemment, sont définis à partir des objectifs marketing. La nature des objectifs d'une campagne de promotion des ventes dépend bien sûr des caractéristiques de la cible visée.

Si la promotion est orientée auprès de la force de vente, les objectifs consisteront à encourager la force de vente à promouvoir un nouveau service par exemple. Par contre, si le marché cible est composé de distributeurs, l'objectif consistera à les encourager à proposer au consommateur final notre produit plutôt que celui du concurrent. Enfin, pour une promotion qui concernera les consommateurs, l'objectif sera de les stimuler afin d'acheter ou de réserver au cours d'une période déterminée, ou bien d'encourager leur fidélité en les récompensant. Lorsque les objectifs sont précisés, on peut alors choisir les différents outils de promotion des ventes en fonction :

- de l'analyse de la demande ;
- de la concurrence ;
- de l'efficacité des différents outils ;
- du budget disponible ;
- de la durée de la promotion.

Les outils de la promotion des ventes

Nous avons insisté au début de cet ouvrage sur les spécificités du marketing des services par rapport au marketing des produits de consommation. L'accroissement de l'utilisation des techniques promotionnelles dans le cas des produits de consommation est directement lié à l'évolution de la distribution moderne et donc du libre-service. Ainsi, le produit est seul en magasin : il faut le différencier, le mettre en valeur et trouver les moyens pour inciter le consommateur à l'acheter plutôt que le produit concurrent situé sur le même rayon.

En ce qui concerne le secteur du tourisme, le libre-service n'existe pas encore, et pour cause : le produit touristique est intangible. La présence d'un vendeur ou d'un conseiller est donc indispensable pour informer le client dans la plupart des cas. D'autre part, la distribution des produits touristiques a peu évolué au cours de ces dernières années. Pour un grossiste de voyages, il est extrêmement difficile de se différencier, par rapport à ses concurrents, sur le lieu de vente (chez le détaillant). C'est ce qui explique la part limitée des activités de promotion des ventes dans le budget marketing des entreprises touristiques. Selon R. STANG[8], les facteurs qui nécessitent un budget important de promotion des ventes par rapport à celui de la publicité media sont les suivants :

- le niveau de fidélité faible envers la marque ;
- le peu de différenciation par rapport à la concurrence ;
- l'importance des enfants dans la décision d'achat ;
- les achats effectués sans planification ;
- la part de marché limité ;
- aucun risque perçu associé à l'achat.

Les outils de promotion des ventes figurent dans le tableau 7-11.

Nous présenterons certains de ces outils en fonction de l'objectif auquel ils sont associés, c'est-à-dire :

- faire connaître le produit ;
- inciter à l'achat ;
- encourager la fidélité ;
- mieux faire connaître son produit ;
- inciter à l'achat ou à la réservation.

Mieux faire connaître son produit

La publicité media ne suffit pas pour faire connaître un produit. En effet, il existe un décalage dans le temps entre le moment où un touriste perçoit une publicité et celui où il est en situation d'achat.

---

8. STANG, R.A. «The Relationship between Advertising and Promotion», dans **Brand Strategy Marketing**, Science Institut Cambridge, Mass.,1975.

TABLEAU 7-11   Les outils de promotion des ventes utilisés dans le secteur du tourisme et leurs destinataires

Techniques de promotion des ventes	Destinataires		
	Consommateurs	Distributeurs	Vendeurs
• Primes	X	X	X
• Réduction de prix	X		
• Concours	X	X	X
• Jeux	X	X	X
• Publicité sur le lieu de vente (PLV)		X	
• Loterie	X		
• Formation		X	X
• Bon de réduction	X	X	
• Salons professionnels	X	X	X
• Sur commission		X	X
• Chèque-annulation	X		
• Brochures	X	X	X

Mieux faire connaître son produit auprès des touristes nécessite aussi d'accroître la connaissance des distributeurs (agents de voyages). En effet, ces derniers représentent une source d'informations importante pour les clients éventuels. Les techniques de promotion des ventes destinées à mieux faire connaître le produit peuvent donc s'adresser au consommateur final ou aux intermédiaires.

La publicité sur le lieu de vente (PLV)

Ce sont les affiches, les autocollants, les cartonnages, les cadeaux promotionnels que l'on retrouve généralement à l'intérieur des agences de voyages détaillantes. L'avantage essentiel de la publicité sur le lieu de vente est de rappeler l'existence du produit sur le lieu de vente. Son rôle tend néanmoins à diminuer, car les agences de voyages se voient encombrées de matériels publicitaires divers qui, par manque d'espace, demeurent invisibles pour le consommateur.

Utiliser aujourd'hui la PLV pour informer le client sur le lieu de vente exige beaucoup de créativité quant au contenu du message et à la sélection du support du matériel utilisé (affiche, panneau, mobile, vidéo, banderole) et nécessite surtout l'assurance que le détaillant mettra en place le matériel proposé.

Les brochures, les catalogues, les dépliants, les cassettes vidéo

Largement utilisés par les offices du tourisme, les grossistes de voyages, les compagnies aériennes, la présentation et le contenu de divers imprimés et d'autres supports varient selon leurs destinataires (grand public ou professionnels du tourisme).

Les catalogues d'un grossiste de voyages représentent un investissement considérable et la majeure partie de leur budget marketing. Certains grossistes de voyages, tel que *Thompson Holidays* en Grande-Bretagne, réalisent des tests marketing dans lesquels différentes présentations sont vérifiées par le biais de réunions de groupes de consommateurs. Les résultats de ces tests sont une aide fort utile à la conception de la brochure définitive.

Aujourd'hui, certains organisateurs de voyages font appel aux supports vidéo pour informer leur public. Le film vidéo est diffusé à l'intérieur de l'agence, soit chez le détaillant. Ce support audio-visuel permet en plus une animation du point de vente.

La formation technique

Lorsque la tarification ou la réservation de produits touristiques est complexe, la formation technique des agents de comptoir est jugée nécessaire. C'est notamment le cas des compagnies aériennes qui doivent investir dans la formation des vendeurs, afin qu'ils maîtrisent parfaitement les procédures de réservation (*ALPHA 3 — TELETUT — RESERVEC*, etc.). Du reste, la formation technique du personnel doit être considérée comme une aide à la vente.

Les séminaires, les *workshops*, les éductours

La visite d'un démarcheur dans chaque point de vente est, d'une part, coûteuse et, d'autre part, inefficace pour former les détaillants à une meilleure connaissance d'une destination. En effet, les agents de comptoir ont, dans leur activité quotidienne, peu de temps à consacrer aux démarcheurs.

Par contre, il est possible pour un office national du tourisme d'organiser des séminaires dans lesquels les vendeurs sont invités à participer à un cycle d'informations de 24 ou 48 heures. Ces **séminaires** permettent une présentation générale de la destination. Ils peuvent être organisés au siège de l'office ou dans la région même des agences.

Par ailleurs, à la différence des séminaires, les **workshops** permettent une présentation plus précise des produits. L'agent de comptoir qui y participe se trouve en présence des co-organisateurs du **workshop** (organisateurs de voyages, compagnies aériennes). L'information qu'il acquiert est beaucoup plus technique et elle est orientée vers la vente de produits spécifiques.

En ce qui concerne l'**éductour** ou le voyage de familiarisation, les agents de comptoir sont invités à visiter une destination. Il ont ainsi une information précise sur le produit durant leur séjour et au cours de la visite de différents sites. Ces voyages de familiarisation sont généralement organisés et financés par plusieurs partenaires (office national du tourisme, hôteliers, transporteurs ...). Pour être efficace ils nécessitent :

- une sélection des agents de comptoir qui doivent y participer ;
- l'élaboration d'un programme de séjour qui combine activités de travail et de loisirs ;
- un suivi du programme dès le retour des participants.

Les conférences

Elles s'adressent le plus souvent au grand public ; elles sont organisées en soirée et donnent lieu à une présentation audio-visuelle. Parfois, un exposé y est présenté sur la destination (par exemple, une conférence organisée par l'*Office du tourisme canadien, JETAM* et *Canadien Pacifique*, présentant un film sur le Canada, dans des villes françaises).

Les salons professionnels et les foires

Un salon professionnel est une manifestation qui regroupe des exposants appartenant à un même secteur, par opposition aux foires qui peuvent regrouper des secteurs économiques différents. De plus, certains salons professionnels peuvent être exclusivement réservés aux professionnels du tourisme, tandis que d'autres sont, au cours d'une période déterminée, ouverts au grand public (voir tableau 7-12).

La participation à un salon peut se décider après un diagnostic précis de la valeur de la manifestation et de la stratégie marketing de l'organisation touristique. Selon la H.S.M.A. (*Hotel Sales and Marketing Association*) ce diagnostic doit porter sur les critères suivants :

TABLEAU 7-12 Principaux salons

Les principaux salons du tourisme dans le monde			
1. L'Europe			
Les Grandes messes du Tourisme			
Pays	Salons	N° professionnels	Date annuelle
Grande Bretagne	World Travel Market de Londres	45 000	Novembre
Allemagne	L'ITB de Berlin	30 000	Mars
	International Borse für Tourismus		
Italie	Le Bit de Berlin Borsa italiane del Turismo	20 000	Février
France	Salon mondial du tourisme et des voyages de Paris	10 000	Mars
Les moins de 10 000 visiteurs professionnels			
Espagne	Le FITUR, Feria internacional del Turismo, Madrid	3 000	Janvier
Suède	Le TÜR, Gothenburg	2 000	Mars
Suisse	Le Travel Trade Workshop, Genève	NC	Mai
Belgique	Le BTF, Brussels Travel Fair, Bruxelles	NC	Novembre
2. Le Monde			
USA	L'ASIAE, American Sightseeing International Annual Meeting	NC, sur invitations	Novembre
	Le POW WOW, Chicago	2 000	Mai
Canada	Le MPI de Vancouver	3 000	Juillet
Les nouveaux entrants			
Afrique du Sud	Africa Travel Market, Johannesburg	NC	Septembre
Singapour	Le PATA Travel Market de Singapour	NC	Avril
Russie	Le CIS Travel Market de Saint-Petersbourg	NC	Septembre
Dubai	L'Arabian Travel Market	NC	Mai

Source : Comité Français du Commerce Extérieur et sites dédiés.

CONCOURS JUMBO 1985

L'éléphant rose vous offre Djerba. Ne vous trompez pas.

1. Voici la photo d'un hôtel que Jumbo programme cet hiver. Comment s'appelle-t-il ?

2. Quel est le nom du label créé par Jumbo pour qualifier ses hôtels de rêve ? (Attention, ce n'est pas une catégorie de produit)

3. Pour 1960 F par personne, (vol + 2 nuits avec petit déjeuner) où peut-on aller en Tunisie avec Jumbo ?

4. Dans quelle ville se trouve l'hôtel "Megara" que Jumbo programme cet hiver ?

5. Pour 3 800 F dans quel pays peut-on partir en expédition en Land Rover avec Jumbo ?

6. Combien Jumbo propose-t-il de villes étapes dans sa formule Jumbotel pour visiter la Tunisie ?

Question subsidiaire :

Entre le 1er novembre 1985 et le 31 décembre 1985, combien de voyageurs vont partir avec Jumbo ?

Vous avez le catalogue Jumbo Hiver Printemps sous les yeux ? Plongez-y, dévorez-le et dénichez les bonnes réponses aux questions ci-dessus. Le plus malin gagnera un Jumbotel Djerba avec une voiture et 7 bons d'hôtel en 1/2 pension pour deux personnes. Pour les 20 suivants, un cadeau-surprise Jumbo. On croit voir des éléphants roses ! Alors, que la meilleure ou le meilleur gagne ! Envoyez-nous vos réponses sur carte postale avant le 31 Décembre 1985 à Jumbo Concours 1985, 2, rue du Pont-Neuf 75001 Paris

jumbo AIR FRANCE

Jumbo. Un accueil, un toit et la liberté.

Reproduit avec l'aimable autorisation de l'agence *T.G.A.*

- l'antériorité de la manifestation ;
- la progression de son audience ;
- sa réputation (se justifie-t-elle par ses résultats?) ;
- le nombre et la qualité des visiteurs ;
- la valeur des autres manifestations concurrentes ;
- la période au cours de laquelle la manifestation se situe (s'agit-il d'une période où le visiteur recherche de l'information, une période où il doit se décider, ou encore même une période où la décision est déjà prise?) ;
- l'adéquation entre le profil des visiteurs et le marché cible de l'organisation touristique.

Les salons sont aujourd'hui remis en question par un certain nombre de professionnels du tourisme ... qui continuent néanmoins à y participer. Comme pour toute activité commerciale, l'objectif d'une telle participation doit être précisé. La préparation, l'organistion matérielle, l'animation du stand, sans oublier le suivi doient être gérés avec efficacité tout en ayant continuellement à l'esprit les objectifs initiaux. Ainsi donc, la participation à un salon professionnel ou à une foire ne se justifie que si elle s'intègre à l'intérieur de la stratégie marketing.

Les concours

Ce sont des jeux organisés qui permettent aux consommateurs ou aux distributeurs de participer activement dans l'espoir d'un gain quelconque.

Quant à la différence entre le concours et le sweepstake, elle se situe dans la nature du jeu. Le sweepstake est un jeu de pur hasard alors que le concours nécessite certaines connaissances. Le concours permet de faire connaître certaines particularités du produit auprès du consommateur dans la mesure où ce dernier doit effectuer une recherche d'informations avant de répondre (voir le concours de l'Office du Tourisme de Ceylan). Il peut faciliter la pénétration de la campagne publicitaire en obligeant le participant à prendre connaissance du message publicitaire (voir concours JUMBO 1985).

L'incitation à l'achat ou à la réservation du produit

Les concours

Ils permettent, comme nous l'avons vu précédemment, d'accroître la connaissance d'un produit touristique auprès de clients potentiels. Les concours peuvent être aussi utilisés pour inciter le détaillant à promouvoir une marque par rapport à une autre (voir *concours T.W.A.*), ou à dynamiser une force de vente (voyage de stimulation).

Gagnez des vacances gratuites aux USA

Cet automne, nous allons tout faire, afin que vous ayez de plus en plus de clients désireux de se rendre aux Etats-Unis.

Faites voyager les hommes d'affaires et les vacanciers sur TWA et vous pourrez leur emboîter le pas en tant qu'invité grâce au "TWA/USA Passport".

Comment gagner ces vacances gratuites

Vous accumulez des points chaque fois que vous vendez un billet transatlantique TWA, que vous réservez une chambre au Hilton aux Etats-Unis et que vous louez une voiture à Hertz aux USA.

Réunissez assez de points pour les convertir en vacances, dont vous pourrez profiter jusqu'en mars 1987.

Vous allez bientôt recevoir tous les renseignements, répondant à vos questions et vous expliquant comment – grâce au "TWA/USA Passport"–vous-même et TWA ouvrez la voie vers les USA !

TWA ouvre la voie vers les USA.

Les sweepstakes

Les sweepstakes sont en réalité des loteries dans lesquelles le gagnant est désigné par le sort. Pour le détaillant, ils représentent un intérêt, car ils animent le point de vente (*Sweepstake Havas Voyages*). Les consommateurs potentiels se déplacent pour y participer.

Le couponnage (*couponing*)

Le coupon est un bon qui donne droit à un avantage, le plus souvent à une réduction de prix. Il a pour objectif essentiel d'inciter fortement le consommateur à acheter ou à réserver et il est distribué par voie postale ou de porte à porte à partir d'un fichier constitué de prospects. Également, il peut être diffusé par la presse écrite, ce qui accroît l'attention des lecteurs pour l'encart publicitaire, et ce, tout en diminuant les frais de distribution. De plus, la valeur de la réduction, incluse dans le coupon, constitue bien sûr l'élément clé quant au succès d'une opération de couponnage.

La réduction de prix

Dans une période de rigueur économique, les consommateurs ne sont pas insensibles aux réductions qui leur sont consenties. Aujourd'hui, de nombreux organisateurs de voyages consentent, à leurs futurs clients, des réductions en période creuse (campagnes *CLUB MÉDITERRANÉE—JET TOURS*).

Ces réductions, bien que très incitatives pour le consommateur, peuvent représenter un danger pour la société qui les organise. Ainsi, une réduction de prix peut avoir une incidence négative sur l'image de marque. Certains consommateurs ont l'impression que le produit offert avec réduction est dévalorisé. La marque est alors perçue comme étant économique et s'adressant à un large public.

L'offre spéciale

C'est un prix spécial consenti au public pendant une période déterminée. Cette pratique est fréquente chez les partenaires du tourisme (grossistes de voyages, hôteliers, transporteurs). Elle est souvent appliquée en période creuse ou lors d'un événement particulier (carnaval, festival, etc.). Le prix spécial est proposé à l'ensemble des clients ou est réservé à une cible précise (par exemple, les enfants).

Le renforcement de la fidélité envers la marque

Les primes

Pour encourager leurs clients à une certaine fidélité, les compagnies aériennes ont mis en place un système de primes. Ainsi, en France, sur certains

Reproduit avec l'aimable autorisation de *JET TOURS (Maroc)*.

vols le passager fait oblitérer un coupon à l'embarquement. Plusieurs oblitérations donnent droit à un billet gratuit (horaires confort : *AIR INTER, AIR FRANCE*). Aux États-Unis, les *Frequent Flyers Programs* offerts par les compagnies aériennes proposent les avantages similaires à leurs clients. De même, les sociétés de location de voitures (telle que *Hertz*) offrent des bons de réduction à utiliser dans des restaurants, dans des musées et dans des parcs d'attractions européens.

Les chèques-annulation *(Sélectour)*

Ce produit, lancé en 1985, a pour objet de permettre aux clients des agences de la chaîne volontaire Sélectour, au plus tard 30 jours avant le départ, d'annuler leur réservation sans que celle-ci ne génère de coûts pour le consommateur (remboursement intégral des sommes versées à l'avance et aucun frais de dossier).

Cet outil a ainsi pour objectifs : la sécurisation du client lors de l'achat d'un voyage à forfait, l'incitation à réserver à l'avance, la fidélisation du consommateur.

LE MARKETING DIRECT[10]

De nombreux professionnels du tourisme s'interrogent sur l'efficacité des moyens utilisés jusqu'à présent (publicité media, relations publiques, salons professionnels, affichage, radio, télévision, etc.) et manifestent un intérêt de plus en plus marqué pour un nouveau concept de communication : **le marketing direct**.

Grâce à l'évolution technologique (informatique, télématique, techniques d'impression…), le marketing direct permet à l'entreprise de communiquer personnellement avec les consommateurs qu'elle a sélectionnés en leur adressant des messages ciblés. Et loin de s'opposer aux actions traditionnelles de communication, il renforce l'efficacité des opérations commerciales classiques. Cette nouvelle forme de communication autorise l'utilisation de tous les media classiques (presse, affichage, radio, télévision) plus certains media spécifiques (publipostage, téléphone, télématique, télex).

Dans cette section, nous traiterons de deux media spécifiques, soit le publipostage et le téléphone.

---

10. Cette section a été écrite avec la collaboration spéciale de Robert Sabbagh, consultant en marketing direct et professeur au Ceram.
    Article repris dans ***Répertoire des voyages***, Éditions touristiques internationales, janvier 1986.

Quels sont les avantages d'une opération de publipostage ?

La *Direct Marketing Association* a recensé six avantages relatifs au publi-postage contrairement à la publicité classique. En voici la description.

1) **La personnalisation**   Bien qu'une opération de publicité directe touche parfois plusieurs milliers de personnes, vous vous adressez toujours au destinataire de façon individuelle. Aujourd'hui, les techniques d'impression au laser et d'impression par *ink jet* permettent d'augmenter l'implica tion du lecteur en personnalisant d'avantage le message.

2) **La sélectivité**   Le publipostage est, avec le téléphone, le médium qui permet d'avoir une segmentation la plus fine possible. Cette sélectivité va être fonction des critères de sélection des fichiers utilisés. De nouvelles techniques comme le *scoring* permettent d'affiner encore plus précisément la cible en sélectionnant les destinataires à partir d'un échantillon des prospects les plus rentables dans un fichier.

3) **L'absence de concurrence**   Dans la plupart des media, une annonce publicitaire apparaît comme un «parasite», c'est-à-dire qu'elle ne consti-tue pas la raison essentielle de l'achat d'un magazine. Deuxièmement, l'annonce est en concurrence avec toutes les autres, de ce fait, son pouvoir attractif peut passer inaperçu. Dans un publipostage, l'annonce ne subit pas cette concurrence.

4) **Aucune limitation**   Dans un publipostage, le créatif n'est pas limité par l'espace, le format, le nombre de couleurs, les formes, le nombre d'éléments à inclure, etc. La seule limite est l'ingéniosité du rédacteur du message.

5) **L'indépendance**   Le lancement d'une opération de publicité en direct n'est pas conditionné par des dates de parution, de bouclage de presse, par l'espace publicitaire encore disponible. En étant indépendant, le publipos-tage accorde une plus grande flexibilité de travail, ce qui permet d'atteindre un objectif au moment voulu.

6) **La possibilité de test et de contrôle**   C'est certainement la qualité essentielle du publipostage. Vous pouvez calculer avec précision la rentabilité d'une opération, déterminer le rapport investissement. La souplesse de ce médium autorise tous les tests possibles : test de l'offre, test du prix, tests des meilleurs segments géographiques ou socio-démographiques.

QUE CONTIENT GÉNÉRALEMENT UN PUBLIPOSTAGE

Notons que plus de 90 % des publipostages sont composés de cinq éléments de base, soit :

— une **enveloppe porteuse** qui doit inciter le lecteur à l'ouvrir ;

— une **lettre** qui explique et qui doit vendre ;

— une **brochure** qui décrit et qui illustre ;

— un **coupon** pour inciter à l'achat ;

— une **enveloppe retour** pour faciliter la réponse.

À l'intérieur de cette structure classique, les variations sont innombrables. Les équipes de créatifs ont à leur disposition tout un arsenal de moyens originaux qui vont de l'**enveloppe porteuse translucide** à la **lettre personnalisée** dont le nom du destinataire est imprimé en caractères de deux centimètres de haut en passant par les **encarts intégrés** (*folders*), les *scratch and sniff* (pelliculage odorant à gratter), les *pop-up* (animation de formes visuelles), plus tous les concours *sweepstakes*, c'est-à-dire des concours dont le tirage a été effectué avant l'envoi. L'ensemble de ces méthodes n'a qu'un seul objectif, soit augmenter l'attention du destinataire.

Dans ces dédales de la création, choisir le moyen approprié, créer le concept idéal, déterminer les différents éléments de l'ensemble dépendent certainement du talent des créatifs, mais aussi du résultat d'une série de décisions incluses dans la stratégie de création.

COMMENT DÉMARRER UNE OPÉRATION DE PUBLIPOSTAGE?

Toute stratégie de création doit débuter par une phase de recherche qui se résume en quatre points :

A) Analyser votre produit ou service

Avant de démarrer la création, une phase de réflexion est obligatoire. Soyez un expert de votre produit. Même si vous pensez bien le connaître, relisez l'ensemble des informations qui s'y rapportent. Révisez toute la publicité qui a déjà été faite. Interrogez ceux qui l'ont utilisée, étudiez-en les avantages, analysez les inconvénients. Établissez ses forces et ses faiblesses de façon à le positionner par rapport à vos concurrents.

B) Étudiez votre marché : quels sont les destinataires du publipostage?

Vous devez parfaitement connaître votre marché, de façon à construire une image spécifique qui correspondra exactement à la cible. N'oublions pas que le publipostage est un media hautement personnalisé qui va se retrouver dans les mains du lecteur. Votre créatif doit disposer d'informations détaillées du marché actuel, du marché potentiel, de même que les fichiers qui vont être utilisés.

C) Définissez clairement l'objectif du publipostage

S'agit-il d'inviter des clients à une manifestation, d'annor
ment d'adresse ou d'un numéro de téléphone, d'informer la créé
veau service, de stimuler l'intérêt pour un événement à venir, de raviver des
clients inactifs, de développer les ventes dans un nouveau secteur, de souhaiter
la bienvenue à de nouveaux clients, etc.? Pour chaque objectif, une analyse appropriée déterminera un contenu spécifique.

D) Observez ce qui a déjà été fait

Les nouvelles idées sont issues de l'analyse des succès et des échecs. Vous
devez retrouver les éléments positifs dans les publipostages qui ont échoué et
retenir les éléments à succès dans les publipostages gagnants. Ne vous canton-
nez pas au jargon professionnel, mais analysez tous les publipostages dont
vous disposez, car l'art de convaincre est universel.

*Après cette phase de recherche, vous devez avoir une idée du concept et des com-
posantes à introduire dans votre publipostage. Vous pouvez alors commencer à rédiger l'ébauche en vous appuyant sur les quatorze points suivants :*

POINT 1   *Prévoyez toutes les questions que se posera le lecteur*

Utilisez la méthode du dialogue. Imaginez que vous recevez l'offre que
vous êtes en train de rédiger. Quelles seraient alors les questions que vous vous
poseriez? En y répondant, vous sélectionnerez celles qui sont pertinentes et
elles constitueront ainsi la base de l'argumentation de votre offre.

POINT 2   *Personnalisez l'envoi*

N'oubliez jamais que vous vous adressez à une personne. Ne dites pas
par exemple : *Les gens qui voyagent avec notre compagnie sont très bien assis* mais
dites plutôt *en voyageant avec nous vous serez confortablement installés.*

POINT 3   *Utilisez des sous-titres*

Tous les professionnels de la communication utilisent des sous-titres
pour deux raisons fondamentales :

— ils permettent de soutenir l'attention en facilitant la lecture ;

— ils résument le texte et permettent ainsi à ceux qui ne lisent pas en entier le message d'en saisir le contenu.

POINT 4   *Placez des légendes sous les illustrations*

Cette méthode est utilisée par les journalistes. Une légende attire l'attention du lecteur. Elle ajoute un intérêt à une photographie et permet d'en expliquer le sens. Depuis l'école, les gens sont habitués à lire les messages sous les illustrations ; il faut traduire cette habitude en avantage et ne pas la négliger.

POINT 5   *Parlez dans un style simple*

Rappelez-vous toujours que votre lecteur ne vous accorde qu'une attention limitée. Celle-ci peut être à tout moment déviée s'il ne comprend pas le message que vous souhaitez lui transmettre. Plus il prend de temps pour comprendre une phrase, moins il lui reste d'énergie pour continuer à lire les phrases suivantes.

POINT 6   *Utilisez des phrases courtes*

Pour faire des phrases courtes, employer des mots n'ayant pas plus de trois syllabes. Utilisez des mots imagés plutôt qu'abstraits. Par exemple, ne dites pas : *De nos chambres, on a la plus belle vue de la région* mais dites plutôt *de votre chambre, vous observerez le coucher du soleil derrière la rade.*

POINT 7   *Donnez des informations*

Une des façons d'augmenter l'intérêt est de donner des informations complémentaires afin de rendre votre offre la plus complète possible. N'ayez pas peur de faire de la publicité. Si vous proposez un séjour, parler des attractions diverses, des moyens de transport locaux, de l'artisanat ...

POINT 8   *Éveillez la curiosité*

La curiosité est un outil de persuasion très puissant si elle est bien utilisée par le créatif. Mais attention, particulièrement dans les publipostages qui touchent au voyage, si vous comblez toute la curiosité de vos lecteurs, certains d'entre eux auront suffisamment voyagé et ne se transformeront pas en clients. Votre texte doit faire travailler l'imagination de votre lecteur. Par exemple : *sur place, les maîtres verriers vous initieront à la technique du verre soufflé. Savez-vous seulement que le verre se compose de sable de chaux et de soude ? Sa coloration est obtenue par des oxydes ajoutés à la composition de base : la couleur bleue est obtenue par l'oxyde de cobalt, le vert par l'oxyde de cuivre et de chrome, le violet par le bioxyde de manganèse et le jaune par le charbon en poudre...*

POINT 9   *Caractérisez votre publipostage*

Toutes les personnes qui ont travaillé sur des tests publicitaires vous diront combien il est important d'être distinctif. Ainsi, dire que *24 334 personnes ont participé au marathon de New York* sonne comme un fait en informant le lecteur du nombre exact de participants à l'épreuve.

Utilisez des chiffres qui parlent. Une station de ski de Savoie utilise un argument chiffré dans sa communication : *Nous remboursons votre forfait si vous attendez plus de 17 minutes aux remontées...*

POINT 10   *Évitez d'aider vos concurrents*

Ne faites pas de publicité pour la catégorie de produit plutôt que pour un produit particulier, car celle-ci servira vos concurrents. Par exemple, *pour une compagnie aérienne, une publicité qui spécificiera le service particulier à bord, les facilités d'enregistrement... sera plus efficace qu'une annonce qui vante le gain de temps, la rapidité, la sécurité...*

POINT 11   *Écrivez toujours plus*

Tous les rédacteurs sont unanimes, on améliore le contenu et la qualité d'une lettre lorsqu'on la réduit. Si votre lettre doit faire une page, écrivez-en deux. Par la suite, vous éliminerez tout ce qui n'est pas essentiel. Raccourcissez vos phrases, écrivez presque en style télégraphique. N'oubliez pas que les gens lisent cinq fois moins vite qu'ils ne pensent.

POINT 12   *Faites réagir votre lecteur rapidement*

Plus votre lecteur tarde à répondre et moins il a tendance à le faire. Vous avez réussi à intéresser votre lecteur, ne le laissez pas se demander ce qu'il doit faire. Dites-le lui. Et, si vous pouvez lui fournir une raison valable pour répondre immédiatement, n'hésitez pas, donnez-la lui.

POINT 13   Vérifiez si l'argumentaire est complet

Assurez-vous que tout a été dit. N'attendez pas de votre lecteur qu'il fasse une recherche d'information supplémentaire. Un publipostage est comme un représentant, s'il n'a pas répondu à l'ensemble des questions que se pose le futur client, c'est considéré comme un échec.

POINT 14   Interrogez votre entourage

Il vous sera très utile de demander l'avis de vos collaborateurs, mais assurez-vous qu'ils vous donneront leurs vraies opinions. Et n'oubliez pas qu'en marketing direct toute critique est encore trop optimiste.

Le marketing par téléphone

Le marketing par téléphone se divise en deux catégories : l'émission d'appel et la réception d'appel.

La réception d'appel nécessite l'utilisation de media complémentaires. Il faut inciter le prospect à téléphoner après avoir été sensibilisé à l'exposition d'un message publicitaire. Celui-ci peut avoir comme support n'importe quel media classique, soit la télévision, l'affichage, la radio, la presse. Par exemple : *Campagne estivale de l'ANIT appeler info-vacances. L'objectif est d'inciter les Français à se renseigner auprès de l'ANIT sur les différentes régions françaises, les différentes activités praticables...*

Pour motiver l'appel, beaucoup d'entreprises adoptent le *code 800* en Amérique du Nord ou le *SERVICE 05* en France. Ce service offre la communication à la personne qui appelle quelles que soient la distance et la durée de l'appel. Généralement, il est utilisé pour des opérations longues de fidélisation de clientèle. Par exemple : *Un important organisateur de voyages qui commercialise l'Afrique utilise un «numéro vert», ce qui permet à toutes les agences de province de le contacter sans frais pour de simples informations, ou encore pour effectuer une réservation.*

Précisons que nous ne parlerons ici que des techniques d'émission d'appel qui nécessitent une approche très structurée quant à leurs utilisations. Même si le téléphone a toutes les spécificités des media du marketing direct (sélectivité, possibilité de mesure, de tests...), on lui attribue cinq caractéristiques particulières :

1) **Le vrai contact personnel**   Comme tous les autres media, le téléphone est une voix mais son plus grand avantage par rapport aux autres, c'est d'offrir une écoute. En effet, c'est le seul media qui offre les avantages de la vraie communication, c'est-à-dire le dialogue entre deux personnes. Cette

force du téléphone permet d'obtenir des résultats qui vont se situer entre ceux obtenus par le publipostage et ceux atteints par une visite commerciale conventionnelle.

2) **La réponse immédiate**   La communication en temps réel permet de contrôler en permanence les résultats de l'opération en cours. Toutes les statistiques vont pouvoir être dressées si l'opération est bien structurée et contrôlée.

3) **L'indépendance**   C'est le médium qui nécessite le moins de contraintes extérieures. Compte tenu de sa flexibilité, les conditions de test ou de lancement d'une opération peuvent être rapidement réunies : pas de temps d'impression, pas de date de parution, donc des délais de réalisation très courts.

4) **La souplesse dans l'utilisation**   L'étendue des diverses applications du téléphone est presque illimitée. Utilisé seul ou combiné à d'autres media, utilisé en émission d'appel ou en réception d'appel le téléphone permet de générer des résultats à travers un large spectre d'objectifs qui vont de la vente à la simple information en passant par la qualification de prospects (à partir d'un fichier donné, établir une segmentation encore plus fine en fonction des besoins exacts de la personne appelée).

5) **L'absence de contrôle pour le prospect**   À l'inverse des autres media, l'appel téléphonique laisse peu de liberté au prospect. Lors du contact téléphonique, il est possible que l'interlocuteur ne soit pas disposé à répondre et un message à caractère commercial est certainement la dernière chose à laquelle il s'attend.

COMMENT DÉMARRER UNE OPÉRATION DE MARKETING PAR TÉLÉPHONE

Tout d'abord, posez-vous les quatre questions suivantes :

- Quels segments de marché voulons-nous atteindre?
- Quels sont les objectifs financiers de l'opération?
- Existe-t-il une meilleure combinaison de media permettant d'atteindre les résultats souhaités?
- Quelles sont les ressources disponibles pour réaliser le programme?

Cette dernière question n'est pas la moindre car, généralement, elle conditionne une décision importante : l'opération doit-elle être interne ou doit-on faire appel à la sous-traitance?

Service intégré ou sous-traitance?

Il n'y a pas de réponse à cette question, mais simplement des indications présentant les avantages et les inconvénients de chacune des deux formes (voir tableau 7-13)

TABLEAU 7-13   Avantages et inconvénients d'un service intégré *versus* la sous-traitance

	Système intégré	Sous-traitance
Avantages	— contrôle total de l'entreprise ; — possibilité de régler un problème instantanément ; — généralement, le système intégré présente une meilleure connaissance des produits et de la politique de l'entreprise.	— démarrage instantané ; — compétence professionnelle ; — aucun engagement à long terme pour le client ; — système d'appel sophistiqué et contrôlé ; — possibilité d'obtenir différents niveaux de service.
Inconvénients	— procédure de mise en place longue ; — investissement de départ coûteux ; — nécessité d'espace disponible.	— moins de contrôle pour le client ; — connaissance parfois insuffisante des produits ou du service à la clientèle ; — risque dans le choix du professionnel.

Quels sont les coûts?

Si vous faites appel à une société extérieure pour vos opérations vous déterminerez avec l'agence le budget global de votre opération (incluant les coûts fixes, la conception du scénario, les coûts variables, les types de personnes appelées : entreprise ou particulier, la dispersion géographique, la durée de l'appel...).

Par contre, si vous décidez de lancer votre propre campagne de marketing par téléphone prévoyez les coûts suivants :

• location de liste d'adresse ;
• recherche des numéros de téléphone ;
• coût des téléphonistes ;
• formation de l'équipe ;
• taxes téléphoniques ;
• frais de conception et de création du scénario ;
• test ;
• coût d'équipement.

Par conséquent, le choix entre les deux solutions est loin d'être évident ; il se fait en fonction de l'expérience de chacun, du type d'opération à mener et de la fréquence de celle-ci. Notez que certaines sociétés de service se chargent de la mise en place et de la formation de votre propre équipe.

Mais par ailleurs, en passant de la sous-traitance à la formation du personnel clients jusqu'au service intégré dans l'entreprise intéressée, la méthode relative à l'opération de marketing par téléphone *(phoning)* reste la même. Petite ou grande entreprise, que l'on délègue ou que l'on maîtrise, les techniques éprouvées ne changent pas.

LES ONZE ÉTAPES D'UNE OPÉRATION PAR TÉLÉPHONE

ÉTAPE 1   *La réalisation d'un fichier*

La sélection d'un fichier dépend de l'utilisation de celle-ci, et non de tout autre élément, comme la source du fichier (INSEE, spécialistes du marketing direct, loueurs de fichiers…). Dans la plupart des cas, le fichier obtenu nécessitera des traitements avant d'être exploitable, pour lui donner la forme la plus appropriée aux besoins de l'entreprise. Pourtant, il est toujours possible de réaliser un fichier en interne (par exemple Nouvelles Frontières a réalisé son propre fichier de trois millions de noms pour un montant de 8 millions de francs), en étant attentif à des problèmes tel que l'attrition, qui chaque année retire 25 % d'informations du contenu du fichier. De plus, le fichier devra comporter des éléments d'information permettant de réaliser des segmentations pertinentes, à savoir : sur les styles de vie, les motivations… Enfin, il est important de savoir qu'il est rare de louer, acheter, ou créer un fichier pour une seule opération marketing, mais qu'il est nécessaire de prévoir une certaine flexibilité du fichier et une certaine richesse d'information pour les actions à mener dans le futur.

Source : L'Essentiel du Management, août 1997 – « La méthode Nouvelles Frontières ».

ÉTAPE 2   *Être vigilant quant au choix et à l'entraînement du personnel*

Ne demandez surtout pas à vos vendeurs de rester au bureau pour faire du marketing par téléphone. Ce n'est pas leur métier et ils seront plus efficaces sur le terrain. La sélection des téléphonistes est une étape difficile, car les résultats refléteront la qualité et le professionnalisme des appels.

ÉTAPE 3   Prévoir des conditions de travail adéquates

Les sociétés de services utilisent des aires attitrées pour les appels (*phone rooms*), c'est-à-dire des salles dans lesquelles sont aménagées des cabines individualisées où chaque téléphoniste dispose de son propre poste de travail. La tâche de téléphoniste est un métier difficile. Il n'est pas possible de travailler plus de 5 heures par jour, ce qui nécessite des conditions de travail optimales.

ÉTAPE 4   Préparer et mettre au point le scénario téléphonique

Il faut prévoir un scénario téléphonique, car celui-ci vous permettra de structurer l'entretien. Cette étape demande une grande compétence en la matière, car elle implique, d'une part, la maîtrise de tous les concepts en communication directe et, d'autre part, la prise en compte du facteur temps. Vous devez maximiser l'efficacité de votre message dans un espace temps le plus court possible.

Rédiger votre scénario en utilisant les techniques conventionnelles de la vente personnelle

a) Identifiez-vous

Dès le début de l'entretien, dites qui vous êtes et quelles sont les motifs de votre appel. Vous devez éveiller un intérêt chez votre interlocuteur. Il faut dès le départ lui donner une raison valable de passer trois minutes avec vous.

b) Mettez en valeur l'utilité de votre offre

N'oubliez pas qu'au téléphone vous n'avez pas de support graphique ou visuel. Vous ne pouvez pas appuyer votre argumentaire par des photos ou de la couleur. Il faudra beaucoup de concentration et d'imagination à votre prospect pour assimiler votre message. La partie information de votre offre devra être brève, mais insistez sur les avantages, car les décisions par téléphone sont spontanées et souvent d'ordre émotionnel.

c) Introduisez des questions

L'entretien téléphonique est un dialogue. En insérant des questions dans le scénario vous établirez cet échange. De plus, cela vous permettra de mesurer le degré d'information de votre prospect et de mieux cerner ses besoins.

d) Identifiez des objections

Avant la phase d'appels, vous devez identifier les objections de l'interlocuteur et prévoir les réponses. Anticipez les questions que ce dernier vous posera. Vous ne devez jamais rester muet face à une objection, acceptez-la toujours avant de la repousser.

e) Concluez

Prenez l'initiative de provoquer la fin de l'entretien. N'oubliez pas qu'au téléphone l'ennemi, c'est le temps. Vous devez maintenir un coût par réponse le plus bas possible.

ÉTAPE 5   *Tester vos fichiers et votre scénario*

Effectuer quelques appels est le meilleur moyen de savoir si l'argumentaire est complet. Ainsi, cela vous permettra de mesurer la durée d'un appel moyen et, au besoin, de modifier une partie du scénario téléphonique.

ÉTAPE 6   *Prévoir les formulaires de saisie*

Cette étape semble moins importante, mais elle est la fonction clé du marketing direct. Pour pouvoir mesurer de façon précise les résultats, il faudra enregistrer soigneusement chaque appel. Prévoir les feuilles de saisie, c'est aussi vous donner les moyens de constituer une base de données réutilisable plus tard.

ÉTAPE 7   *Être sincère*

Répondez à tous les «mais» et à tous les «si». Votre client a droit à une information vraie. Par la franchise et par l'éventuel abandon d'une vente, vous lui épargnerez déception et réclamation tout en préservant votre image.

ÉTAPE 8   *Faire un bilan en cours d'opération*

Si vos feuilles de saisie sont bien complétées, vous pourrez au fur et à mesure évaluer vos résultats sans attendre la fin de votre opération. Il arrive fréquemment qu'une analyse des coûts faite en cours d'opération se traduise par des décisions modifiant le programme initial, soit la suppression de certains fichiers, soit l'adjonction de nouveaux numéros.

ÉTAPE 9   Offrir de «petits avantages» à votre prospect

Sourire   Le sourire s'entend au téléphone, c'est un atout psychologique. En souriant, votre voix prend une intonation plus agréable et votre interlocuteur est plus enclin à vous écouter. Conserver le sourire au cours de l'entretien, c'est garder la maîtrise et le contrôle de la conversation.

Parler lentement   Tous les tests le démontrent, au téléphone on est bien souvent inquiet de ne pas savoir ce que l'interlocuteur pense inconsciemment. On a tendance à accélérer le débit du message pour donner vitement la parole à l'autre qui, la plupart du temps, n'a pas compris l'objet de l'appel. En décrochant votre combiné, écoutez-vous parler.

Articuler   N'oubliez pas que le téléphone déforme la voix et que, parfois, la qualité des communications est mauvaise. Mettez tous les atouts de votre côté, articulez et parlez clairement pour améliorer le confort d'écoute de votre prospect.

Donner la parole à votre prospect   Évitez le monologue qui ennuie le client. Offrir la parole, c'est faire une pause dans votre argumentaire et c'est l'occasion de jauger le prospect par rapport à votre offre. Votre interlocuteur a toujours quelque chose à dire, sinon incitez-le à vous parler à l'aide de petites questions :

— Qu'en pensez-vous?

— Êtes-vous d'accord avec moi?

ÉTAPE 10   Maintenir l'éthique professionnelle

Efforcez-vous d'augmenter le degré de confiance de vos correspondants. La nature intime de l'appel téléphonique est telle qu'il existe un doute permanent du prospect. Le ton de la communication, les mots employés et une présentation claire sont autant de points qui vous permettront de dissiper cette crainte.

ÉTAPE 11   À ne pas oublier

Le succès de toutes vos opérations futures de marketing téléphonique sera fonction de la qualité et du professionnalisme de vos actions d'aujourd'hui. Maintenir cette qualité, c'est la responsabilité qui incombe à tous ceux qui utilisent le téléphone comme moyen d'atteindre une clientèle.

LE PARRAINAGE OU COMMANDITE (*SPONSORING*)[11]

Les fonctions du parrainage

Dans la gamme des processus et des moyens de communication auxquels l'entreprise contemporaine peut recourir, le parrainage tient une place quelque peu à part. On attribue cela à son ambivalence profonde qui se traduit par certaines caractéristiques.

La nature du parrainage est simultanément très «ancienne» et très «moderne». Il s'agit en effet d'une pratique qui date depuis fort longtemps, puisque déjà au temps des cités grecques elle était mise en œuvre et profitait à divers personnages en vue dans la cité. Ainsi, l'homme politique, le riche négociant «subventionnaient» de manière intéressée un athlète ou un artiste.

Mais par ailleurs, le parrainage est également très représentatif des temps modernes, c'est-à-dire de la société occidentale actuelle. Le phénomène du parrainage s'est en effet considérablement banalisé, même si ce n'est qu'une minorité d'entreprises qui s'y est intéressée correctement. La principale raison est que la place élargie que l'entreprise ou les organisations occupent aujourd'hui au sein de la société est le résultat de l'explosion de la communication et des media.

L'entreprise est devenue une figure archétypique. Elle est présente partout. Mais par cette omniprésence, elle n'est plus exclusivement en contact avec ses clients au sens strict du terme ; elle entre en relation et communique avec ce que nous appelons, au sens large, les publics. L'entreprise participe de plus en plus à des activités et à des événements culturels, sportifs et scientifiques.

Le parrainage s'inscrit donc selon l'évolution de la communication. Aujourd'hui, ce qui est véritablement important pour une entreprise, c'est sa communication globale, orientée, organisée, animée, aussi bien vers l'extérieur (marchés, partenaires, etc.) que vers l'intérieur (personnel).

Nous avons vu précédemment le rôle et l'essor des relations publiques dans la stratégie de communication des entreprises. Le parrainage joue un rôle similaire même s'il convient de distinguer deux grandes catégories de motivations relatives à celui-ci. Elles s'incrivent dans une stratégie d'entreprise, c'est-à-dire le parrainage d'impulsion et le parrainage d'implication.

- Le *parrainage d'impulsion* à finalités «actualisatrices» (accroissement de l'impact commercial de l'entreprise en termes de résultats de compétitivité à court terme) et «sociétaires» (amélioration de la fidélité des clientèles).

---

11. Cette section a été écrite avec la collaboration spéciale de M. DEBAY, professeur de management au *CERAM*, consultant en communication et *sponsoring*. 1986.

- Le *parrainage d'implication* à finalités latentes et symboliques (création d'un consensus sur un système de représentations «partagées» par l'entreprise et ses publics) et «organiques» (rassemblement des clientèles et du personnel sur des valeurs partagées concrétisant un même style de vie, un même art de vivre).

TABLEAU 7-14   Le parrainage et les moyens de communication classique

Communication — Parrainage	Communication classique
• Agit par «capillarisation» (diffusion indifférenciée, effet «réseau»).	• Agit par focalisation (ciblage très accentué, homogénéité entre émetteur et récepteur des messages très forte).
• Directe et indirecte.	• Directe.
• Efficience recherchée à court et à moyen terme.	• Efficacité recherchée à court terme.
• Équilibre entre formel et informel ; éventuellement «hors media» (media en lui-même).	• Majoritairement formelle et hypermédiatisée.
• Visée socio-économique, voir «politique».	• Visée spécifiquement économique.
• Information transmise dite de «haut contexte» (messages formulés en termes de «représentations» ; tout n'est pas explicite) ; importance de l'événement sportif qui est support ; effort sur la «symbolique» de celui-ci, diffusion du système de représentations de l'entreprise (son imaginaire).	• Information transmise dite de «bas contexte» (messages transparents) ; importance des images et des produits (rôle du graphisme) ; effort sur l'image de marque.
• Nature de l'information : impliquée et implicante pour le client potentiel (fonctions de création, d'impulsion et d'implication). Recherche du «partage du sens» entre l'entreprise et ses publics. Médiatisation «chaude».	• Nature de l'information : neutre et fonctionnelle (fonctions d'usage, d'utilité, de profitabilité). Motivations qualitatives, intellectualisées (rôle de la publicité). Médiatisation dite «cool».

Les mécanismes du parrainage

Le parrainage est synonyme de soutien financier apporté par un commanditaire en contrepartie du surcroît de notoriété qu'il en escompte. Ce soutien financier est applicable à deux domaines principaux : le domaine sportif ainsi que le domaine culturel et artistique.

Toutefois, il est à noter que le champ d'application n'est pas *a priori* limitatif et que d'autres ouvertures pourraient être explorées par toute entreprise ou organisation, prise au sens large, désireuse de renforcer sa notoriété et son image (par exemple, le domaine de l'enseignement ou celui de la recherche, domaines susceptibles d'être considérés comme «facteurs» et intéressants pour certaines actions de communication).

Trois paramètres sont significatifs de ce soutien financier et matériel :

- l'engagement et l'implication de l'entreprise commanditaire, c'est-à-dire du bailleur de fonds ;
- l'engagement s'inscrivant dans le cadre d'une stratégie marketing visant l'optimisation de la communication de l'entreprise concernée ;
- la traduction de cet engagement en un concours financier s'analysant en termes de mise de fonds disponibles, ou encore de marchandises assorties d'une valeur.

La décision du recours au parrainage pour une entreprise touristique doit naturellement être le résultat d'un processus de réflexion et d'analyse visant à gérer le plus efficacement possible la communication de celle-ci. Ce processus est décrit dans le tableau 7-15.

Les conditions de réussite du parrainage

Pour être efficace, l'activité de parrainage doit répondre à certaines conditions. À des fins d'illustration, nous prendrons l'exemple de parrainage d'un événement sportif.

1. Le sport, le(s) sportif(s) ou l'événement sportif, susceptibles d'être parrainés, doivent constituer une véritable «plate-forme événementielle», c'est-à-dire être en mesure par leur dynamisme, leur organisation et leurs résultats de susciter une attention durable de la part du public.

2. La couverture médiatique de l'activité sportive parrainée doit être assurée par un effort commun de l'organisation qui parraine et celle qui est parrainée (campagne de communication relative à l'événement sportif, préparation et diffusion de dossiers de presse, organisation de conférences de presse, rencontres avec les responsables des media et non simplement avec les journalistes).

3. Il est indispensable que l'échange envisagé entre l'annonceur-le parrain et le parrainé soit conclue sous forme de contrat. Cette entente doit dans la mesure du possible être étendue aux media (contrat tripartite : le parrain-le media-le parrainé). Toutefois, il faut souligner qu'à l'heure actuelle, cela

TABLEAU 7-15   Démarche rationnelle classique pour aboutir à une action de communication dans le domaine du sport

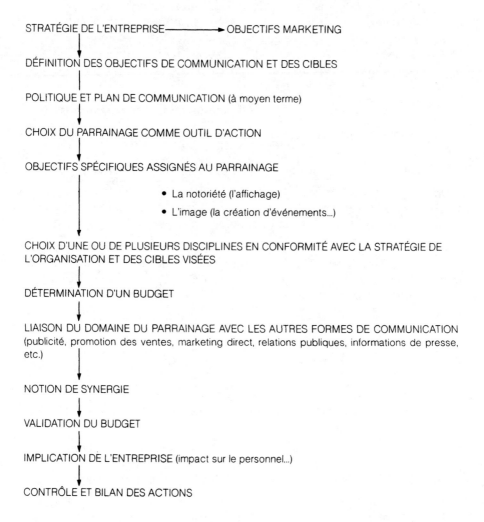

STRATÉGIE DE L'ENTREPRISE ⟶ OBJECTIFS MARKETING

DÉFINITION DES OBJECTIFS DE COMMUNICATION ET DES CIBLES

POLITIQUE ET PLAN DE COMMUNICATION (à moyen terme)

CHOIX DU PARRAINAGE COMME OUTIL D'ACTION

OBJECTIFS SPÉCIFIQUES ASSIGNÉS AU PARRAINAGE

• La notoriété (l'affichage)
• L'image (la création d'événements...)

CHOIX D'UNE OU DE PLUSIEURS DISCIPLINES EN CONFORMITÉ AVEC LA STRATÉGIE DE L'ORGANISATION ET DES CIBLES VISÉES

DÉTERMINATION D'UN BUDGET

LIAISON DU DOMAINE DU PARRAINAGE AVEC LES AUTRES FORMES DE COMMUNICATION (publicité, promotion des ventes, marketing direct, relations publiques, informations de presse, etc.)

NOTION DE SYNERGIE

VALIDATION DU BUDGET

IMPLICATION DE L'ENTREPRISE (impact sur le personnel...)

CONTRÔLE ET BILAN DES ACTIONS

Source : **Actes du Colloque —** *Sport, Sponsoring et Communication.* **CERAM.** Sophia Antipolis. juin 1985.

n'est pas toujours faisable dans le maquis juridique encore incomplète-ment décanté en France. En ce qui concerne les modalités de contrat pro-prement dites, il est préférable de faire appel à un conseil juridique, afin d'éviter des contrecoups ultérieurement quant aux engagements de cha-cune des parties. Un bon contrat n'est peut-être pas indispensable lorsque tout se passe bien entre le commanditaire et le parrainé, mais dans le cas contraire...

4. Outre le contrat, un dossier complet se rapportant à tous les aspects de fonctionnement du sport (ou de l'événement sportif) considéré doit être constitué (voir le tableau 7-16).

TABLEAU 7-16   Plateforme type de partenariat entre une discipline sportive, un sportif, un organisateur sportif et un annonceur-futur parrain-commanditaire

1. Présentation générale de l'activité de l'organisation cherchant un soutien de parrainage (inclure les trois derniers rapports d'activité de l'organisation sportive et le budget prévisionnel).

2. Intitulé de la manifestation, de l'événement spécifique à parrainer.

3. Date, lieu et caractéristiques d'implantation.

4. Description succincte
   • Quelques lignes pour expliquer le principe de compétition-événement et dire qui seront récompensés et dans quel cadre elle se déroulera.
   • Mise en valeur des nouveautés ou des spécificités de cet événement.

5. Nombre de participants sportifs attendus
   • Type de fréquentation, de public attendu sur place ;
   • Type et importance de l'audience du sport, de l'événement (par les media).

6. Budget
   Bilans et comptes d'exploitation prévisionnels.

7. Contrat de partenariat (termes de l'échange)
   7.1 Subvention demandée

   7.2 Contreparties proposées
       Indiquer notamment les aspects légaux concernant :
           • La présence des vedettes sportives ;
           • Les assurances (en particulier la sécurité) ;
           • Le régime fiscal pour l'organisme parrain et l'organisme parrainé.

   7.3 Autres commanditaires présents lors de la manifestation.

   7.4 Présence des media : lettre d'entente de ceux-ci éventuellement.

   7.5 Publicité : évaluer, pour le commanditaire comme pour l'organisme parrainé, le budget à mobiliser.

8. Présentation d'un dossier de presse : éventuellement une revue de presse dans le cas d'une organisation ayant déjà eu lieu l'année précédente.

9. Planification et organisation des actions de communication à entreprendre pour promouvoir le sport ou l'événement sportif.

Si ces conditions sont respectées, le parrainage peut être un excellent véhicule de communication pour ces produits touristiques. Depuis de nombreuses années, les chaînes hôtelières et les compagnies aériennes intègrent le parrainage dans leur politique de communication.

De plus, depuis quelques temps, les pays comme la France et l'Australie (AUSTRALIA et *FRANCE III* dans l'*America Cup*), le département «Charente-Maritime» et la ville d'Antibes, dans les courses transatlantiques, se sont intéressés au parrainage et ont pu ainsi bénéficier de retombées médiatiques qu'ils n'auraient jamais pu espérer par d'autres moyens de communication.

CONCLUSION

L'élaboration de la stratégie de communication comprend une série d'étapes dont les principales sont : la sélection des marchés cibles définis en termes de communication, la fixation d'objectifs de communication en relation avec les objectifs marketing, les décisions sur les thèmes de la communication et celles relatives à la sélection des media les plus appropriés pour véhiculer les messages auprès des marchés cibles, la mise en place des procédures de contrôle.

D'autre part, la communication marketing comprend différents moyens qui vont de la publicité media au marketing direct en passant par les relations publiques, la promotion des ventes, le parrainage et le graphisme de marque. L'utilisation de ces différents moyens nécessite une grande coordination afin de s'assurer que la communication de l'organisation touristique soit en parfaite harmonie avec les objectifs de communication. Cette communication doit s'inscrire dans un plan marketing global couvrant tous les efforts conjugés de l'organisation pour attirer et satisfaire les clientèles visées.

Le dernier chapitre qui est, somme toute, un chapitre de conclusion et de synthèse du présent ouvrage, présente les éléments de base de la planification marketing dans le domaine du tourisme.

Chapitre 8
La planification
stratégique de marketing

LE CONCEPT DE PLANIFICATION STRATÉGIQUE DE MARKETING

LES AVANTAGES DE LA PLANIFICATION STRATÉGIQUE DE MARKETING

LES ÉLÉMENTS DE LA PLANIFICATION STRATÉGIQUE DE MARKETING
L'analyse stratégique
La mission
Les marchés cibles
Les objectifs globaux et les objectifs de marketing
La stratégie maîtresse
Les unités de planification stratégique
Le plan stratégique de marketing
Le plan annuel de marketing et ses composants

**LES DIFFICULTÉS DE LA PLANIFICATION MARKETING
DANS LE DOMAINE DU TOURISME**

LES DIVERSES ALTERNATIVES POUR LES ORGANISMES PUBLICS
La planification indicative
La planification incitative
La planification contractuelle par objectifs

**L'INTÉGRATION ET L'ORGANISATION D'UN DÉPARTEMENT
DE MARKETING**

CONCLUSION

* * *

LE CONCEPT DE LA PLANIFICATION STRATÉGIQUE DE MARKETING

Le *concept de la planification stratégique de marketing* recouvre une approche, une analyse et un ensemble de décisions reliées aux buts et aux objectifs de l'organisation touristique, à ses marchés et aux moyens qu'elle va mettre en œuvre pour atteindre ses objectifs sur les marchés cibles.

Par ailleurs, le terme *planification* indique l'aboutissement à un plan sous forme de document formel dans lequel les objectifs à atteindre sont opérationnalisés, les marchés cibles sont identifiés et décrits, les décisions prises et à prendre sont expliquées et justifiées, les actions à entreprendre explicitées opérationnellement et les moyens de contrôle précisés.

Quant au terme *stratégique*, il signifie que l'on opère dans le moyen et le long terme. Précisons que cela concerne autant les objectifs, les décisions prises que les actions à engager. Par contre, ce terme s'oppose aux décisions tactiques, ou à court terme, que l'on retrouve soit dans l'action quotidienne, soit dans le plan annuel de marketing.

En ce qui concerne la planification stratégique de *marketing*, elle se distingue finalement de la planification stratégique en ce qu'elle s'intéresse essentiellement à l'aspect marketing, c'est-à-dire à la relation avec l'environnement, avec les marchés, avec la clientèle et avec les concurrents d'une part, et aux décisions concernant les marchés cibles, les objectifs marketing, les produits et les services offerts, les stratégies et les politiques de prix, l'accessibilité du produit, les stratégies de distribution et de vente, et les stratégies de communication, d'autre part. En cela, elle se différencie de la planification stratégique globale ou corporative, qui intègre non seulement les éléments reliés au marché et au marketing mais aussi la planification financière et les décisions reliées à la technologie, à l'organisation de l'entreprise et aux ressources humaines, ainsi qu'à tous les aspects reliés aux décisions d'investissement. La figure 8-1 illustre le processus de planification globale pour une région touristique.

La vision stratégique

Le marketing est stratégique par excellence ; on ne peut donc pas dissocier vision marketing et vision stratégique. Ainsi, la vision marketing est essentiellement une vision tournée vers l'environnement et les marchés. Ces derniers orientent les actions de l'organisation de façon à lui assurer le succès dans sa lutte avec ses concurrents pour gagner une part de marché. Une telle vision marketing ne peut pas se contenter de décisions tactiques, réactives aux mouvements du marché et de la concurrence dans le court terme. Elle doit être stratégique et donc capable de déceler des mouvements fondamentaux dans

FIGURE 8-1   Processus de planification globale pour une région touristique

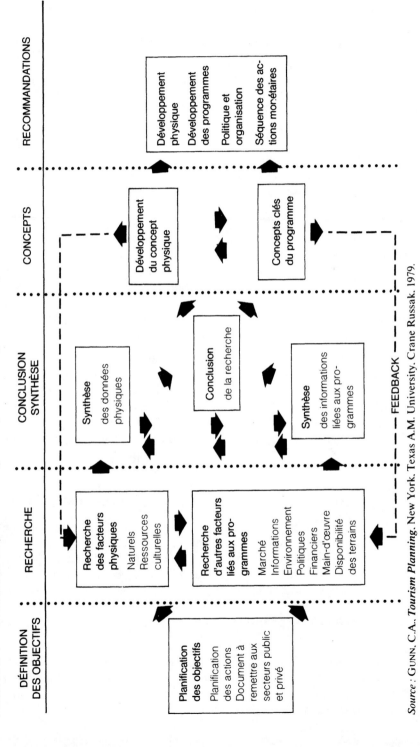

Source : GUNN, C.A., *Tourism Planning*, New York, Texas A.M. University, Crane Russak, 1979.

l'environnement et sur le marché ainsi que les implications à long terme des décisions prises par les concurrents.

La vision stratégique s'intéresse à l'évolution des composantes du macro-environnement, entre autres, les aspects technologique, social, culturel, économique, politico-légal et démographique, et à l'impact de cette évolution sur l'organisation, sur ses activités actuelles et ses projets. Elle tente principalement de déceler dans ces évolutions fondamentales des opportunités de développement, ou des menaces pour sa survie. Le même type d'analyse est ensuite mené dans l'ensemble de l'industrie touristique et pour chaque marché. Ensuite, elle suggère une analyse stratégique de l'organisation par rapport à son environnement, à son marché et à ses concurrents afin d'obtenir un diagnostic précis de ses forces et de ses faiblesses.

Le processus de planification stratégique de marketing

Le processus de planification stratégique de marketing comprend principalement trois phases : *l'analyse stratégique, les décisions stratégiques et la planification*. De plus, chacune de ces phases comprend un certain nombre d'étapes que nous allons sommairement passer en revue, mais qui seront présentées de façon plus approfondie ultérieurement.

Tout d'abord, *l'analyse stratégique* comprend l'analyse de l'environnement global, à savoir : la situation économique et son évolution, la société et ses normes dominantes ainsi que les changements qu'on peut y déceler, la culture, la technologie, la situation politique et les lois qui régissent les divers pays, et l'évolution démographique. Ensuite, vient l'analyse de l'industrie touristique et de la concurrence qui s'y exerce ainsi que les axes selon lesquels évolue la concurrence entre les divers produits. De plus, il faut évaluer l'évolution des marchés et des besoins qui y apparaissent. Finalement, c'est à l'analyse de l'organisation et du produit touristiques eux-mêmes qu'il faut procéder pour en dégager les forces et les faiblesses, ainsi que les avantages différentiels qu'ils possèdent.

Les décisions stratégiques, fondées sur l'analyse qui les a précédées, comprennent la définition de la mission de l'organisation touristique, les objectifs à long terme, le positionnement et les avantages différentiels que l'on veut se donner, la stratégie globale choisie pour atteindre les objectifs fixés. Cette stratégie s'exprime en termes de caractéristiques et d'avantages offerts par le produit, d'accessibilité, de prix, de distribution et de vente, et de communication.

Quant à *la phase de planification*, elle consiste à traduire les décisions précitées en un plan qui décrit selon un calendrier bien précis les actions à entreprendre (c'est-à-dire le programme marketing) pour mettre en œuvre la stratégie choisie, en y allouant un budget déterminé.

LES AVANTAGES DE LA PLANIFICATION STRATÉGIQUE DE MARKETING

La planification stratégique de marketing n'est pas un exercice futile ou intellectuel. Au contraire, le preneur de décision ou l'organisme qui font un effort de planification vont tirer des avantages substantiels du plan qu'ils auront développé, car celui-ci identifie les problèmes et les opportunités ; donne à l'organisation une source d'informations qui sert de référence actuelle et future ; permet une meilleure utilisation des ressources ; précise les responsabilités et la programmation des différentes actions ; facilite les contrôles et l'évaluation des résultats ; facilite la progression vers les objectifs ; coordonne et unifie les efforts de l'équipe ; et fixe les priorités de l'organisation.

LES ÉLÉMENTS DE LA PLANIFICATION STRATÉGIQUE DE MARKETING

La planification stratégique de marketing est une fonction de la direction générale et marketing de l'organisation qui comprend plusieurs éléments distincts qu'il faut non seulement bien comprendre mais qu'il faut aussi bien situer. Ces éléments sont examinés à l'intérieur d'un processus qui comprend plusieurs étapes (voir figure 8-2). Toutefois, il faut bien comprendre qu'il existe autour des étapes essentielles, une multitude de variantes possibles selon le contexte, d'une part, et selon la nature de l'organisation touristique, d'autre part. Nous allons maintenant décrire ces éléments.

L'analyse stratégique

Dans la planification stratégique de marketing, la première étape est l'analyse stratégique qui comprend une analyse externe et une analyse interne. En ce qui concerne l'analyse externe, elle s'articule autour de l'analyse de l'environnement général, de l'industrie touristique, de la concurrence, et de la segmentation du marché.

● Analyse de l'environnement

L'analyse de l'environnement a une importance particulière dans la planification stratégique étant donné l'aspect à long terme de cette planification, d'une part, et des impacts à long terme de toute évolution de l'environnement, d'autre part. L'environnement doit être analysé en fonction des dimensions déterminantes que sont l'économie, la culture, la politique et les lois, la technologie, la société, et la démographie.

FIGURE 8-2   Le processus de planification stratégique de marketing

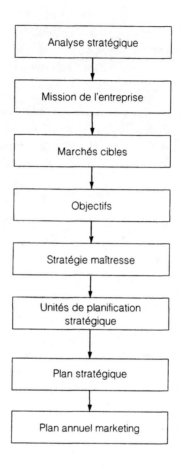

Reprenons une à une ces dimensions. Ainsi, l'économie a un effet particulier sur le tourisme, car elle affecte directement le comportement du marché et le budget disponible pour les touristes, d'une part, mais aussi pour les organismes œuvrant dans le domaine du tourisme. Les éléments les plus importants de l'économie sont la richesse nationale et la richesse mondiale, les taux d'intérêts, le taux de chômage, l'inflation et l'incertitude économique globale.

Pour ce qui est de la culture, elle est également importante, car elle résume le système de valeurs de la société. Le tourisme s'inscrit tout naturellement dans les grands éléments de la culture.

Quant à la politique et aux lois, elles affectent l'industrie touristique par les événements politiques comme les guerres, les coups d'état, etc., et par les lois et les règlements qui peuvent contraindre les touristes et les organisations touristiques.

Par ailleurs, la technologie affecte encore actuellement l'industrie touristique. Les domaines dans lesquels ces effets sont ressentis vont des modes de transport aux techniques de construction, en passant par l'informatique et les communications.

La société elle-même, de façon plus imminente que la culture, est étroitement liée au tourisme. Les modes, les aspirations et les craintes de la société, d'une part, et sa structure (mariages, éducation, qualité de vie, modes de vie, travail, etc.), d'autre part, ont une influence directe sur l'évolution de l'industrie touristique.

Enfin, la démographie détermine la taille et la nature du marché par le nombre des clients potentiels, de même que la répartition par âge et par région géographique.

● **Analyse de l'industrie touristique**

L'analyse de l'industrie touristique, principalement de l'offre et de la demande et de la structure de chacune d'elle est cruciale dans l'analyse stratégique. L'on peut constater que l'industrie touristique s'est développée intensément dans les sociétés industrielles où le marché du tourisme a connu une véritable explosion due à l'enrichissement de ces sociétés, à la circulation de l'information, au développement technologique et à la priorité de plus en plus grande donnée aux vacances.

L'offre a connu la même explosion avec l'apparition de produits exotiques et le développement de grands complexes touristiques autant dans les pays en voie de développement qui y ont vu une source de devises et d'enrichissement que dans les pays industrialisés où les côtes, les montagnes, les villes et les campagnes sont devenues autant de matières premières touristiques. Le tourisme s'est aussi énormément segmenté et sophistiqué.

● **Analyse de la concurrence**

Comme dans toute industrie, l'analyse de la concurrence est d'une importance particulière. Il s'agit de déterminer quels sont les produits concurrents. Mais cela n'est pas toujours une tâche facile étant donné qu'il existe divers niveaux de concurrence qu'il faut analyser à la fois globalement mais aussi de façon spécifique.

Lorsque les concurrents sont identifiés, il faut analyser leurs avantages différentiels, leurs marché-cibles et leur positionnement, leurs forces et leurs faiblesses et la stratégie marketing qu'ils semblent suivre.

● **Analyse et segmentation du marché**

L'élément le plus spécifique de l'analyse externe se trouve être l'analyse du marché et sa segmentation. Le premier aspect de cette analyse est sans doute l'évaluation de la taille du marché potentiel pour une organisation ou un produit donné. Il s'agit ensuite de prévoir son évolution en termes quantitatifs mais aussi en termes de besoins. Finalement, la structure de segmentation du marché et la nature des sous-marchés qui le composent avec leurs besoins et leurs caractéristiques propres sont des aspects qui auront des conséquences particulières sur les décisions stratégiques qui vont suivre. Ces questions ont été traitées au chapitre 3 et nous ne les reprendrons pas ici.

L'analyse interne

L'analyse interne de l'organisation doit permettre d'évaluer les forces et les faiblesses du produit touristique sur les marchés envisagés, de même que par rapport aux concurrents identifiés. Elle doit permettre de porter un diagnostic précis sur la situation concurrentielle actuelle de l'organisation et du produit, mais aussi sur sa capacité à relever les défis du marché et de la concurrence présents et futurs.

L'analyse interne doit donc porter sur les caractéristiques, les bénéfices et les avantages différentiels, le positionnement, les contraintes et les faiblesses liées au produit. Mais elle doit aussi analyser la structure de prix, l'accessibilité, le système de vente et de distribution, l'image et la notoriété du produit pour ce qui est des éléments marketing.

De façon plus globale, on s'intéressera aussi aux ressources humaines et financières de même qu'à la structure de gestion de l'organisation et à sa capacité à faire face aux exigences du marché.

La mission

Une organisation, qu'elle soit privée ou publique, existe pour accomplir quelque chose dans l'environnement global. Pour déterminer la mission d'une organisation touristique, il faut se poser des questions fondamentales comme :

● Quelle est l'utilité de l'organisation ou du produit touristique?

● Que peuvent-ils apporter de façon globale à la société?

● Quelle est leur valeur potentielle pour les clients?

● Dans quel cadre concurrentiel évoluent-ils, c'est-à-dire qui sont leurs concurrents au sens large du terme?

Notons que de plus en plus d'organisations déterminent une mission formelle qui décrit le bien-fondé de leur organisation et ce qu'elle veut apporter à la société.

Ces considérations sont loin d'être philosophiques ou métaphysiques. En effet, aucune organisation ne peut compter survivre longtemps si elle n'apporte rien, qui ne soit apprécié, à la société. La mission indique de façon très globale ce que l'organisation ou le produit touristiques ont choisi d'apporter à la société. Elle donne donc à l'organisation touristique une orientation à long terme de même qu'une intégration de l'ensemble de ses décisions et de ses actions dans une même direction.

Les marchés cibles

Le choix de marchés cibles est une deuxième décision stratégique importante. Après avoir décidé ce que l'on veut être et faire (mission), il faut déterminer pour qui (marchés cibles) on le fait.

Le concept de marché cible représente, comme son nom l'indique, un marché que l'organisation a choisi comme cible de ses efforts de marketing. Toute stratégie et l'ensemble des actions de marketing sont alors orientés vers ces marchés cibles, soit :

- le produit est conçu pour satisfaire les besoins et est adapté à ceux-ci et aux caractéristiques de la clientèle particulière qui représente ce marché cible ;
- les prix correspondent aux budgets et à la propension à payer de ces clientèles ;
- l'accessibilité est adaptée aux exigences des clientèles particulières ;
- le système de distribution et de vente rejoint avec précision les clients visés ;
- la stratégie de communication correspond, quant aux thèmes et aux media choisis, à la culture et aux habitudes media de ces clientèles.

Le concept de marché cible ne peut pas être dissocié de celui de segmentation des marchés repris dans le chapitre 2. En effet, le processus de segmentation des marchés, c'est-à-dire la division du marché global en sous-marchés, a pour objectif de préciser la structure du marché afin d'identifier les segments qui pourraient devenir les marchés cibles pour l'organisation.

Les objectifs globaux et les objectifs de marketing

Lors de la planification stratégique de maketing d'une entité touristique, que ce soit une organisation ou un produit particulier, il faut distinguer les objectifs globaux et les objectifs marketing.

Les objectifs globaux peuvent concerner les éléments les plus variés selon les personnes ou selon les organismes responsables de leur détermination. Ils peuvent être sociaux, culturels et économiques si des organismes publics ou parapublics sont partie prenante de l'entreprise touristique en question. Ils peuvent être reliés au profit, au fond de roulement, aux ressources humaines, au niveau d'investissement, au retour sur investissements et à bien d'autres éléments. En fait, les objectifs globaux sont reliés à la mission, aux contraintes et aux partenaires impliqués dans l'entreprise touristique.

Quant aux objectifs de marketing, ils sont plus centrés sur le marché et sur les éléments reliés au programme et à la stratégie de marketing. Ils s'élaborent en fonction du chiffres d'affaires, des ventes, des parts de marché, du taux de pénétration du marché et du nombre de touristes ou de nuitées. D'autres variantes sont évidemment possibles, mais elles seront toujours reliées à la performance de la fonction marketing.

Les objectifs globaux et les objectifs de marketing font évidemment partie d'une hiérarchie d'objectifs qui vont de la mission et du but de l'organisation à ses objectifs globaux puis à ses objectifs fonctionnels dont ceux de marketing. Les objectifs de marketing proprement dits constituent une hiérarchie qui vont des objectifs de vente et de parts de marché pour l'ensemble de l'entreprise touristique, à des objectifs par segments de marché, par type de clientèle ou par territoire, à des objectifs pour les produits ou services particuliers, à des objectifs de prix, à des objectifs de distribution et de vente par canal et à des objectifs de communication ou de promotion.

La stratégie maîtresse

La stratégie maîtresse définit en termes généraux la façon dont l'entreprise touristique va s'y prendre pour remplir sa mission et pour atteindre ses objectifs. Elle ne comprend pas le court terme ni les détails du programme de marketing. Par contre, elle regroupe l'ensemble des décisions prises et des actions envisagées qui ont des conséquences à long terme dans l'atteinte des objectifs marketing et des objectifs globaux de l'organisation.

Par conséquent, il faut distinguer la stratégie maîtresse de l'entreprise et la stratégie maîtresse de marketing. La première concerne les décisions majeures relatives au développement de l'entreprise et ce, du point de vue financier, technologique, marketing et des ressources humaines. La seconde détermine la nature des objectifs marketing, le choix des marchés cibles, le positionnement relatif du produit touristique par rapport à ses divers concurrents sur chacun des marchés cibles, les avantages différentiels à maintenir et à développer et sur lesquels il faudra capitaliser, la stratégie de développement de nouveaux produits et services ou de modification de ceux qui existent actuellement, la stratégie de prix, la stratégie de vente et de distribution et l'axe principal de communication avec les marchés cibles. Ainsi, la stratégie maîtresse de marketing définit le cadre global et à long terme dans lequel devront s'inscrire les stratégies fonctionnelles particulières (de produit, de services, de prix, de distribution, de vente, de communication) et les programmes d'action à court terme (plan annuel de marketing).

Les unités de planification stratégique

La complexité des situations dans lesquelles se trouvent les entreprises et les entités touristiques, plus encore que d'autres types d'entreprises, nécessite l'introduction du concept d'unité de planification stratégique.

Une unité de planification stratégique, parfois appelée unité stratégique d'entreprise ou d'affaire (*Strategic Business Unit*), est un regroupement d'activités et de ressources clairement défini qui requiert une stratégie et une planification distinctes.

La définition d'unités de planification stratégique est une décision majeure pour les preneurs de décision d'une organisation ou d'une entité touristique. Ainsi, doivent être regroupés dans une même unité de planification stratégique tous les services, produits et ressources, qu'ils soient financiers, humains ou technologiques, qui s'adressent aux mêmes marchés et qui ont pour objectif de satisfaire le même type de besoin. Également, doivent relever d'unités de planification différentes des produits, des services et des ressources qui s'adressent à des marchés et à des types de clients différents, qui ont pour objectif de satisfaire des besoins différents et qui nécessitent un programme de marketing spécifique.

Une unité de planification stratégique peut être soit une entreprise à part, une division, une direction, un service, une unité d'exploitation (un hôtel d'une chaîne), ou un département (département des congrès dans un hôtel) et être très formelle. Dans le cas d'un office national du tourisme, elle pourra correspondre à un marché géographique (le Japon, les U.S.A.). Pour une compagnie aérienne, les U.P.S. pourraient être organisées sur le plan régional ou par type de clientèle (tourisme, affaires, groupes ...). Elle peut aussi être moins formellement distincte, mais elle doit par ailleurs être sous la direction d'un responsable bien identifié.

Pour chaque unité de planification stratégique, il est à la fois nécessaire et très utile de déterminer avec précision les marchés cibles, les objectifs, la stratégie de marketing globale et un programme de marketing particulier axé autour du produit et des services offerts, du niveau du prix, du système de vente et de distribution, et d'un plan de communication et de promotion. De plus, un des éléments majeurs d'une unité de planification stratégique est son organisation sinon en centre de profit du moins en centre de responsabilité. Une unité de planification stratégique doit certes avoir un plan stratégique propre, mais également un responsable bien identifié, chargé de participer au développement de ce plan, mais surtout de sa mise en œuvre et de son contrôle.

Toutefois, pour qu'un gestionnaire puisse véritablement assumer une telle responsabilité, il est nécessaire que celui-ci ait un pouvoir décisionnel réel lui donnant accès à l'information requise, aux ressources financières technologiques et humaines nécessaires à l'atteinte des objectifs et une autonomie de décision qui doit lui permettre de gérer véritablement son unité.

Il est très difficile de déterminer *a priori* quelle entité doit ou ne doit pas être considérée comme une unité de planification stratégique. Ce type de décision relève bien entendu des critères de définition d'une unité de planification stratégique définis plus haut, mais aussi de la philosophie, de la taille et des ressources de l'organisation ou de l'entité touristique supérieure. Cependant, l'on peut également se retrouver dans une situation où il existe une hiérarchie d'unités de planification stratégique (bureaux régionaux — bureaux nationaux).

Le plan stratégique de marketing

Le plan stratégique est l'élément clé du processus de planification stratégique de marketing. Il est l'objectif concret de tout le processus de planification stratégique, le catalyseur et l'instrument de coordination de tout l'effort de développement marketing de l'entreprise touristique considérée.

Tout comme il est possible de concevoir une hiérarchie d'unités de planification stratégique et une hiérarchie d'objectifs, il est envisageable d'établir une hiérarchie de plans stratégiques. Dans cette hiérarchie, on prévoit au sommet le plan stratégique global de l'unité de planification stratégique supérieure, puis des plans stratégiques pour chaque unité de planification stratégique (territoire, clientèle, produits, activités ou services particuliers), et enfin, des programmes d'action opérationnels qui traduisent en actions à court terme les décisions stratégiques à long terme prises par les responsables des unités de planification stratégique.

Le plan stratégique de marketing doit être développé par le responsable du service marketing de l'unité de planification stratégique considérée. Mais il doit aussi être discuté et approuvé par l'ensemble de la haute direction de l'entreprise ou de l'organisation touristique parce que les implications d'un tel plan dépassent la fonction marketing. D'une part, tous les autres éléments de l'entreprise vont devoir contribuer à l'atteinte des objectifs et à la mise en œuvre du plan et, d'autre part, le succès ou l'échec de la stratégie de marketing va affecter l'ensemble de l'entreprise.

Les principaux éléments que l'on retrouve dans un plan stratégique de marketing sont :

— une définition de la mission de l'entreprise ;

— l'identification et la description de l'unité de planification stratégique concernée ;

— une analyse de l'environnement et de l'industrie ;

— une analyse de la situation et un diagnostic marketing ;

— une description des marchés cibles ;

— une définition opérationnelle des objectifs de marketing ;

— la stratégie maîtresse de marketing ;

— le positionnement du «produit» offert par l'entreprise ;

— la stratégie de prix ;

— la stratégie de vente, de distribution et d'accessibilité ;

— la stratégie de communication ;

— les procédures de contrôle stratégique ;

— l'allocation budgétaire prévue pour chacun des éléments de la stratégie ;

— les ressources mises en œuvre ;

— le calendrier prévisionnel de mise en œuvre ;

— les responsabilités assignées aux divers gestionnaires de l'entreprise dans l'exécution du plan stratégique.

Par ailleurs, le plan stratégique de marketing ne doit pas rester lettre morte, mais au contraire doit être un élément central de motivation et de coordination pour l'ensemble de l'organisation. La plan stratégique de marketing permet à l'ensemble de l'organisation de s'orienter dans ses décisions et actions à court terme, en les intégrant dans un cadre conceptuel cohérent ayant une signification stratégique bien comprise.

Le plan annuel de marketing et ses composants

Le plan annuel de marketing est une transcription opérationnelle à court terme du plan stratégique de marketing. Il indique pour les douze mois à venir les objectifs précis à atteindre, les segments de marché qui ont la priorité, et le programme de marketing mis en place pour cette période annuelle.

Donc, le programme de marketing comprendra :

— le lancement de nouveaux produits, de services ou de forfaits, ou encore la modification de ceux existants, ou simplement l'abandon de certains d'entre eux ;

— la politique de prix qui comprend les prix des produits, des services et des forfaits, la politique d'escomptes aux clients et aux intermédiaires ;

— les actions à entreprendre pour faciliter l'accès des touristes : la signalisation, la nolisation d'avions, les transferts de l'aéroport, la ligne 1-800, l'agrandissement d'espaces de stationnement, la navette ferroviaire, les heures d'ouverture et d'accueil, la facilité d'inscription et autres ;

— le programme de gestion du système de vente et de distribution : les représentants et agents agréés, les commissions, la formation et l'information, les réservations téléphoniques et informatiques, pour ne parler que de certains aspects ;

— le programme de communication et de promotion qui comprend :

- le programme de relations publiques : les événements spéciaux, les émissions radiophoniques et télévisées, les articles rédactionnels dans les journaux et les magazines ;

- le programme publicité media (radio, télévision, affichage, magazines, presse) ;

- les campagnes de publicité en direct ou de télémarketing ;

- le matériel de publicité sur le lieu de vente destiné aux agents : les affiches, les catalogues, les mobiles, les vidéos ;

- les présentations à des groupes, les participations à des salons, les «prix spéciaux», etc. ;

- les objets publicitaires d'appui à la notoriété : T-shirts, casquettes, crayons, etc.

De plus, pour finir le plan annuel de marketing doit comprendre le budget alloué aux activités prévues, le calendrier détaillé du déroulement de celles-ci et les personnes responsables de l'accomplissement de ces tâches. Finalement, les procédures et les mesures de contrôle opérationnelles doivent y être définies. Le plan doit être revu périodiquement et des modifications peuvent y être apportées compte tenu de changements sur le marché ou de l'environnement.

Nous décrirons dans les pages subséquentes chacun de ces éléments qui doivent figurer dans le plan annuel de marketing.

● Objectifs annuels

Les objectifs annuels sont un élément déterminant du plan annuel de marketing. Ils sont certes des objectifs dans le sens où ils représentent une situation ou un état de chose à atteindre, mais ils sont aussi un élément de motivation et un moyen de contrôle et d'évaluation.

L'opérationnalité doit être une des premières qualités que doivent avoir les objectifs annuels de marketing. Des objectifs opérationnels sont des objectifs clairs, précis, de même que des objectifs quantitatifs et mesurables. Cette qualité permettra aux objectifs de remplir leurs fonctions de motivation, de coordination et de contrôle, car ils pourront être compris par tous ceux qui travaillent pour les atteindre, ils pourront être comparés dans le temps et d'une unité de planification ou d'une situation à une autre. Finalement, ils permettent de comparer les résultats obtenus à ceux qui étaient prévus de façon indiscutable. Pour cela les objectifs doivent être expliqués à tous ceux qui ont pour tâche de les atteindre et doivent également être discutés avec eux. C'est un des principes qui sous-tendent la gestion par objectifs sur laquelle repose le succès de nombreuses entreprises. Les objectifs peuvent être de plusieurs types :

— *objectifs reliés aux profits*   profit brut, accroissement du profit, retour sur investissements, profit par produit, etc. ;

— *objectifs reliés aux ventes*   chiffres d'affaires, nombre d'années, nombre de nuitées, taux d'occupation, etc. ;

— *objectifs reliés au marché*   part de marché, taux de pénétration, etc. ;

— *objectifs reliés à certaines fonctions particulières*   attitude face au produit, satisfaction de la clientèle, perception des clients, positionnement, notoriété, changement d'image, fiabilité du produit, nombre d'agents, répartition de la clientèle, etc. ;

— *objectifs reliés aux concurrents*   position relative sur le marché, performance relative, etc.

Les objectifs doivent donc être plus qu'un résultat à atteindre, ils doivent être utilisés comme un outil efficace de gestion et de contrôle.

● **Politique de produits et de services**

Le ou les produits touristiques offerts au marché de l'entreprise sont le coeur de la stratégie marketing. Certains des éléments du produit sont établis à long terme et sont durables ; ils ne font donc pas, à proprement parler, l'objet de décisions annuelles.

Toutefois, un produit se gère, c'est-à-dire doit être modifié, amélioré et adapté aux besoins et aux goûts nouveaux des touristes. Toutes les décisions et actions doivent être planifiées et inscrites dans le plan marketing annuel, et ce, qu'il s'agisse d'ajouter des éléments de produits ou des nouveaux produits, ou de les modifier, ou encore de lancer un nouveau produit ou d'en abandonner un qui est désuet.

L'élaboration du plan marketing annuel est aussi l'occasion de faire une analyse en profondeur des produits et des services offerts, autant du point de vue de leur rentabilité que de leur adaptation aux nouveaux besoins du marché.

● **Politique de prix**

Le produit est offert à la clientèle à un certain prix, qui dans le domaine du tourisme est parfois un élément complexe qui comprend à la fois le coût de l'hébergement, le coût du transport, le coût de services et d'activités connexes.

Le touriste peut payer ce prix de façon globale sous la forme de forfait, ou encore élément par élément. Dans le second cas, il est important pour les responsables du marketing d'évaluer le prix réel pour le touriste, afin de le comparer aux prix des produits concurrents et voir dans quelle mesure il est acceptable pour les clientèles visées. Si les responsables du marketing ne le font pas, par contre, le touriste, lui, en fin de compte le fait.

Le plan marketing annuel doit donc également être l'occasion de faire une analyse approfondie du prix des produits offerts, de leur correspondance avec la capacité et la volonté des touristes de les payer et de leur niveau par rapport à la concurrence.

Dans le plan marketing, doivent aussi figurer les politiques de prix relatives à la saison, aux journées particulières de la semaine, aux forfaits et aux groupes. De plus, l'impact des prix sur la rentabilité de l'entreprise, tout en tenant compte des politiques de commissions aux agents de vente, doit également être évalué.

● **Politique de vente et de distribution**

Le plan marketing doit aussi comprendre une description précise du système et de la politique de vente et de distribution en identifiant les grossistes, les agences de voyages ou les autres organisations (centres de réservation, compagnies aériennes, etc.) qui composent ce système et les types de relation qu'on a décidé d'établir avec ceux-ci (information, motivation, rémunération).

Toutes les décisions et actions à prendre durant l'année et qui ont pour objectif de modifier ou d'améliorer le fonctionnement et la performance du sytème de vente et de distribution de l'entreprise touristique doivent être précisées dans le plan annuel. Une évaluation de la contribution des divers éléments du système de vente et de distribution devrait être entreprise dès l'élaboration du plan marketing.

● **Programme de communication**

Finalement, le plan annuel de marketing doit traduire la stratégie de communication décidée par l'entreprise en un programme annuel détaillé de communication.

Ainsi, le programme de communication déterminera le thème de la campagne de communication pour l'année considérée ainsi que les media qui seront utilisés pour transmettre les messages retenus aux marchés cibles choisis. Généralement, l'entreprise touristique aura intérêt à faire appel à une agence de publicité ou de relations publiques pour l'élaboration du plan de communication.

De nombreuses activités (annonces, articles, salons, festivités) et de nombreux supports (vidéos, affiches, objets publicitaires, signalisation, brochures, etc.) peuvent être combinés à l'intérieur d'un tel programme de communication et de promotion. Il est donc important que le plan annuel de marketing, et à l'intérieur de celui-ci, le plan de communication et de promotion, coordonne l'ensemble de ces actions et l'oriente selon le plan stratégique. En effet, incohérence et dispersion peuvent annuler complètement les efforts de communication d'une entreprise et, par conséquent, nuire à l'image de celle-ci.

LES DIFFICULTÉS DE LA PLANIFICATION MARKETING DANS LE DOMAINE DU TOURISME

Le secteur du tourisme présente une gamme étendue de situations commerciales et organisationnelles dans lesquelles doit s'inscrire l'effort de planification stratégique de marketing. Dans certains cas, il s'agit d'organismes commerciaux privés uniques tels que des hôtels, des compagnies aériennes ou des développements immobiliers ; dans d'autres cas, on est en présence d'un ensemble plus ou moins organisé, comme un centre de ski ou une station balnéaire, regroupant des organismes indépendants ; finalement, la situation la plus complexe est celle d'une entité géographique plus étendue soit une ville, une région ou un pays. La difficulté dans la mise en place d'un système de planification stratégique réside dans le fait qu'il existe une multitude de décideurs qui n'ont pas forcément les mêmes intérêts. L'organisme (souvent public) qui représente l'entité géographique n'a pas la maîtrise de toutes les décisions stratégiques.

Pour faciliter ces efforts de planification, les organismes indépendants se regroupent parfois sous des formes juridiques diverses telles que des offices du tourisme, des syndicats d'initiative, des associations de développement touristique et des groupements d'intérêts économiques. En réalité, ce n'est pas la forme juridique qui importe, car ce qui fait finalement la différence entre le succès et l'échec, c'est davantage la volonté d'adaptation au marché et de différenciation par rapport à la concurrence, de l'ensemble des participants au produit touristique.

LES DIVERSES ALTERNATIVES
POUR LES ORGANISMES PUBLICS

Les organismes collectifs ou publics sont nombreux dans le domaine du tourisme. Ils représentent soit des collectivités locales, soit divers intérêts privés réunis autour d'une zone géographique ou d'un aspect particulier du tourisme (villes historiques, jeux, ski, thermalisme, voile, etc.), ou encore un regroupement des deux types d'agents touristiques.

La planification stratégique dans de tels cas doit coordonner non seulement les éléments de produits, de prix, de distribution, d'accessibilité, de vente, de communication et de promotion de l'ensemble de l'entreprise touristique globale (par exemple, une région ou un attrait particulier d'un pays comme le ski), mais aussi les actions des divers participants à l'entreprise.

En plus du plan de marketing, un plan de développement global incluant des éléments de réglementation, d'urbanisme et d'aménagement, de travaux publics ainsi que les aspects sociaux, culturels et économiques doit être conçu et mis en œuvre.

De tels plans de même que les plans stratégiques de marketing dans le contexte d'entités géographiques, de collectivités ou d'organismes publics ayant la responsabilité du développement touristique d'une ville, d'une région ou d'un pays, peuvent prendre plusieurs formes.

● La planification indicative

Cette forme de planification propose une analyse de l'environnement et de la situation dans l'industrie touristique et sur le marché. Elle pose un diagnostic et élabore une stratégie de développement et de marketing qui soit la plus pertinente possible pour l'entité touristique en question.

Aucune forme de coopération formelle n'est requise et aucun pouvoir de coercition n'existe. L'avantage de cette planification est de donner une information sur le marché à l'ensemble des décideurs individuels et de leur proposer une marche à suivre pour l'atteinte d'objectifs attrayants pour eux.

● La planification incitative

Une planification incitative peut être pratiquée par un organisme pourvu d'un pouvoir réglementaire et d'un budget adéquat. Il s'agit de proposer un plan de développement et un plan de marketing stratégiques, et d'user d'incitations, qui peuvent prendre la forme de subventions, de capital risque, ou d'autres moyens incitatifs fiscaux, pour pousser les participants à l'entreprise touristique régionale globale à s'intégrer à la stratégie proposée dans le plan.

● **La planification contractuelle par objectifs**

Dans le cas d'une planification contractuelle par objectifs, un organisme public, doté d'un budget et d'un pouvoir réglementaire, s'entend de façon concrète et précise avec chaque intervenant, ou certains d'entre eux, sur la mise en œuvre d'actions et de moyens pour atteindre les objectifs prévus dans le plan stratégique de développement et de mise en marché et de la façon suggérée par ce plan. En compensation pour cet effort, l'acteur touristique individuel reçoit des dérogations fiscales ainsi qu'un appui financier qui peut prendre la forme d'un prêt, de capital ou d'une subvention.

L'INTÉGRATION ET L'ORGANISATION D'UN DÉPARTEMENT DE MARKETING

Cependant, l'expérience prouve que toute tentative de planification stratégique de marketing est peine perdue s'il n'y a personne qui en porte la responsabilité et qui ait les moyens de remplir cette tâche, en termes clairs, s'il n'existe pas de département de marketing.

L'existence d'un département de marketing formel assure à toute entreprise que les priorités du marketing vont être respectées et que les tâches qui incombent à la planification stratégique de marketing et celles qui en découlent vont être exécutées comme il se doit. De plus, le département de marketing doit être intégré dans la hiérarchie décisionnelle de l'organisation et ce, au plus haut niveau, si l'on veut que la démarche de planification marketing soit fructueuse. Pour cela, les plus hautes instances de décision et de gestion doivent avoir un représentant du marketing, car il est important que l'approche marketing soit présente aux stades de développement d'un produit autant qu'au stade de sa communication.

Dans la pratique, un département de marketing doit comprendre :

— un vice-président du marketing impliqué dans la planification globale de l'entreprise touristique ;

— un directeur du marketing chargé de la mise en œuvre des décisions et des programmes de marketing ;

— un directeur des ventes chargé des activités particulières de vente à court terme encadrant plusieurs vendeurs.

De plus, dans les plus grosses organisations on peut également retrouver dans un département de marketing :

— un directeur de la recherche en marketing et des analystes de marché ;

— un directeur de la communication, de la publicité, des relations publiques, de la promotion des ventes ;

— des responsables de produits, de clientèles ou marchés particuliers, et de territoires.

L'organisation du département marketing dépend bien sûr de la taille de l'organisation. Dans les plus petites, les fonctions marketing seront assumées par la direction générale.

CONCLUSION

Ce dernier chapitre met en lumière le besoin d'intégration des décisions et actions reliées au marketing en un ensemble intégré de planification stratégique. Cet ensemble débouche sur un plan stratégique de marketing, traitant du moyen et long terme, et sur un plan marketing annuel qui précise et organise le programme marketing pour l'année à venir.

Un effort de planification permet de coordonner et d'orienter la multitude des activités et des décisions reliées à la fonction marketing. Sans cet effort, la confusion s'installe. Les opportunités qui apparaissent sur le marché ne sont pas saisies. Les ressources financières et humaines sont mal utilisées, la concurrence devient plus intense et l'organisation est de moins en moins apte à réagir. La mise en place d'une planification stratégique nécessite que l'organisation touristique améliore ses systèmes d'informations et de contrôle. Les informations reliées au marché et à l'environnement sont en effet nécessaires aux décisions stratégiques. Cette planification ne peut être réalisée sans organisation. Il est évident qu'un effort de planification marketing qui n'est pas appuyé par un département marketing structuré ne peut pas être très efficace.

Index

A

accessibilité, 188-191
- information, 188
- système de réservation et de vente, 189
- transport, 189
- hébergement, 189
- infrastructures locales, 190
- conditions climatiques, 190-191
- __ et distribution des produits touristiques, 187-203
gestion de l'__, 188-191
achat
après-__, 103-108
incitation à l'__, 252, 254
intention d'__, 101
mode d'__, 101-103
processus d'__, 101-103
adoption
processus d'__, 182-183
agence de publicité
sélection d'une __, 236-237
agence de voyages, 200-202
agence réceptive, 198, 202
alternatives, 93
évaluation des __, 99-101
analyse
- __ commerciale, 180
- __ conjointe, 85
- __ de *cashflow*, 174-175
- __ de séries temporelles, 29-31
- __ du marché, 22-33
- __ globale de la demande, 21-65
- __ interne, 282
- __ multidimensionnelle, 84
- __ stratégique, 279-282
  - analyse de l'environnement, 279-281
  - analyse de l'industrie touristique, 281
  - analyse de la concurrence, 281

- analyse et segmentation de marché, 282
- __ *trade-off*, 85
annonceurs, 233
apprentissage, 86-87
- __ classique, 86
- __ instrumental, 86
approche
- __ directe, 84
- __ indirecte, 84
- __ protocolaire, 97-98
associations
- __ fraternelles, 63
- __ internationales, 63
- __ professionnelles, 63
- __ religieuses, 64
- __ scientifiques, 64
attention sélective, 81
attitude, 52-55, 87-89

B

bénéfices, 160-161
besoins, 33, 75-76, 81
- __ d'appartenance, d'estime et de reconnaissance, 75, 161
- __ d'épanouissement de la personnalité, 75, 161
- __ de sécurité, 75, 160
- __ divergents, 34
- __ homogènes, 75, 160
hiérarchie des __, 76
budget publicitaire, 217-218

C

cadences d'insertions, 230-231
campagne(s)
- __ de publicité, 216
- __ publicitaires, 232-236
canaux de distribution, 191-194
chaîne hôtelière, 16

chèques-annulation (sélectour), 256
cibles
    __ de communication, 218
    __ marketing, 218
codification
    __ et traitement des données,
        148-149
commandite
    __ ou parrainage (*sponsoring*),
        269-274
communication, 206
    objectifs de __, 206
comportement, 55-57
    __ du consommateur, 68
        modèle du __, 89-108
    __ individuel du touriste, **67-108**
concept
    __ de cycle de vie du produit,
        166-170
    __ de l'évolution du marché, 23-24
    __ de la mesure de la demande,
        24-26
        • demande du marché, 24
        • potentiel du marché, 25
        • prévision du marché, 25
        • demande de l'entreprise, 25
        • prévision de la demande, 26
        • potentiel de la demande, 26
    __ du produit, 152-170
        • produit central ou essentiel,
            152-153
        • produit formel, 152-153
        • produit élargi, 152-153
    __ marketing, 2-4, 19
    test du __, 179-180
conception du message et copy-
    stratégie, 219
concours, 252
conférences, 248
congrès-réunions de distribution, 61
copy-stratégie
    conception du message et __, 219
couponnage (*couponing*), 254
critères
    __ d'évaluation, 83-84
        • approche directe, 84
        • approche indirecte, 84
        • analyse multidimensionnelle,
            84

• analyse conjointe, 85
• analyse *trade-off*, 85
    __ de segmentation, 42
    __ géographiques, 40-41
    __ liés à la personnalité du vacan-
        cier, 43
    __ socio-démographiques, 41-42
cycle de vie du produit, 166-168
    • introduction, 167
    • croissance, 167
    • maturité, 167
    • déclin, 168
    __ de type engouement, 169
    __ mode, 169

D

décisions relatives aux produits,
    172-178
    • positionnement, 173
    • mix de produit, 173
    • analyse de *cashflow*, 174-175
        • produits vedettes, 174-175
        • produits vaches à lait, 174-175
        • produits dilemmes, 174-175
        • produits poids morts, 175
    • stratégie de produit, 175-176
    • __ à long terme, 176-177
    • adéquation produit-marché, 177
    • identification, 177-178
demande
    analyse globale de la __, **21-65**
    __ du marché touristique, 24-25
    __ hétérogène, 34
    __ homogène, 34
    __ touristique, 22
département de marketing, 293
développement de nouveaux produits,
    178-184
    • recherche d'idées, 178-179
    • filtrage des idées, 179
    • test du concept, 179-180
    • analyse commerciale, 180
    • développement du produit,
        180-181
    • test du marché, 181-182
    • processus d'adoption, 182-183
    • processus de diffusion, 183

diagnostic, 117-118
différenciation
    stratégie de __, 34-35
diffusion
    processus de __, 183
direction générale, 17
dissonance, 107-108
distorsion sélective, 81
distribution
    canaux de __, 191-194
    __ directe, 195
    __ numérique, 200
    __ par l'intermédiaire de producteurs et d'agence de voyages, 196-197
    __ valeur, 200
    stratégie de __, 191-203

E

échantillon
    __ aléatoire simple, 141-144
    __ empirique, 143
    __ non aléatoire, 143
    __ probabiliste, 141
    taille de l'__, 141
échantillonnage
    détermination de la méthode d'__, 135-136
    __ à plusieurs degrés, 137
    __ aléatoire
        __ simple, 136
        __ stratifié, 137-138
        __ systématique, 137
        __ en grappes (*cluster analysis*), 138
        __ par commodité, 140
        __ par quota, 139
        méthodes d'__, 136
        procédure d'__, 134-136
éductours, 247-248
enquête, 97
    plan d'__, 126-149
        étapes du __, 127
environnement
    __ démographique, 13
    __ économique, 11
    __ géographique et climatique, 13

__ marketing, 6-13, 8, 14, 23
__ politico-légal, 12
__ public, 7, 9
    • monde des affaires, 9
    • media, 9
    • pouvoirs publics, 10
    • groupements d'intérêt, 10
    • grand public, 10
__ technologique, 11
macro-__, 7, 11, 14
évaluation, 242
    critères d'__, 83-84
    __ du plan media, 231
        • couverture utile, 231
        • répétition moyenne, 231
        • *G.R.P. (Gross Rating Point)*, 231
        • pénétration mémorielle, 231
événement
    produit touristique de type __, 163-166
évolution du marché, 23-24
    • cristallisation du marché, 23
    • expansion, 24
    • fragmentation, 24
    • reconsolidation, 24
    • disparition, 24
exposition sélective, 79-81

F

facteurs
    __ culturels, 70
    __ externes, 69-70
    __ légaux, 69-70
    __ personnels, 70-71
        • personnalité, 70
        • styles de vie, 71
    __ politiques, 69
    __ psychologiques, 74-89
        • besoins, 75-77
        • motivations, 77
        • perception, 77
        • apprentissage, 86-87
        • attitude, 87-89
    __ psychosociologiques, 71-74
        • famille, 72-74
        • groupe de référence, 71-72
    __ socio-économiques, 69
fichiers, 265, 267

finances, 15
foires, 248-249
forfait, 162-165

G

gestion du produit touristique, 170-178
graphisme de marque, 211
• logotype, 211
• emblème, 211
• couleur, 211
• phrase évocation, 211

I

idées
    filtrage des __, 178-179
    recherche d'__, 179
identification du produit, 177
incitation
    __ à l'achat, 252, 254
    __ à la réservation du produit,
    252, 254
intangibilité, 17
    tangibilité et __, 154
intention d'achat, 27, 101
intermédiaires dans l'industrie
    touristique, 194-197
    • distribution directe, 195-196
    • producteurs de voyages, 196-197
interview
    __ individuelle, 145
    __ non structurée et directe, 118-120
        • individuelle, 118
        • de groupe, 119-120
    __ non structurée et indirecte,
    120-121
        • individuelle en profondeur,
        120-121
        • méthodes des techniques pro-
        jectives, 121
    __ par correspondance, 144
    __ par téléphone, 145-146

M

macro-environnement, 7, 11, 14, 69
marché(s), 22-23, 177

analyse du __, 22-33
évolution du __, 23-24
__ cibles, 35, 283
__ des associations, 61-62
__ des congrès d'entreprises, 58-61
test du __, 181-182
marketing
    __ de services, 17-18
    __ direct, 256-268
    __ mix, 4-6, 7, 14, 16
    __ par téléphone, 262-268
    __ touristique, 1-19, 3-4
    système __ central, 7
media, 10, 228
    choix des __, 227-229
    __ et schéma d'apprentissage, 229
mémorisation
    __ du message publicitaire, 231
    __ sélective, 82
message(s)
    production du __, 225-226
    sélection des __, 219-225
    • attrait, 219
    • exclusivité, 219
    • crédibilité, 219
    production du __, 225-226
mesure(s)
    concepts de la __ de la demande,
    24-26
    __ d'efficacité des campagnes publi-
    citaires, 232-236
    __ de la perception, 82-86
méthode(s)
    __ aléatoires ou probabilistes,
    135-137
        • échantillonnage aléatoire
        simple, 135
        • échantillonnage à plusieurs
        degrés, 136
        • échantillonnage aléatoire
        systématique, 136
        • échantillonnage aléatoire
        stratifié, 136
        • échantillonnage en grappes,
        137
    __ de collecte des informations,
    144-145
        • interview par correspondance,
        144

• interview individuelle, 145
• interview par téléphone, 145
__ de prévision de la demande,
26-33
  • analyses de séries temporelles,
    29-31
  • causales, 31-33
    • modèles économétriques, 31
    • modèles de régression mul-
     tiple, 31-33
  • qualitatives, 27
    • mesure de l'intention d'achat,
     27
    • analyse historique, 27
    • méthode *Delphi*, 27-28
__ du tableau d'informations, 98-99
__ électroniques, 99
  • *Eye-camera*, 99
  • *Conpad*, 99
__ non aléatoires ou empiriques,
137-139
  • échantillonnage par quota, 138
  • échantillonnage par commodité, 139
  • méthode des itinéraires, 139
mission, 4, 282-283
mix
__ de communication, 206
  • publicité media
  • promotion des ventes
  • relations publiques
  • force de vente
  • marketing direct
  • graphisme de marque
  • parrainage (*sponsoring*)
  • salons professionnels
__ du produit, 160, 173
modèle(s)
A.I.D.A., 209
__ compensatoires, 99
__ conjonctif, 100
__ de comportement du consommateur, 89-108
__ de ENGEL, KOLLAT et BLACKWELL,
90-108
__ de persuasion, 209
__ de type attente-valeur
(*expectancy-value*), 100
__ disjonctif, 100-101

__ LAVIDGE-STEINER, 209
__ lexicographique, 100
__ non compensatoires, 100
motivations, 77
  • physiques, 77
  • culturelles, 77
  • interpersonnelles, 77
  • relatives au statut et au prestige, 77

N — O

notoriété et connaissance, 209-210
nouveaux produits, 170
objectifs
__ annuels, 288
__ de communication, 206-210, 233 ·
__ de la recherche, 122-123
__ de la promotion des ventes, 244
__ du plan media, 226-227
  • audience cumulée, 226-227
  • répétition moyenne, 227
  • couverture géographique, 227
__ globaux et __ de marketing,
283-284
__ marketing, 14, 16
__ publicitaires, 209, 218
offre spéciale, 254
orientation
__ commerciale, 3
__ production, 3
outils de la promotion des ventes,
244-246

P

parrainage ou commandite
(*sponsoring*), 269-274
conditions de réussite du __, 271-
274
fonctions du __, 269-270
mécanismes du __, 270-271
__ d'implication, 270
__ d'impulsion, 269
perception, 77
mesure de la __, 82-86
processus de __, 78
  • exposition, 78
  • attention, 79

• compréhension, 79
• acceptation, 79
• mémorisation, 79
personnalité
critères de __ du vacancier, 43
traits de __, 44
personnel, 17
persuasion
modèles de __, 209
processus de __, 209
• stade cognitif, 209-210
• stade affectif, 209-210
• stade comportemental (conatif),
210
phase
__ de recherche, 92-99
• interne, 92-93
• externe, 93-94
• sources d'informations, 94-99
__ exploratoire, 118-121
philosophie marketing, 2
plan
__ de publicité, 215-216
__ de sondage, 142-143
__ media, 226
évaluation du __, 231-232
__ stratégique de marketing,
286-287
plan annuel de marketing, 287
• objectifs annuels, 288-289
• politique de produits et de services,
289
• politique de prix, 290
• politique de vente et de distribution, 290
• programme de communication,
290-291
plan d'enquête, 126-149
• questionnaire, 127-132
• procédure d'échantillonnage,
133-135
• méthodes aléatoires ou probabi-
listes, 135
• méthodes non aléatoires ou empiriques, 137-138
• méthode de collecte des informations, 144
• sources d'erreurs possibles dans
l'enquête, 146-148

étape du __, 127
planification
__ contractuelle par objectifs, 293
__ incitative, 292
__ indicative, 292
__ marketing
difficultés de la __ dans le
domaine du tourisme, 291
__ stratégique de marketing,
275-294
avantages de la __, 279
éléments de la __, 279
• analyse stratégique, 279
• mission, 282
• marchés cibles, 283
• objectifs, 283
• stratégie maîtresse, 284
• unités de planification,
285-286
• plan stratégique, 286-287
• plan annuel, 287-288
politique
__ de consommation, 6
__ de distribution, 6
de vente et de __, 290
__ de prix, 5, 290
__ de produit(s), 5
__ et de services, 289
de vente et distribution, 290
__ générale, 17
positionnement, 14, 173, 178
potentiel
__ de la demande, 26
__ du marché, 25
prétest, 224, 225
prévision
__ de la demande, 26
méthode de la __, 26
__ du marché, 25
primes, 254, 256
problème de recherche, 116
procédure d'échantillonnage, 133-135
• définition de la population,
133-134
• méthode d'échantillonnage,
134-135
processus
__ d'achat, 101
__ d'adoption, 182-183

- prise de conscience, 182
- intérêt, 182
- évaluation, 182
- essai, 183
- adoption, 183
__ de décision, 90
  __ des associations, 61-62
  __ des entreprises, 58-59
__ de diffusion, 183-184
- innovateurs, 183
- adopteurs précoces, 184
- majorité précoce, 184
- réfractaires, 184
__ de planification stratégique de marketing, 278
- analyse stratégique, 278
- décisions stratégiques, 278
__ de production, 197-198
__ marketing, 4
producteur de voyages (*tour-operator*), 197-200
production
  processus de __, 197-198
produit(s)
  __ central ou essentiel, 152-153
  __ dilemmes, 174-175
  __ élargi, 152-153
  __ essentiel, 152-153
  __ formel, 152-153
  __ poids morts, 175
produit(s) touristique(s), 153-160
  éléments de base du __, 157-160
- site géographique, 157
- conditions climatiques, 157
- sites historiques, 157
- environnement immédiat, 158
- population locale, 158
- animation et ambiance, 158
- équipements collectifs de loisir, 158
- structures d'hébergement, 159
- infrastructures de transport, 159
- image, 160
  éventails des __, 161-166
- __ d'une entité géographique, 161-162
- produit « clé en main » (forfait), 162-163
- __ de type « station », 163

- __ de type événement, 166
- __ particuliers, 166
spécificités du __, 153-157
- tangibilité et intangibilité, 154
- multiplicité des composantes, 154
- multiplicité des intervenants, 154-155
- environnement géographique, 155
- multiplicité des types de produits, 155
- caractéristiques d'un service, 156
- caractéristiques d'ordre public et d'ordre social, 156-157
__ comme ensemble de bénéfices, 160-161
__ comme variable stratégique, 170-172
__ vaches à lait, 174-175
__ vedettes, 174-175
programme
  __ d'identification, 214
  __ de communication, 290-291
  __ de relations publiques, 240-242
  __ marketing, 34
projection de tendances, 30
projet(s)
  __ de recherche, 115-149
  __ touristiques, 15
promotion des ventes, 243-256
  objectifs de la __, 244
  outils de la __, 244-246
publicité, 215
  plan de __, 215-216
  __ media, 211-238
  __ sur le lieu de vente (PLV), 246-247
publics, 239-240
  __ externes, 239-243
  __ internes, 239-243
publipostage (*mailing*), 257-262

Q — R

questionnaire
  élaboration du __, 131-132
recherche(s)
- causales, 112
- descriptives, 111-112
- exploratoires, 111

— marketing, **109-149**
reconnaissance du problème, 92
réduction de prix, 254
relations publiques, 238-243
   programme de __, 240
renforcement de la fidélité
   envers la marque, 254, 256
réservation du produit, 252-254
réunion
   — force de vente, 60
   — nouveaux produits, 61
risque perçu, 93

S

salons professionnels et foires, 248-249
satisfaction, 93, 103, 105
   mesure de __, 103-106
segment(s)
   — de marché, 34, 35, 39, 49
   — détaillés, 40
segmentation, 36, 49, 54, 55-57
   avantages de la __, 36
   bases de __, 37
   conditions d'une __ efficace, 36-37
   critères de __, 37, 38, 39, 42
   — du marché, 33-40, 34, 37
      approches de __, 37-40
      — affaires, 57-64
      — tourisme-loisirs, 40-57
sélection
   — d'une agence de publicité,
      236-237
   — des messages, 219-225
   — des supports, 230
séminaires, 247-248
   — de formation, 61
service(s), 17
   caractéristiques d'un __, 156
sondage
   base de __, 135
   plan de __, 143
sources d'erreurs possibles dans
   l'enquête, 146-148
   • erreurs d'échantillonnage, 146
   • erreurs qui incombent aux répon-
      dants, 147
   • erreurs qui incombent à l'enquê-
      teur, 147

sources d'information, 94-99, 123-126
   • interpersonnelles, 94-95
   • mass media, 95
   • brochures, guides et dépliants
   — primaires, 125-126
      • observation, 125
      • expérimentation, 125
      • simulation, 126
      • enquête, 126
   — secondaires, 123-125
stade
   — affectif, 209-210
   — cognitif, 209
   — comportemental, 209-210
   — conatif, 209-210
station
   produit touristique de type __, 163-
      165
stratégie
   — créative, 218
   — de communication, **205-274**,
      207-208
      étapes à la __, 208
      moyens d'information des __,
         242-243
      processus d'élaboration de la __,
         207
   — de différenciation, 34-35
   — de distribution, 191-203
   — du produit, **151-185**, 172, 175-176
      • pénétration du marché, 176
      • développement de marché, 176
      • développement de produit, 176
      • diversification, 176
   — maîtresse, 284-285
   — marketing, 13-17
      — concentrée, 35
      — différenciée, 35
      — non différenciée, 35
styles de vie, 45-53
supports
   sélection des __, 230
      • courbe d'accumulation
         d'audience, 230
      • duplication d'audience, 230
      • puissance de pénétration, 230
      • spécificité du support, 230
      • coût au mille lecteurs, 230
      • critère qualitatif, 230

sweepstakes, 254
système
— d'information marketing (S.I.M.), 110
— marketing central, 7-9

T

taille de l'échantillon, 140-143
tangibilité et intangibilité, 154
test
— du concept, 179-180
— du marché, 181-182
traitement des données
codification et __, 148-149
• édition, 149

• codification, 149
• saisie, 149
• choix de programmes statistiques, 149

U — V — W

unités de planification stratégique, 285-286
variable stratégique
produit comme __, 170-172
vision stratégique, 276, 278
visiteurs, 22
voyages de stimulation, 60
workshops, 247-248